böhlau

Jörg Ganzenmüller, Julia Landau, Franz Waurig (Hg.)

TRANSFORMATION DES GEDENKENS

Lokales Erinnern an sowjetische Verhaftungen der Nachkriegszeit

BÖHLAU

Das diesem Bericht zugrunde liegende Vorhaben wurde mit Mitteln des Bundesministeriums für Bildung und Forschung unter dem Förderkennzeichen FKZ 01 UJ 1907 AY gefördert. Die Verantwortung für den Inhalt dieser Veröffentlichung liegt bei den Autorinnen und Autoren.

Bibliografische Information der Deutschen Nationalbibliothek:
Die Deutsche Nationalbibliothek verzeichnet diese Publikation in der
Deutschen Nationalbibliografie; detaillierte bibliografische Daten
sind im Internet über https://dnb.de abrufbar.

© 2024 Böhlau, Lindenstraße 14, D-50674 Köln, ein Imprint der Brill-Gruppe
(Koninklijke Brill NV, Leiden, Niederlande; Brill USA Inc., Boston MA, USA; Brill Asia Pte Ltd, Singapore; Brill Deutschland GmbH, Paderborn, Deutschland; Brill Österreich GmbH, Wien, Österreich)
Koninklijke Brill NV umfasst die Imprints Brill, Brill Nijhoff, Brill Schöningh, Brill Fink, Brill mentis, Brill Wageningen Academic, Vandenhoeck & Ruprecht, Böhlau und V&R unipress.

Alle Rechte vorbehalten. Das Werk und seine Teile sind urheberrechtlich geschützt.
Jede Verwertung in anderen als den gesetzlich zugelassenen Fällen bedarf der vorherigen schriftlichen Einwilligung des Verlages.

Umschlagabbildung: Graffiti am Denkmal „Den Opfern kommunistischer Gewalt 1945–1989" in Arnstadt, Dezember 2008. Archiv der Geschichtswerkstatt Jena e.V.
Umschlaggestaltung: Guido Klütsch, Köln
Korrektorat: Volker Manz, Kenzingen
Satz: Bettina Waringer, Wien
Druck und Bindung: Finidr, Český Těšín
Printed in the EU.

Vandenhoeck & Ruprecht Verlage | www.vandenhoeck-ruprecht-verlage.com

ISBN (print): 978-3-412-52875-1
ISBN (e-lib): 978-3-412-52877-5
ISBN (e-book): 978-3-412-52876-8

INHALT

Historische Kontexte

Jörg Ganzenmüller/
Julia Landau/Franz Waurig
Einleitung   8

Jens-Christian Wagner
Gedenken braucht Wissen
Plädoyer für ein reflexives Geschichtsbewusstsein   16

Julia Landau
Alliierte Verhaftungen und sowjetische Speziallager
Ein Überblick   26

Dorothee Riese/Franz Waurig
Von „Schweigelagern" und „Sowjet-KZs"
Anmerkungen zur Begriffsgeschichte   44

Annette Weinke
Erinnerung vor Gericht
Juristen zwischen Leipzig, Mühlberg und Karlsruhe   62

Christina Ramsch/Franz Waurig
„Wo beginnt der Nazi und wo hört er auf?"
Die Erinnerung an verhaftete (Ober-)Bürgermeister   76

Denkmalsdokumentation

Jörg Ganzenmüller
Historische Sinnstiftung und geschichtspolitische Interessenvertretung
Zwei Gedenktafeln zur politischen Haft in Erfurt   102

Franz Waurig
Zweifacher Erinnerungsort
Die Gedenktafeln am
Weimarer Amtsgerichtsgebäude   114

Franziska Mendler
„Gedenkstein passt nicht mehr"?
Erinnerungszeichen an die
nationalsozialistische Gewaltherrschaft und an
sowjetische Verhaftungen in Tannroda   134

Julia Landau
Gedenken mit Korrektur
Die Gedenkstelen für die verstorbenen Häftlinge
der Haftanstalt Untermaßfeld auf dem
Meininger Parkfriedhof   142

Franziska Mendler
Grenzüberschreitung
Ost-West-Erinnerung an Verhaftungen in Küllstedt   156

Enrico Heitzer
„Rechts abbiegen am Gisela-Gneist-Platz?
Bitte nicht!"
Die Diskussion um eine Straßenbenennung
nach Gisela Gneist in Oranienburg   162

Julia Landau
„Stärkstes Unrecht"?
Das Ehrengrab für die in Waldheim und
Hoheneck Verstorbenen auf dem
Chemnitzer Zentralfriedhof   178

Anhang

Julia Landau/Franziska Mendler/Franz Waurig
„Wie erinnern?"
Arbeitsmaterialien für Recherchen vor Ort   194

Abkürzungsverzeichnis   197

Literaturauswahl   200

Autor:innenverzeichnis   203

Historische Kontexte

Protest der „Jungen Union" während der Gedenkveranstaltung zum 45. Jahrestag der Befreiung des KZ Buchenwald, 7. April 1990. Bundesarchiv, Bild 183-1990-0407-018, Fotograf: Jürgen Ludwig.

Jörg Ganzenmüller/
Julia Landau/Franz Waurig

EINLEITUNG

Der Fest- und Gedenkkalender der DDR für das Jahr 1990 wäre an Höhepunkten reich gefüllt gewesen. Im April stand der 45. Jahrestag der Befreiung des Konzentrationslagers Buchenwald bevor, einen knappen Monat später waren der 100. Jahrestag des Maifeiertages und der XII. Parteitag der SED geplant. Manifestationen und Kundgebungen sollten die Veranstaltungen rahmen und das feste Bündnis zwischen der Bevölkerung und der führenden Partei bezeugen. Doch es kam anders. Die Demonstrationen vom Herbst 1989 und der Niedergang des alten Regimes machten die bisherigen Planungen, Festzeremonielle und Gedenkrituale zu Makulatur. Die neue gesellschaftliche Situation führte auch zu einer öffentlichen Thematisierung bisheriger Tabus der jüngsten Geschichte und zu der Frage, wie diese öffentlich repräsentiert werden sollten. Zu diesen „weißen Flecken" gehörten die sowjetischen Verhaftungen, Verurteilungen und Speziallager in der unmittelbaren Nachkriegszeit. Seit November 1989 meldeten sich in zunehmender Zahl Betroffene und Angehörige, die in den Medien der DDR, aber auch in Briefen an staatliche Stellen über ihre Schicksale berichteten und eine Aufarbeitung dieses Kapitels deutsch-sowjetischer (Nach-)Kriegsgeschichte einforderten. Nicht selten waren diese Bemühungen mit Hoffnungen auf eine juristische Rehabilitierung und materielle Entschädigung verbunden. Die beiden Nationalen Mahn- und Gedenkstätten Buchenwald und Sachsenhausen – eingeweiht 1958 und 1961 – sahen sich nun mit der „zweiten Geschichte" der ehemaligen Lagerstandorte konfrontiert, die die sowjetische Besatzungsmacht zwischen 1945 und 1950 als Speziallager genutzt hatte. Unmittelbar vor dem 45. Jahrestag der Befreiung 1990 wurden in der Umgebung beider Orte Massengräber mit Toten aus der Nachkriegszeit gefunden. Dem ersten Schock folgte eine emotional geführte Debatte über den Zweck der Inhaftierungen und die Zusammensetzung der Lagerinsassen, die über mehrere Jahre andauerte und bis heute nachwirkt. Von Betroffenen, Initiativgruppen und anderen Akteur:innen wurden an zahlreichen Orten ehemaliger Lager, Gefängnisse und provisorischer Haftstätten Erinnerungszeichen gesetzt. Sie dienen – wie etwa das erste

Jörg Ganzenmüller/Julia Landau/Franz Waurig

Gedenkkreuz auf dem Gräberfeld in Buchenwald vom Februar 1990 – zuweilen auch als Ersatz für die fehlenden Grabsteine der zu Tode gekommenen Verhafteten und geben den Angehörigen einen Ort für ihre Trauer.

Die wissenschaftliche Aufarbeitung der Geschichte sowjetischer Verhaftungen und Speziallager dauert seit den frühen 1990er Jahren an. Im Rahmen eines Kooperationsprojekts erschlossen Wissenschaftler:innen die wichtigsten Aktenmaterialien russischer Archive und machten sie der Öffentlichkeit zugänglich. Anhand des gehobenen Materials war es erstmals möglich, Anfragen beantworten und zur Klärung von Schicksalen beitragen zu können. Das individuelle Gedenken vor Ort und die Aufarbeitung in den Gedenkstätten und anderen Forschungseinrichtungen gingen dabei in den letzten dreißig Jahren nicht ohne Auseinandersetzungen vonstatten. Die Ergebnisse der wissenschaftlichen Arbeiten fanden und finden nur einen begrenzten Kreis an Rezipient:innen; sie werden in der öffentlichen Auseinandersetzung kaum wahrgenommen. Das Umschlagfoto des vorliegenden Sammelbandes zeigt das Problem deutlich: Im August 2008 wurde in der Arnstädter Rosenstraße, unweit der ehemaligen sowjetischen Kommandantur, nach langen Auseinandersetzungen ein Denkmal mit der Inschrift „DEN OPFERN / KOMMUNISTISCHER GEWALT / 1945 – 1989" gesetzt. Maßgeblichen Zuspruch erhielt das Arnstädter Projekt vom damaligen Oberbürgermeister Hans-Christian Köllmer.[1] Bereits im Dezember 2008 kam es zum Eklat: Unbekannte besprühten das Erinnerungszeichen mit den Graffiti „Das war / nicht der / Kommunis / mus" und „GEGEN / GESCHIC / HTSRE / VISIONIS / MUS". Die regionale Presse berichtete über den Vorfall ausführlich, auch eine öffentliche Veranstaltung folgte. Geändert hat sich seitdem indes wenig: Das eine Gefängniszelle und einen Drahtzaun symbolisierende Denkmal fristet bis heute ein tristes Dasein. Die Aktivitäten im Umfeld erschöpfen sich auf wenige jährliche Gedenkakte.

Der vorliegende Sammelband macht dieses Spannungsfeld zwischen den erinnerungskulturellen Praktiken und einer wissenschaftlichen Aufarbeitung zum Ausgangspunkt seiner Überlegungen. Er ist das Ergebnis vierjähriger Arbeit des Forschungsverbundes „Diktaturerfahrung und Transformation. Biografische Verarbeitungen und gesellschaftliche Repräsentationen in Ostdeutschland seit den 1970er Jahren". Seit 2019 beteiligen sich die Universitäten Jena und Erfurt, die Stiftung Ettersberg und die Stiftung Gedenkstätten Buchenwald und Mittelbau-Dora in insgesamt elf Teilprojekten an der Erforschung der „langen Geschichte der Wende" zwischen 1970 und 2010. Der Verbund möchte „eine Erfahrungsgeschichte der späten DDR und der Transformationszeit schreiben, die einem breiten Spektrum von auch widersprüchlichen Erfahrungen Platz gibt und dadurch dazu beiträgt, dichotomische Perspektiven zu überwinden."[2] Die tagesaktuellen Kontroversen werden durch einen „Erinnerungskonflikt" geprägt, der – so die Annahme des Verbundes – auf den kollektiven Erfahrungen aus der Zeit *vor und nach* dem Ende der DDR basiert. Die Gedenkstätte Buchenwald widmet sich im Teilprojekt „Gedenken ohne Wissen?" der Erinnerung an sowjetische Verhaftungen und Speziallager. Das Projektteam beschäftigt sich mit der erinnerungskulturellen Praxis vor Ort und erforscht die Entstehung von Erinnerungszeichen zur Thematik in Thüringen und den angrenzenden Gebieten Sachsens und Sachsen-Anhalts.

Zum Inhalt

Die Herausgeber:innen waren bestrebt, die Deutungskämpfe um die Erinnerung an sowjetische Verhaftungen und Speziallager durch eine Vielzahl von Beiträgen verschiedener Autor:innen aufzuzeigen. Der Band gliedert sich dabei in zwei Teile. Neben Beiträgen zum historischen Kontext werden in einem zweiten Teil einzelne Erinnerungszeichen, deren Entstehung und erinnerungskulturelle Nutzung in den Blick genommen. Der Band versteht sich auch als Handreichung zur weiteren Recherche, die von Geschichtsinteressierten für das Forschen vor Ort genutzt werden kann. Bereits gesetzte, aber auch in Planung befindliche Gedenktafeln und -steine sind eng mit den Biografien von Personen verbunden, die an den betreffenden Orten verhaftet oder gefangen gehalten wurden, zu Tode kamen oder beerdigt wurden. Häufig wurden in der Planungsphase, aber auch im Nachgang der Einweihungen von Erinnerungszeichen Diskussionen um die äußere Gestaltung und die gewählten Inschriften laut. Die Kritik kam von Verhafteten und ihren Angehörigen, stärker jedoch noch von zivilgesellschaftlichen Initiativen oder Gedenkstätten.

Wie wichtig die Aneignung von Wissen für die Ausprägung eines reflexiven Geschichtsbewusstseins ist, verdeutlicht Jens-Christian Wagner im ersten Beitrag des Sammelbandes. Gleichzeitig verweist er auf die Potentiale einer kritischen Untersuchung und Befragung von Erinnerungszeichen an die Opfer zweier deutscher Diktaturen für die historisch-politische Bildungsarbeit in Schulen, Gedenkstätten und zivilgesellschaftlichen Organisationen.

Die Aufarbeitung und Deutung alliierter Verhaftungen und Internierungslager führen seit Jahrzehnten wiederholt zu Auseinandersetzungen. Julia Landau zeigt in ihrem einführenden Beitrag die Hauptmotivationen für die Verhaftungen und Internierungen durch die Besatzungsmächte auf und benennt Gemeinsamkeiten und Unterschiede des Vorgehens vor dem Hintergrund des sich entwickelnden Kalten Krieges. Anhand mehrerer Zeitzeugenberichte wird der schwierige individuelle Umgang mit dem Thema zwischen Instrumentalisierung, Tabuisierung und Aufarbeitung in den folgenden Jahrzehnten ersichtlich.

Deutungskämpfe um die sowjetischen Speziallager gibt es seit ihrer Existenz auch auf sprachlicher Ebene, wie Dorothee Riese und Franz Waurig in ihrem Beitrag verdeutlichen. Die unterschiedlichen Bezeichnungen der Lager stehen als Beispiele für die Gleichsetzung mit den nationalsozialistischen Konzentrationslagern, für Viktimisierungs- und Verdrängungstendenzen, aber auch für die Verschleierung stalinistischer Repression. Vor allem während der heißen Phase des Kalten Krieges in den späten 1940er und 1950er Jahren wurde in der Bundesrepublik intensiv über die zuweilen als sowjetische „KZs" bezeichneten Haftorte publiziert, in der DDR dagegen von „Internierungslagern für Nazi-Kriegsverbrecher" gesprochen. In der öffentlichen Debatte um die Speziallager wurde ab 1989/90 vielfach auf diese Begriffe zurückgegriffen.

Einen Fall jüngster Auseinandersetzung mit der Geschichte sowjetischer Verhaftungen nimmt Annette Weinke in den Blick. Im Mittelpunkt ihres Artikels steht die Diskussion um die Gedenktafel für die verhafteten Mitarbeiter des Reichsgerichts und der Reichsanwaltschaft. Das Erinnerungszeichen wurde 1957 im Großherzoglichen Palais des Bundesgerichtshofes in Karlsruhe gesetzt. Neuere Forschungen verweisen auf die Beteiligung der betreffenden Juristen an NS-Unrechtsurteilen und führen zu der Frage, wie mit der Tafel in Zukunft – fernab eines zusätzlichen Hinweisschildes zur historischen Einordnung – umzugehen sei.

Einem Ort wechselhafter Geschichte widmet sich Franz Waurig, der die Entstehung mehrerer Gedenktafeln am Weimarer Amtsgerichtsgebäude aufzeigt. Die dortige Tafel für die „unschuldigen Opfer stalinistischen Terrors" von 1992 gehört zu den ersten ihrer Art in Weimar – allerdings spielt sie in der kollektiven Erinnerung der Stadtgesellschaft bis heute keine Rolle. Gemeinsam mit Christina Ramsch wendet er sich in einem weiteren Beitrag der Erinnerung an verhaftete (Ober-)Bürgermeister zu. Beide Wissenschaftler:innen wählten für ihren Text Biografien aus Thüringen, Sachsen und Sachsen-Anhalt aus, anhand derer sie exemplarisch die Schwierigkeiten für ein angemessenes öffentliches Erinnern aufzeigen: Das Wirken der bereits vor 1945 tätigen Stadtoberhäupter ist eng mit der NS-Gewaltherrschaft vor Ort verbunden, die sie durch ihr Handeln mittrugen und in unterschiedlichem Maße förderten. Dieser Umstand kollidiert mit einer häufig anzutreffenden einseitigen Wahrnehmung der (Ober-)Bürgermeister als bodenständige, vermeintlich NS-kritische Politiker, deren Handeln auf die wirtschaftlich-soziale Prosperität ihrer Orte ausgelegt gewesen sei und die daher unschuldig Opfer stalinistischer Repressionen geworden seien. In dem Beitrag finden sich aber auch Biografien von Personen, die erst in der Nachkriegszeit ihre Ämter übernahmen und kurze Zeit später von Verhaftungen betroffen waren.

Mit einem wichtigen Akteur der Erinnerung an sowjetische Verhaftungen beschäftigt sich Jörg Ganzenmüller. Die bundesdeutsche Vereinigung der Opfer des Stalinismus (VOS) wurde von ehemaligen Speziallagerinsassen 1950 gegründet und weitete ihr Betätigungsfeld 1989/90 auf die DDR aus. Durch publikumswirksame Veranstaltungen versuchte sie, die Belange ihrer Mitglieder – juristische Rehabilitierung, finanzielle Entschädigung und öffentliches Gedenken – zu vertreten und einzufordern. Die Genese zweier Gedenktafeln am Erfurter Gefängnis Andreasstraße und an einem weiteren ehemaligen Haftort in der Alfred-Hess-Straße zwischen 1991 und 1994 steht symptomatisch dafür.

Franziska Mendler führt in ihren beiden Beiträgen in das Weimarer Umland und das Eichsfeld. Sie beschäftigt sich mit dem Streit um eine „Todesmarsch-Gedenkstele", die 1984 in Tannroda bei Bad Berka gesetzt wurde und Anfang der 1990er Jahre einem „Mahnmal für die Opfer aller Gewaltherrschaften" weichen sollte, das nie realisiert wurde. Der Fall steht exemplarisch für den teilweise unreflektierten Umgang mit den DDR-Denkmälern für die „Opfer des Faschismus" unmittelbar nach der Vereinigung und die entkonkretisierten, gleichsetzenden Anwandlungen einer neuen gesamtdeutschen Gedenkkultur. In ihrem zweiten Artikel widmet sich

Franziska Mendler der Erinnerung an die Verhaftungen, Verurteilungen und öffentlichen Erschießungen mehrerer Küllstedter Einwohner im Sommer 1945. Die geografische Lage des Eichsfeldes und die eng verwobenen Familienbande führten zu einer grenzüberschreitenden Gedenkpraxis, die zudem durch das vorherrschende katholische Milieu geprägt war.

Nicht für alle, die sich noch 1950 in den Speziallagern befanden, endete die Internierung und Haftzeit mit der Auflösung der Lager. Nur knapp die Hälfte wurde entlassen, 10.500 Häftlinge an den DDR-Strafvollzug übergeben. Die Justizorgane des noch jungen Staates verurteilten weitere 3432 Personen nachträglich in den „Waldheimer Prozessen". Mit der Erinnerung an die Anfang der 1950er Jahre in den DDR-Haftanstalten Untermaßfeld, Waldheim und Hoheneck verstorbenen Gefangenen beschäftigt sich Julia Landau in zwei Beiträgen. Die darin untersuchten Erinnerungszeichen befinden sich auf vormals anonymen Grablagen in Meiningen und Chemnitz, die in den 1990er Jahren gekennzeichnet wurden. Sie weist – anknüpfend an die Diskussion um den ehemaligen KZ-Kommandoführer Josef Ebenhöh in Meiningen – auf die Notwendigkeit hin, sich mit den Biografien der Verstorbenen im Vorfeld der Setzung von Erinnerungszeichen näher zu befassen, und betont in diesem Zusammenhang auch den Bedarf an weiterer Forschung zu den Waldheimer Prozessen.

Eng verbunden mit der sprachlichen Relativierung der NS-Gewaltherrschaft und dem Versuch, die Verhafteten in eine gesamtdeutsche Demokratiegeschichte einzuschreiben, ist die Auseinandersetzung um die ehemalige Speziallagerinsassin Gisela Gneist (1930–2007). Die frühere Vorsitzende der „Arbeitsgemeinschaft Lager Sachsenhausen 1945–1950 e. V." wurde 2020/2022 entgegen nationaler und internationaler Proteste verschiedener Institutionen mit einer Straßenbenennung in Oranienburg geehrt, über deren Konfliktgenese Enrico Heitzer informiert.

Der vorliegende Band versteht sich als Anregung, die geschichtskulturelle Debatte um die sowjetischen Speziallager durch eine lokalgeschichtliche Perspektive zu konkretisieren. Nicht alle Fragen, die einer intensiveren Auseinandersetzung und eigenständiger Artikel bedurft hätten, können an dieser Stelle in angemessener Form behandelt werden. Ein wichtiges Thema für eine tiefergehende Analyse wäre beispielsweise das Wirken des Jahrgangs 1929 in der erinnerungskulturellen Arbeit vor Ort. Als Jugendliche u. a. wegen ihrer Teilnahme an der paramilitärischen Ausbildung in „HJ-Wehrertüchtigungslagern" von der sowjetischen Besatzungsmacht verhaftet und interniert, gehörten sie um 1989/90 – nun gerade ins Rentenalter tretend – zu den aktivsten Akteur:innen bei der Setzung von Erinnerungszeichen. Auch als Zeitzeug:innen dominierten sie in den 1990er Jahren die Wahrnehmung sowjetischer Verhaftungen. Ein weiterer Punkt, der zumeist nur am Rande und nicht in ausreichender Form behandelt werden konnte, betrifft die künstlerische Gestaltung der gesetzten Gedenktafeln und -steine, die sich häufig an den „konservativen Denkmälern" der 1950er Jahre orientiert.

Dank

Kein Vorhaben kommt ohne die Hilfe von außen – in finanzieller, materieller und ideeller Form – aus. Wir haben deshalb allen zu danken, die den Forschungsverbund „Diktaturerfahrung und Transformation. Biographische Verarbeitungen und gesellschaftliche Repräsentationen in Ostdeutschland seit den 1970er Jahren" und das zugehörige Teilprojekt „Gedenken ohne Wissen? Die sowjetischen Speziallager in der postsozialistischen Erinnerungskultur" in den letzten Jahren unterstützten: dem Bundesministerium für Bildung und Forschung, der Beauftragten der Bundesregierung für Kultur und Medien, dem Freistaat Thüringen, der Stiftung Gedenkstätten Buchenwald und Mittelbau-Dora, der Stiftung Ettersberg, der Friedrich-Schiller-Universität Jena und der Universität Erfurt.

Für die gute Zusammenarbeit bei der Sichtung wichtiger Archivalien und Periodika danken wir Uta Ninnemann und Dr. Jens Riederer vom Stadtarchiv Weimar, Marion Igl vom Stadtarchiv Reichenbach/Vogtland, Andrea Tischer und Dr. Iris Helbing vom Stadtarchiv Meiningen sowie den Kolleg:innen des Stadtarchivs Erfurt, des Kreisarchivs des Erzgebirgskreises Aue, des Landesarchivs Thüringen – Hauptstaatsarchiv Weimar, des Staatsarchivs Chemnitz und des Bundesarchivs Berlin/Koblenz. Ferner gilt unser Dank Dr. Matthias Buchholz und Sylvia Griwan von der Bundesstiftung zur Aufarbeitung der SED-Diktatur, Dr. Bert Pampel von der Dokumentationsstelle Dresden, Dr. Saskia Paul und Balthasar Dusch vom Archiv Bürgerbewegung Leipzig, Martina Seidel und Dr. Jörg-Uwe Fischer vom Deutschen Rundfunkarchiv sowie den Kolleg:innen der Gedenkstätte Bautzen und der Klassik Stiftung Weimar/Herzogin Anna Amalia Bibliothek Weimar. Bei der Recherche zahlreicher historischer Bildaufnahmen unterstützte uns Claudia Keßler von der Mediengruppe Thüringen Verlag GmbH. Den Entstehungsprozess der Publikation und das Korrektorat begleiteten kritisch, produktiv und stets geduldig Katharina Brand, Rene Emmendörffer, Anita Ganzenmüller, Holm Kirsten, Stefan Lochner und Sylvia Vogelsberg sowie alle beteiligten Autor:innen.

Die Herausgeber:innen

Anmerkungen

1 Hans-Christian Köllmer übernahm von 1994 bis 2012 als Mitglied der Freien Wählergemeinschaft „Pro Arnstadt" das Amt des Oberbürgermeisters von Arnstadt. Er fiel überregional durch seine Nähe zum österreichischen Politiker Jörg Haider auf. Vgl. Sundermeyer, Olaf: Ein Bürgermeister auf Haiders Spuren, online: https://www.zeit.de/politik/deutschland/2010-06/rechtspopulismus-arnstadt?utm_referrer=https%3A%2F%2Fwww.google.com%2F, letzter Zugriff: 6. Juni 2023.
2 https://verbund-dut.de/verbund/, letzter Zugriff: 2. Juni 2023.

77er-Denkmal vor dem Celler Rathaus am Volkstrauertag, 15. November 2020. Fotograf: Jens-Christian Wagner.

Jens-Christian Wagner

GEDENKEN BRAUCHT WISSEN
Plädoyer für ein reflexives Geschichtsbewusstsein

„Hier wohnte – Hugo Dornhofer – Jg. 1896 – Berufsverbot 1933 – Zwangsverpflichtet – KZ Mittelbau Dora 1944 – Überlebt". Wer den Text auf dem 2009 in Heiligenstadt verlegten Stolperstein las, musste davon ausgehen, dass es sich um die Ehrung für einen Häftling aus dem KZ Mittelbau-Dora handelte. Tatsächlich war Hugo Dornhofer nie Insasse eines Konzentrationslagers. Vielmehr hatte er sich in Mittelbau-Dora zwischen 1943 und 1945 als dienstverpflichteter Bauleiter, dem beim Ausbau des unterirdischen Raketenwerks Hunderte, wenn nicht Tausende KZ-Häftlinge unterstanden, auf der anderen Seite des Zauns befunden, auch wenn er im Spätsommer 1944 nach dem gescheiterten Stauffenberg-Attentat (mit dem er nichts zu tun hatte) vorübergehend in Polizeihaft genommen worden war. 1945 war Dornhofer Mitbegründer der CDU in Thüringen und ab 1946 stellvertretender Landesvorsitzender. 1948 musste er auf Druck der Sowjetischen Militäradministration jedoch zurücktreten und geriet immer mehr in Opposition zum SED-Staat. 1952 wurde er festgenommen und 1953 zu zwölf Jahren Zuchthaus verurteilt, aus dem er 1956 vorzeitig entlassen wurde.[1]

Hugo Dornhofer war ein Opfer der stalinistischen Verfolgung in der frühen DDR. Ihn in gleicher Weise als NS-Opfer darzustellen, wäre hingegen nicht angemessen. Als 1933 entlassener christlicher Gewerkschaftsfunktionär war der überzeugte Katholik zwar zweifellos kein Nationalsozialist. Gleichwohl stand er im KZ Mittelbau-Dora als „Gefolgschaftsmitglied" der von Albert Speers Rüstungsministerium und der SS gegründeten Mittelwerk GmbH[2] auf der Seite der Täter – auch wenn er sich nicht persönlich an Misshandlungen gegenüber Häftlingen beteiligt hat.

Die historische Evidenz hinderte die Verantwortlichen für die Stolpersteinverlegung im katholischen Eichsfeld nicht daran, zu suggerieren, Dornhofer habe Mittelbau-Dora als Häftling überlebt. Ganz ähnlich formulierte es 1998 die katholische Wochenzeitung „Tag des Herrn": „1943 dienstverpflichtet zur WiFo-Außenstelle Mittelwerke Dora, nach Hitlerattentat (20. Juli) im Herbst 1944 verhaftet, Zwangsarbeit im KZ Mittelbau Dora".[3] Und 2013 wurde Hugo Dornhofer gar als „Verfolgter in zwei Diktaturen" zu einer symbolischen Station der vom Thüringer Justizministerium unter Minister Holger Poppenhäger (SPD) ins Leben gerufenen

Jens-Christian Wagner

„Thüringer Straße der Menschenrechte und der Demokratie".⁴

Ein Stolperstein für einen für den Einsatz von KZ-Häftlingen mitverantwortlichen Bauleiter, der auf der „Straße der Menschenrechte" geehrt wird – wie kann das sein? Sicherlich ist es ein ausgesprochen bizarrer Fall von Geschichtsvergessenheit bzw. verzerrter Geschichtsdarstellung. Er fügt sich aber ein in das Gesamtbild einer oftmals von Relativierung, Schuldabwehr und Selbstviktimisierung geprägten öffentlichen Präsentation der Geschichte nationalsozialistischer Verbrechen und ihrer Folgen nach 1945 – nicht nur in den ersten Nachkriegsjahrzehnten,⁵ sondern bis in die Gegenwart.

Davon zeugt ein weiteres Beispiel aus der ostthüringischen Stadt Zeitz. Dort ließ der deutsche Zweig der russischen Menschenrechtsorganisation Memorial Ende Mai 2023 im Zuge des Projekts „Letzte Adresse" (eine aus Russland übernommene Adaption des deutschen Stolpersteinprojekts) eine Tafel für Arthur Jubelt anbringen.⁶ Jubelt war Ende April 1945 nach der Befreiung von Zeitz von den Amerikanern als Bürgermeister eingesetzt worden. Nach der Übergabe Thüringens an die Sowjetische Militäradministration hatte er diesen Posten verloren und war im September 1945 in das Speziallager Buchenwald eingewiesen worden, in dem er Ende 1947 starb. Jubelt war Opfer des Unrechts in der SBZ bzw. im Speziallager Buchenwald. Darauf soll die Plakette der „Letzten Adresse" hinweisen. Ausgeblendet wird mit dieser Form der Ehrung aber, dass Jubelt 1923 als junger Mann den Hitler-Putsch in München und später als Verleger völkischer Schriften das deutschnationale Milieu unterstützt und damit zum Ende der Republik mit beigetragen hatte. Während des Nationalsozialismus war er schließlich bis 1943 Herausgeber einer gleichgeschalteten Zeitung und trug so – ob gewollt oder nicht, sei dahingestellt – zur Machtfestigung und -erhaltung des Regimes bei.⁷ Die Initiator:innen hinderte das nicht, mit einer Tafel ohne jegliche weitere Kontextualisierung an ihn zu erinnern.⁸

Auch etliche im vorliegenden Band vorgestellte Beispiele zeigen, dass der kritische Blick auf ambivalente und sperrige Biografien bisweilen durch ideologisch geprägte Geschichtsbilder verstellt wird, die wenig Überschneidungen mit der historischen Evidenz haben oder selektiv einzelne historische Versatzstücke herausgreifen und in aktuelle politische Sinnstiftungen einbetten – eine Vorgehensweise, die allerdings kein Alleinstellungsmerkmal rechtskonservativer oder NS-apologetischer Geschichtspolitik ist, sondern sich als roter Faden durch die Präsentation von Geschichte in Medien und Öffentlichkeit zieht, ob es nun Kriegerdenkmäler der 1920er und 1930er Jahre betrifft⁹ oder die Geschichtspolitik der SED, die das Narrativ des antifaschistischen Widerstandes u. a. im KZ Buchenwald zur Legitimation ihrer Herrschaft nutzte.¹⁰

Von solcherart ideologisierter Geschichtspolitik setzt sich die Erinnerungskultur der Berliner Republik offensiv ab. International gilt der deutsche Umgang mit der NS-Vergangenheit seit den 1990er Jahren deshalb vielen als Erfolgsmodell,¹¹ und auch in Deutschland begegnet man vielfach wachsendem Bewältigungsstolz. Dennoch – oder vielleicht auch gerade deshalb – macht sich bei kritischen Beobachter:innen, teils auch innerhalb der Gedenkstätten, zunehmend ein Unbehagen an der aktuellen Erinnerungskultur breit. Es speist sich zum einen aus Kritik an ritualisierten, pathoshaften Beschwörungsformeln im politischen und gesellschaftlichen Diskurs und zum anderen – mit Blick auf die Arbeit innerhalb der Gedenkstätten – teils auch aus Defiziten der Gedenkstättendidaktik.[12]

Das Unbehagen an der aktuellen Erinnerungskultur fängt schon mit dem Begriff des Erinnerns an. Sicherlich: In der Kultur- und auch in der Geschichtswissenschaft haben sich Denk- und Analysekonzepte des kollektiven oder auch des kulturellen Gedächtnisses durchgesetzt.[13] In des Wortes eigentlicher Bedeutung können wir uns aber nur an etwas erinnern, was wir selbst erlebt haben. An was sollen sich aber 16-jährige Schüler:innen erinnern, wenn sie eine NS-Gedenkstätte besuchen? Auf sie wirkt der Appell, sich an etwas zu „erinnern", was aus Altersgründen selbst ihre Großeltern nicht mehr selbst erlebt haben, als eine Überforderung, die – im Sinne der Mahnung – zusätzlich auch noch moralisch aufgeladen ist.

Zugleich schwingt beim Begriff des „Erinnerns" etwas Affirmatives mit, als gäbe es nur die *eine* Geschichte und die *eine* Lehre, die wir daraus zu ziehen haben. Geschichte geht aber nicht in Erinnerung auf. Geschichte ist komplexer als Erinnerung. Wer dieser Komplexität gerecht werden will, wer wissenschaftlich differenziert auf Geschichte blickt, der erinnert nicht, sondern setzt sich kritisch mit der Geschichte auseinander – nach allen Regeln der Quellenkritik.

Im öffentlichen und politischen Diskurs meint „Erinnern" aber leider viel zu selten „Sich-Auseinandersetzen", sondern allzu häufig bloßes Trauern, ohne nach den Hintergründen zu fragen und ohne die historische Abfolge von Ursache und Wirkung zu beachten. So kommt es dann zur Gleichsetzung von stalinistischen und nationalsozialistischen Verbrechen sowie von Ermordeten im Holocaust mit den deutschen Opfern von Luftkrieg, Flucht und Vertreibung sowie alliierter Besatzungsherrschaft im Allgemeinen und sowjetischer Besatzungsherrschaft und SED-Diktatur im Besonderen. Bei weitem ist diese Form der öffentlichen Repräsentation von Geschichte nicht nur ein Phänomen der ostdeutschen Transformationsgesellschaft. Vielmehr schließt sie nahtlos an westdeutsche Deutungs- und Darstellungsmuster an, die in den ersten Nachkriegsjahrzehnten vor allem noch durch die Schuldabwehr geprägt waren und in eine ebenso vereinfachende wie doktrinär verwendete Totalitarismustheorie eingebettet wurden, indem die nationalsozialistischen Verbrechen ausdrücklich anerkannt, zugleich aber mit Verweis auf Unrecht an Deutschen nach 1945, u. a. in der SBZ/DDR, relativiert wurden.

Ein typisches Beispiel dafür ist ein 1922 eingeweihtes Denkmal für das Infanterieregiment 77 in der niedersächsischen Kreisstadt Celle. Anfang des 20. Jahrhunderts hatten Freiwillige aus dem Regiment sich an der Niederschlagung des Boxeraufstandes in China und am Völkermord an den Herero und Nama im damaligen Deutsch-Südwestafrika beteiligt. 1914 war das Regiment für ein Massaker an Zivilisten in der belgischen Stadt Tamines verantwortlich, dem u. a. 44 Kinder zum Opfer fielen. „Den im Weltkriege / 1914–1918 / gefallenen Helden / zum ehrenden / Gedächtnis / dem ruhmreichen / Regiment zum / Andenken" lautet der ursprüngliche

Jens-Christian Wagner

Widmungstext des Denkmals. In den 1990er Jahren wurde er durch eine Bronzetafel ergänzt, auf der es heißt: „Den Toten und Opfern der Kriege, / der Gewaltherrschaft, der Vertreibung, des Terrors / und der politischen Verfolgung gewidmet". Damit wird – politisch vermeintlich korrekt – die Entdifferenzierung auf die Spitze getrieben: Unterschiedslos werden Opfer, Täter sowie Verfolgte ganz unterschiedlicher Epochen geehrt.[14]

Eine derartige Entkontextualisierung zeigt sich jedoch nicht nur beim relativierenden Blick auf den Nationalsozialismus und das Nachkriegsunrecht gegenüber Deutschen. Auch die sogenannte Holocaust Education ist nicht frei davon. Die Shoah, also die Ermordung der europäischen Juden im Nationalsozialismus, ist in den vergangenen drei Jahrzehnten – teils mit affirmativer Stoßrichtung – zur universalen Chiffre für das Thema Gesellschafts- und Regimeverbrechen geworden und wird bisweilen der Auseinandersetzung mit ganz anderen Verbrechen übergestülpt und damit historisch entkontextualisiert. Selbst Überlebendenverbände schließen sich solchen Deutungen an. Im Mitteilungsblatt der französischen Fédération Nationale des Déportés et Internés, Résistants et Patriotes (FNDIRP) etwa hieß es im Februar 2016 unter der Überschrift „Die universelle Botschaft von Auschwitz", der Jahrestag der Befreiung von Auschwitz am 27. Januar, zugleich internationaler Gedenktag für die Opfer des Nationalsozialismus, sei „auch der Erinnerung an die Opfer aller Genozide und der Prävention gegen jegliche Verbrechen gegen die Menschheit gewidmet".[15]

Sicherlich ist es für die Erkenntnisbildung zwingend erforderlich, Vergleiche zwischen verschiedenen Formen des Genozids und staatlicher Massengewalt anzustellen, allein schon, um falsche historische Analogiebildungen zu vermeiden. Um den Völkermord in Ruanda oder die Terrorherrschaft der Roten Khmer in Kambodscha zu analysieren bzw. in den jeweiligen Ländern innergesellschaftliche Diskurse darüber anzuregen, braucht man jedoch nicht die didaktische Folie der sogenannten Holocaust Education. Eine so verstandene Holocaust Education kann in ahistorischer Universalisierung, in einer Öffnung „teilweise bis ins Absurde"[16] münden.

Zur nivellierenden Entkontextualisierung trägt auch die zunehmende Personalisierung in der Präsentation von Zeitgeschichte bei. Dazu gehört der Hype um die „Zeitzeugen", die berichten, wie sie historische Ereignisse erlebt haben.[17] Oftmals wird „Zeitzeuge" dabei als Synonym für „Überlebender" verwendet. Was anfangs insbesondere in der Alltagsgeschichte emanzipatorisch gemeint war – in Abgrenzung von der Herrschaftsgeschichtsschreibung sollte den Namenlosen eine Stimme gegeben werden –, trägt zunehmend affirmative Züge. Zeitzeugenberichte sollen einen personalisierten, emotionalen Zugang zur Geschichte bieten, werden aber häufig nicht als historische Quellen hinterfragt, insbesondere nicht im öffentlichen und politischen „Erinnerungs"-Diskurs. Auch in der medialen und musealen Aufbereitung dienen sie meist eher der Bestätigung des von Journalist:innen oder Ausstellungskurator:innen Gesagten denn als eigene erfahrungsgeschichtliche Perspektive.[18] Quellenkritik, so scheint es, ist etwas für die Wissenschaft, nicht aber für den Topos der „Erinnerung", ein Begriff, der sowohl im Sinne politisch-moralischer Mahnung als auch als individuelles Gedächtnis verstanden werden kann. Die „normative Rhetorik der Erinnerung" (Volkhard Knigge)[19] mündet so in Beliebigkeit und Urteilslosigkeit.

Erschwerend kommen die Sakralisierung der Zeitzeug:innen und die Identifikation mit ihnen hinzu. Insbesondere Shoah- und KZ-Überlebenden wird – zu Recht – ein hohes Maß an moralisch-politischer Autorität zugebilligt. Gleichzeitig interessiert es viele aber gar nicht, was die Überlebenden berichten. Sie werden nicht als Akteur:innen ernst genommen, sondern dienen der emotional-affektiven Ausschmückung – und häufig auch der Entlastung, indem die emotionale Identifikation mit dem Opfer dessen Geschichte aus dem historischen Kontext löst und den Blick auf die Frage verstellt, warum der Mensch überhaupt zu einem Opfer wurde und wer und was dafür verantwortlich war. Zugleich öffnet die historische Entkontextualisierung den Raum für die Verfälschung und Instrumentalisierung der Geschichte und ihrer Opfer. So konnte sich etwa Anfang 2021 eine AfD-Landtagsabgeordnete in einem Video vor großformatigen Porträts von KZ-Überlebenden am Thüringer Landtag postieren und behaupten, das Vermächtnis der KZ-Überlebenden sei es, „dass wir heute dafür sorgen, dass es nie wieder von deutschem Boden ausgehend zu solchen Auswüchsen, zu solchen Katastrophen kommt, und [wir] werden uns jeder Art von aufkommendem Totalitarismus ganz entschieden entgegenstellen."[20] Gemeint war damit, auch wenn es nicht explizit angesprochen wurde, der Kampf gegen die angebliche „Corona-Diktatur" und die rot-rot-grüne Landesregierung. Vollkommen ausgeblendet

Sharepic der AfD-Bundestagsfraktion, 27. Januar 2023. Screenshot: https://twitter.com/AfDimBundestag/status/1618881498882478081, letzter Zugriff: 30. Januar 2023.

wurde dabei alles, was zu den NS-Verbrechen führte: mörderischer Rassismus, Antisemitismus und Antikommunismus, Antiliberalismus, Verheißungen der Ungleichheit, Nationalismus sowie Eroberungs- und Vernichtungsphantasien. Ganz ähnlich ein Post der AfD-Bundestagsfraktion zum Gedenktag für die Opfer des Nationalsozialismus am 27. Januar 2023: „Wir gedenken aller Opfer des Holocaust", ist da zu lesen, und darunter sind Fotos von hochrangigen AfD-Abgeordneten abgebildet, die einen Zettel mit der Aufschrift „#weremember" in die Kamera halten.[21] Hier wird die Entkontextualisierung auf die Spitze getrieben und das

Jens-Christian Wagner

Schlagwort von der „Erinnerung" zu einer ahistorischen Worthülse degradiert.

Die gezeigten Beispiele – von Dornhofer als angeblichem NS-Opfer und der Jubelt-Tafel in Zeitz über nivellierende Denkmäler bis zur Holocaust-„Erinnerung" der AfD – zeigen einen instrumentellen Umgang mit der Geschichte für heutige politische Zwecke, im letzteren Fall für demokratiefeindliche Absichten. Aber auch Akteur:innen mit – im Sinne der Menschenrechts- und Demokratieerziehung – gut gemeinten Zielrichtungen können Geschichte missbrauchen. Vor allem in Kultusministerien, aber auch unter Politiker:innen herrscht bisweilen die Erwartung vor, die „Erinnerung" an die NS-Verbrechen und an das SED-Unrecht sowie der Besuch von Gedenkstätten imprägnierten gegen demokratiefeindliche Ideologien. Damit wird aber letztlich sinnloses Leiden, wird heillose Geschichte in eine religiöse, politische oder metaphysische Teleologie eingelesen, nach der wir aus der dunklen Vergangenheit in die leuchtende Gegenwart oder Zukunft gehen, wenn wir nur die richtigen „Lehren" aus der Vergangenheit beherzigen. Nicht selten gehen solche Deutungsmuster mit affirmativen Tendenzen einher, die unser heutiges politisches und soziales System legitimatorisch untermauern sollen. Die von den Nationalsozialisten Verfolgten hatten aber ganz eigene, individuelle soziale und politische Vorstellungen, und keiner von ihnen ist gestorben, um das Grundgesetz der Bundesrepublik zu schützen. Etliche Opfer des Unrechts im sowjetischen Speziallager Buchenwald wiederum waren alles andere als glühende Verfechter der liberalen Demokratie. Letztlich ist es damit eine Instrumentalisierung der Opfer und Kennzeichen eines eben nicht reflexiven, sondern affirmativen Geschichtsverständnisses, unsere heutigen Vorstellungen von Menschenrechten und politischer Moral als Lehre aus den Verbrechen der Nationalsozialisten zu verkaufen. Wie stark dieser Weg in die Irre führt, haben bereits die Geschichtsideologen in der DDR gezeigt, die die Gedenkstätten zu Bühnen staats- und parteilegitimierender Selbstdarstellung ausbauten.

Seriöse Gedenkstättenarbeit ist keine Agit-Prop-Veranstaltung und auch keine Staatsbürgerkunde unter freiheitlich-demokratischen Vorzeichen. Sie setzt auf Reflexion statt auf Indoktrination. Ziel ist es, historische Urteilskraft und Geschichtsbewusstsein in der Gesellschaft zu stärken. Vielleicht etwas plakativ formuliert: *Erkenntnis* ist das Ziel, nicht *Bekenntnis*. Voraussetzung ist zunächst einmal die Vermittlung historischen Wissens. Doch Geschichtsbewusstsein ist mehr als bloßes Faktenwissen. Es bedeutet, sich der Prozessualität von Geschichte und Gegenwart sowie der historischen Bedingtheit unseres eigenen Lebens bewusst zu sein. Dazu gehört das Bewusstsein dafür, dass der Blick auf die Geschichte kein objektiver sein kann, sondern immer geprägt ist von gegenwärtigen moralischen und politischen Vorstellungen sowie gesellschaftlichen und wissensgeschichtlichen Ordnungen.[22] Schließlich bedeutet Geschichtsbewusstsein auch, multiperspektivische Zugänge zur Geschichte zu suchen und sich darüber im Klaren zu sein, dass die Geschichtsschreibung und die Repräsentation von Geschichte in Medien und Öffentlichkeit immer einen konstruktiven Charakter haben: Die historische „Wahrheit" gibt es nicht, sondern immer nur eine Annäherung an das historische Geschehen und seine zeitgenössische wie auch heutige Wahrnehmung. „Die Historie enthüllt uns", schrieb der Historiker Hans Petschar, „daß die Wahrheit so viele Gesichter hat, wie es Geschichten gibt (und mehr Geschichten als Historiker). Die Wahrheit in der Geschichte ist nichts anderes als dies: eine Weise der Anschauung."[23]

Geschichte ist anfällig für selektive Deutungen und für eine Instrumentalisierung zu aktuellen politischen Zwecken. Kaum etwas zeigt das deutlicher als die Denk- und Ehrenmale für die Opfer des Nationalsozialismus und des Stalinismus. Gerade deshalb bietet die Beschäftigung mit ihnen im Rahmen der historisch-politischen Bildungsarbeit große didaktische Potentiale. Als in Stein gehauene oder in Metall gegossene Geschichtsbilder dokumentieren sie den zeitgenössischen kollektiven oder partikularen Blick auf die Geschichte, sie sind zugleich Denkmale *an* die Zeit und *aus* der Zeit. Sie sind also sowohl zeitgenössische Deutungen als auch selbst historische Quellen und damit bestens geeignet für eine kritisch-reflexive Auseinandersetzung mit Geschichte und Gegenwart. Voraussetzung ist historisches Wissen, das es erlaubt, diese historischen Quellen nach allen Regeln der Quellenkritik zu analysieren, also Wissen nicht nur über die historischen Ereignisse, an die mit dem Gedenkzeichen erinnert wird, sondern auch um die Entstehungsbedingungen des Denkmals und die Verortung seiner Stifter. Auch heutige Perspektiven auf das Denkmal und seinen historischen Gegenstand müssen dabei berücksichtigt werden. Methodisch kann das im Rahmen intensiven forschenden Lernens geschehen, und das nahezu überall im wahrsten Sinne vor der eigenen Haustür, denn die Gewaltgeschichte des 20. Jahrhunderts ist über ihre Repräsentation im öffentlichen Raum nahezu omnipräsent.

Jens-Christian Wagner

Anmerkungen

1. Vgl. die – zu Mittelbau-Dora vorwiegend auf autobiografischen Nachkriegsaufzeichnungen Dornhofers basierende – Studie von Thomas Speckmann: Hugo Dornhofer. Biographische Studien 1896–1977, Rudolstadt/Jena 2003, S. 94–109. Der Historiker und „sachkundige Bürger der CDU-Fraktion im Erfurter Stadtrat" Steffen Raßloff brachte 2020 im Rahmen der Straßennamendiskussion eine Umbenennung der Erfurter Ernst-Thälmann-Straße ins Spiel und schlug eine Benennung nach Dornhofer vor. Siehe Decolonize stellt bisherigen Konsens zur Diskussion, in: Thüringer Allgemeine (Erfurt), 1./2. Mai 2020; Diskussion um Straßennamen: Kann Thälmann ein Vorbild sein?, in: Thüringer Allgemeine (Erfurt), 13. Mai 2020.
2. Vgl. Wagner, Jens-Christian: Produktion des Todes. Das KZ Mittelbau-Dora, aktualisierte Neuauflage, Göttingen 2015, S. 194–201.
3. Tag des Herrn 48 (1998) 16, online: https://archiv.tag-desherrn.de/archiv_1996_bis_2007/artikel/4365.php#gsc.tab=0, letzter Zugriff: 2. Januar 2023.
4. Vgl. Straße der Demokratie hat zwei Stationen im Eichsfeld, in: Thüringer Allgemeine, 5. Dezember 2013. Die Website der „Straße der Menschenrechte" mit der Begründung der Jury zur Titelvergabe ist nicht mehr online.
5. Vgl. Frei, Norbert: Vergangenheitspolitik. Die Anfänge der Bundesrepublik und die NS-Vergangenheit, München 1996.
6. Vgl. Ehre einem Denunzierten, in: Mitteldeutsche Zeitung (Zeitz), 27./28. Mai 2023.
7. Vgl. Richter, Hans-Joachim: Passion Zeitz. Arthur Jubelt. Vision und Wirklichkeit, Leipzig/Zeitz 2015, S. 48, 74; s. a. Ulbricht, Justus H.: Das völkische Verlagswesen im deutschen Kaiserreich, in: Handbuch zur „Völkischen Bewegung" 1871–1918, München u. a. 1996, S. 277–301, hier S. 282 f.
8. Zur Erinnerung an Arthur Jubelt siehe auch den Beitrag von Christina Ramsch und Franz Waurig im vorliegenden Band.
9. Vgl. etwa Koch, Jörg: Von Helden und Opfern. Kulturgeschichte des deutschen Kriegsgedenkens, Darmstadt 2013.
10. Vgl. Overesch, Manfred: Buchenwald und die DDR oder die Suche nach Selbstlegitimation, Göttingen 1995; Knigge, Volkhard: Opfer, Tat, Aufstieg. Vom Konzentrationslager Buchenwald zur Nationalen Mahn- und Gedenkstätte der DDR, in: Ders./Pietsch, Jürgen-Maria/Seidel, Thomas A. (Hg.): Versteinertes Gedenken. Das Buchenwalder Mahnmal von 1958, Bd. 1, Spröda 1997, S. 5–94; sowie einordnend Hammerstein, Katrin: Gemeinsame Vergangenheit – getrennte Erinnerung? Der Nationalsozialismus in Gedächtnisdiskursen und Identitätskonstruktionen von Bundesrepublik Deutschland, DDR und Österreich, Göttingen 2017.
11. Vgl. etwa Neiman, Susan: Von den Deutschen lernen. Wie Gesellschaften mit dem Bösen in ihrer Geschichte umgehen können, München 2020.
12. Vgl. auch im folgenden Wagner, Jens-Christian: NS-Gesellschaftsverbrechen in der Gedenkstättenarbeit, in: Schmiechen-Ackermann, Detlef/Buchholz, Marlis/Roitsch, Bianca u. a. (Hg.): Der Ort der „Volksgemeinschaft" in der deutschen Gesellschaftsgeschichte, Paderborn 2018, S. 421–437.
13. Der Begriff „kulturelles Gedächtnis" (im französischen Original „mémoire collective") bezeichnet die historische Erinnerung in der Gesellschaft und wurde von dem Soziologen Maurice Halbwachs geprägt, der 1945 als Häftling im KZ Buchenwald starb. Unter anderen haben Jan und Aleida Assman das Konzept mit der Unterteilung in das kommunikative und das kulturelle Gedächtnis ausdifferenziert. Vgl. etwa Erll, Astrid: Kollektives Gedächtnis und Erinnerungskulturen. Eine Einführung, Stuttgart ³2017.
14. Seit 2017 informiert eine Infostele neben dem Denkmal über die belastete Geschichte des Infanterieregiments 77. Gleichwohl wird an dem Denkmal bis heute die zentrale städtische Kranzniederlegung zum Volkstrauertag vorgenommen.
15. Le Patriote Résistant (2016) 905, Titelseite (Übersetzung aus dem Französischen durch den Verfasser).
16. Gryglewski, Elke: Gedenkstättenarbeit zwischen Universalisierung und Historisierung, in: Aus Politik und Zeitgeschichte 66 (2016) 3–4, S. 23–28, hier S. 26. Die Universalisierung der Holocaust Education hingegen positiv wertend Levy, Daniel/Sznaider, Natan: Erinnerung im globalen Zeitalter. Der Holocaust, Frankfurt/Main 2001.

17 Zur Genese des Zeitzeugen-Begriffes vgl. Sabrow, Martin/Frei, Norbert (Hg.): Die Geburt des Zeitzeugen nach 1945, Göttingen 2012.
18 Vgl. Wagner, Jens-Christian: Zeitzeugen ausgestellt. Die Nutzung von Interviews in Museen und KZ-Gedenkstätten, in: Apostolopoulos, Nicolas/Pagenstecher, Cord (Hg.): Erinnern an Zwangsarbeit. Zeitzeugen-Interviews in der digitalen Welt, Berlin 2013, S. 59–67.
19 Knigge, Volkhard: „Das radikal Böse ist das, was nicht hätte passieren dürfen." Unannehmbare Geschichte begreifen, in: Aus Politik und Zeitgeschichte 66 (2016) 3-4, S. 3–9, hier S. 3.
20 Landtagsabgeordnete Corinna Herold in einem Video der AfD-Fraktion im Thüringer Landtag, 27. Januar 2021, online: https://www.youtube.com/watch?v=exT4aLAdtUc, letzter Zugriff: 4. Januar 2023.
21 Twitter-Account der AfD-Bundestagsfraktion, 27. Januar 2023, online: https://twitter.com/AfDimBundestag/status/1618881498882478081, letzter Zugriff: 30. Januar 2023.
22 Vgl. Jeismann, Karl-Ernst: Geschichtsbewusstsein als zentrale Kategorie der Geschichtsdidaktik, in: Schneider, Gerhard (Hg.): Geschichtsbewusstsein und historisch-politisches Lernen, Pfaffenweiler 1988, S. 1–24; sowie von Borries, Bodo: Geschichtslernen und Geschichtsbewusstsein. Empirische Erkundungen zu Erwerb und Gebrauch von Historie, Stuttgart 1988.
23 Petschar, Hans: Kritik der historischen Vernunft, in: Schmidt, Georg (Hg.): Die Zeichen der Historie. Beiträge zu einer semiologischen Geschichtswissenschaft, Wien/Köln 1986, S. 51–66, hier S. 51 (= Materialien zur historischen Sozialwissenschaft 5).

Wachturm an der Ostseite des ehemaligen Häftlingslagers in Buchenwald, 11. April 1952. Sammlung Gedenkstätte Buchenwald.

Julia Landau

ALLIIERTE VERHAFTUNGEN UND SOWJETISCHE SPEZIALLAGER
Ein Überblick

Die politischen Veränderungen der Jahre 1989/90 eröffneten in Ostdeutschland völlig neue Möglichkeiten öffentlicher Erinnerungen an zuvor tabuisierte Themen. Sie artikulierten sich in Briefen und Wortmeldungen, gerichtet an Vertreter:innen von Presse, Radio und Fernsehen, in Gesprächsrunden, im öffentlichen Raum auf Demonstrationen und in Form von Setzungen neuer Denkmale oder in der Veränderung von bestehenden. Dabei stand häufig die Erinnerung an sowjetische Verhaftungen, Internierungen und Speziallager im Zentrum dieser unterschiedlichen Äußerungen. Das Vorgehen der sowjetischen Besatzungsmacht in der unmittelbaren Nachkriegszeit war über lange Zeit beschwiegen worden, gleichzeitig – vor allem in Westdeutschland – auch politisch instrumentalisiert. Mit dem Ende der DDR begann, was die Mitbegründerin der Initiativgruppe Buchenwald 1945–50 e. V. Heidrun Brauer 2015 auf einer Gedenkveranstaltung in Weimar als „Explosion" bezeichnete:

Erst nach der politischen Veränderung in der DDR und dem Zusammenschluss der beiden deutschen Staaten war die Zeit reif, darüber zu sprechen. Ich habe bereits den Begriff Explosion verwendet; ich habe das auch so empfunden. Als ich mich mit meiner vollen Adresse in der Zeitung gemeldet hatte, als eine, die sich interessiert für das Speziallager, habe ich Berge von Briefen bekommen von Menschen, die geschrieben haben, sie warteten schon seit 50 [sic] Jahren auf diesen Tag, an dem sie darüber sprechen könnten. Diese erste Zeit war sehr bewegend [...].[1]

Gleichzeitig wurden seit den 1990er Jahren Dokumente im Russischen Staatsarchiv zugänglich, die über die Vorgänge in der letzten Phase des Zweiten Weltkriegs und der Nachkriegszeit Auskunft geben konnten.[2] Auf breiter Quellengrundlage, anhand von Archivdokumenten und Erfahrungsberichten ehemaliger Verhafteter und Lagerinsass:innen wurden seither die Umstände der Einrichtung sowjetischer Speziallager genauer erforscht und dokumentiert. Die Forschungen stellten heraus, dass die Internierungen und Inhaftnahmen im Kontext der alliierten Übereinkünfte zur Denazifizierung und Demilitarisierung Deutschlands einerseits, der innersowjetischen, stalinistischen Politik andererseits zu sehen sind.³ In diesem Spannungsfeld bewegen sich seither die Darstellungen und Deutungen der Geschichte der Speziallager, während gleichzeitig die Kenntnisse über die Insassen der Lager empirisch vertieft und erweitert wurden.

Diese unterschiedlichen Zusammenhänge werden im Folgenden in einem einführenden Überblick genauer beleuchtet, um die historischen Vorgänge einordnen zu können, an die mit den Denkmalsetzungen seit den 1990er Jahren erinnert wird. Dabei wird auch auf die Erfahrungen der Lagerinsass:innen und ihrer Angehörigen eingegangen, um nachzuvollziehen, wie die lange öffentliche Tabuisierung und politische Instrumentalisierung in den frühen 1990er Jahren zur oben beschriebenen „Explosion" führten. Da die Erfahrungsberichte, die aus verschiedenen Jahrzehnten stammen und in unterschiedlichen Kontexten verfasst wurden, jeweils andere Perspektiven abbilden, konzentrieren sich die Ausführungen auf den Erfahrungsbericht eines Lagerinsassen, den dieser kurz nach seiner Entlassung aus dem Gefängnis Waldheim im Jahr 1954 in der BRD verfasste. Abschließend wird anhand von zeitgenössischen Quellen, Entlassungsersuchen und Briefen aus der Haftzeit der Frage nachgegangen, welches Wissen um die sowjetische Haft bei den Angehörigen vorhanden war und wie diese damit umgingen. Beide Erfahrungen, die des Lagerinsassen in der Schilderung seiner Haft sowie die Erfahrungen der Angehörigen und deren Umgang mit

der Isolation, fließen ein in die Diskussion der Frage, welche Bedeutung diese Erfahrungen für die zeitverschobenen Denkmalsetzungen der 1990er Jahre haben konnten. Dabei wird die These aufgeworfen, dass trotz der Tabuisierung sowjetischer Inhaftnahmen zur Zeit der DDR in den frühen 1990er Jahren auf umfangreiche Erfahrungs-, Gedächtnis- und Wissensspeicher zurückgegriffen werden konnte, die mit den neu hinzugewonnenen historischen Erkenntnissen teilweise in Widerspruch standen.

Alliierte Übereinkünfte zum Ende des Zweiten Weltkriegs

Angesichts der historisch beispiellosen Eroberungs- und Vernichtungspolitik des nationalsozialistischen Deutschlands bereiteten die Alliierten bereits während des Krieges Pläne für die Befriedung Deutschlands vor. Churchill, Roosevelt und Stalin proklamierten auf der Konferenz von Jalta im Februar 1945: „Es ist unser unerschütterliches Ziel, den deutschen Militarismus und Nazismus zu vernichten und dafür Garantien zu schaffen, dass Deutschland nie wieder imstande sein wird, den Weltfrieden zu brechen."[4] Deutschland sollte entwaffnet, die Rüstungsindustrie zerstört, Kriegsverbrecher:innen bestraft werden und eine umfassende Denazifizierung erfolgen:

> Wir sind fest entschlossen [...] die nazistische Partei, die nazistischen Gesetze, Organisationen und Einrichtungen zu liquidieren, alle nazistischen und militaris-

tischen Einflüsse in den öffentlichen Einrichtungen sowie dem kulturellen und wirtschaftlichen Leben des deutschen Volkes zu beseitigen und gemeinsam solche anderen Maßnahmen in Deutschland zu ergreifen, die sich für den künftigen Frieden und die Sicherheit der ganzen Welt als notwendig erweisen können.[5]

Die Alliierten verständigten sich auf einen Katalog von weitgehenden, aber nicht genauer dargelegten Maßnahmen zur politischen Säuberung und Entnazifizierung. Sie vereinbarten dazu Ende Juli – Anfang August 1945 auf der Konferenz von Potsdam im Sinne einer nicht genauer ausgeführten Absichtserklärung:

> Nazistische Führer, einflussreiche Nazianhänger und das leitende Personal der nazistischen Einrichtungen und Organisationen sowie alle anderen Personen, die für die Besetzung und ihre Ziele gefährlich sind, sind zu verhaften und zu internieren.[6]

Die Alliierten stimmten in ihren Absichten zunächst überein, im weiteren Verlauf unterschied sich jedoch ihre Politik der Inhaftnahmen und der Internierung. Aus praktischen Gründen wurden zunächst in allen vier Besatzungszonen ehemalige Konzentrationslager und Kriegsgefangenenlager weiter genutzt. Ebenfalls allen gemein war zunächst, dass die Internierungen schematisch vorgenommen wurden. Da die Inhaftnahmen unterschiedlichen Zielen dienen sollten, unter denen die Bestrafung nur eines und zunächst nicht das vordringlichste war, wurden auch keine individuellen Anklagen erhoben. In der US-amerikanischen Besatzungszone wurden die Festnahmen mit griffigen Formulierungen bezeichnet: Unter den „Automatic Arrest" fielen Personen, die eine bestimmte Stellung im Staats- und Parteiapparat innehatten, als „Security Suspects" galten jene, die – auch im präventiven Sinne – ein Sicherheitsrisiko darstellten. Insgesamt wurden nach Kriegsende etwa 400.000 Deutsche in Internierungslagern festgehalten, 21.500 in der französischen, 91.000 in der britischen, 130.000 in der sowjetischen und ca. 170.000 in der amerikanischen Besatzungszone.[7] In den westlichen Besatzungszonen war die Direktive des Hauptquartiers der alliierten Streitkräfte (SHAEF) vom 13. April 1945 für die Verhaftungen maßgeblich: Detailliert wurden hier Mitarbeiter der Polizei und Sicherheitsbehörden genannt, Verwaltungsleiter, Mitarbeiter des Staatsapparats sowie NSDAP-Personal, die zu internieren seien.[8]

Internierungen in der sowjetischen Besatzungszone

Die sowjetische Seite verfolgte mit den bereits ab Dezember 1944 vorgenommenen Internierungen zwei Hauptziele: die „politische Säuberung" und die „Mobilisierung" von Arbeitskräften. Inwiefern und in welcher zeitlichen Abfolge die sowjetischen Verhaftungsmaßnahmen darüber hinaus den gesellschaftlichen Umbau in der sowjetischen Besatzungszone zu einem sozialistischen politischen und gesellschaftlichen Modell flankierten, ist in der Forschung umstritten.[9] Zunächst standen die Verhaftungsmaßnahmen in einem militärischen und sicherheitspolitischen Kontext: Bereits mit dem Vormarsch der sowjetischen Armee Richtung Elbe im Januar 1945 hatte Lavrentij Berija als Volkskommissar für Inneres und Generalkommissar für Staatssicherheit Maßnahmen angeordnet, um das Hinterland von sogenannten „feindlichen Elementen" zu „säubern" und diese in Lager einzuweisen. Damit waren Mitglieder der antisowjetischen Befreiungsbewegungen im Baltikum und in Polen gemeint, aber auch nationalsozialistische Funktionsträger aus der Besatzungsverwaltung. Hochrangige NKVD-Vertreter wurden den Heeresgruppen der Roten Armee beigeordnet, um diese politischen Maßnahmen umzusetzen. Als Frontbeauftragter der 1. Belorussischen Front (= Heeresgruppe) wurde der stellvertretende Volkskommissar für Innere Angelegenheiten der UdSSR, Ivan A. Serov, eingesetzt, der mit Gründung der Sowjetischen Militäradministration in Deutschland als alleiniger Bevollmächtigter des sowjetischen Innenministeriums in der SBZ agierte. Ihm unterstanden alle sowjetischen Sicherheitsorgane, die in sogenannte „operative Sektoren" auf Länder- und Provinzebene und „operative Gruppen" in den Kreisen und Städten untergliedert waren.[10] Parallel ordnete das Staatliche Sowjetische Verteidigungskomitee (GOKO) am 3. Februar 1945 an, Personen, die „terroristischer Anschläge und Diversionsakte überführt" seien, an „Ort und Stelle" „gnadenlos zu liquidieren".[11]

Neben die sicherheitspolitischen Erwägungen trat die Suche nach möglichen Arbeitskräften für den Wiederaufbau in der Sowjetunion („Mobilisierung"): Überwiegend Frauen zwischen 17 und 50 Jahren sollten interniert und als „Mobilisierte" in Arbeitsbataillonen in die Sowjetunion verbracht werden; Männer, die in der deutschen Armee oder im Volkssturm gedient hatten, sollten in Kriegsgefangenenlager eingewiesen werden. Diese Entscheidung hing vor allem mit dem enormen Arbeitskräftemangel und der desaströsen wirtschaftlichen Situation der Sowjetunion nach Kriegsende zusammen. Insbesondere in ihren westlichen Gebieten – in Belarus, der Ukraine und Westrussland – lag nach der deutschen Ausplünderung während der Besatzung und den „Verwüstungsmaßnahmen" der zurückziehenden Wehrmacht die Infrastruktur völlig brach. Die Bevölkerung war durch das brutale Besatzungsregime enorm dezimiert: Nach neuesten Schätzungen hatte die Sowjetunion insgesamt etwa 27 Millionen Kriegstote zu beklagen. Als Zwangsarbeiter:innen oder Kriegsgefangene gewaltsam außer Landes gebracht, fehlten Millionen junger und arbeitsfähiger Menschen für den Wiederaufbau des Landes. Dieses Problem ließ sich allerdings mit der geplanten Mobilisierung – im Dezember 1944 war die sowjetische Regierung noch von 500.000 Menschen ausgegangen – nicht lösen: Im April 1945 wurden die Mobilisierungen eingestellt, da die Arbeitsfähigkeit der Zwangsverschickten als begrenzt galt. Vielfach waren junge Frauen und alte Menschen „mobilisiert" worden, während die wehrfähigen Männer in der Wehrmacht oder in Kriegsgefangenschaft waren. Auf der Grundlage des GOKO-Geheimbefehls Nr. 7161ss vom 16. Dezember 1944 waren 110.000 ältere Frauen, Männer und Kinder als Deutsche aus Rumänien und Bulgarien verschickt worden. Eine zweite Gruppe, die zu Jahresbeginn 1945 festgenommen wurde, umfasste 100.000 Deutsche vor allem aus Oberschlesien und Ostpreußen. In beiden Fällen spielten sicherheitspolitische Beweggründe oder die Ahndung von NS-Verbrechen kaum eine Rolle, es ging um die vordringliche Suche nach Arbeitskräften. Insgesamt waren bis zum April 1945 etwa 215.000 Menschen „mobilisiert" worden. Zwei Drittel von ihnen, darunter viele Frauen und Kinder, kamen als „mobilisierte" Arbeitskräfte in Lager und mussten auf bestimmten Baustellen oder in schwerindustriellen Zentren der Sowjetunion harte Arbeit verrichten.[12]

Am 18. April 1945 erließ der sowjetische Innenminister den Befehl Nr. 00315, der die Grundlage für die Einrichtung der Speziallager bildete: Nun wurde der Kreis von Personen definiert, die „an Ort und Stelle", also in der sowjetischen Besatzungszone, interniert werden sollten.[13] Im Mai 1945 entstand eine eigene Abteilung des sowjetischen Innenministeriums in der SBZ, die die Speziallager verwaltete. Ihr stand Ivan A. Serov als stellvertretender Volkskommissar des Inneren vor. Der Internierung in den sogenannten Speziallagern lagen allgemeine Kategorien einer Zugehörigkeit zum NS-Partei- und Staatsapparat zugrunde: Aktive Gegner der Sowjetunion, Amtsträger des „Dritten Reiches", Funktionsträger:innen der NSDAP, NS-Organisationen oder der Hitlerjugend sowie Mitarbeiter:innen oder Zuträger:innen der Gestapo und des SD sollten in Speziallager verbracht werden. In ihnen wurden nach sowjetischen Angaben zwischen 1945 und 1950 157.873 Personen festgehalten, davon 122.671 Deutsche, 34.706 Sowjetbürger:innen und 460 sonstige Ausländer:innen. Nach den Angaben des Suchdienstes des Deutschen Roten Kreuzes waren 130.000 Deutsche in den Lagern in der sowjetischen Besatzungszone inhaftiert.[14] Bei den Verhaftungen stützten sich die sogenannten operativen Gruppen – also die Vertreter des sowjetischen Innenministeriums in den Ortschaften – auf Listen der NSDAP-Mitglieder und Funktionsträger sowie auf die Ortskenntnis von deutschen Gewährsleuten. Auch eigennützige Meldungen spielten dabei eine Rolle. Viele Verhaftete wurden monatelang in Gefängnissen festgehalten und zum Teil unter massiver Gewaltanwendung verhört. Die Befragungen mussten protokolliert sowie individuelle Kontroll- und Registraturakten der Gefangenen angelegt werden.[15] Die Geheimdienstmitarbeiter fragten häufig nach weiteren Namen, um Gruppen von möglichen Oppositionellen konstruieren zu können. Die anschließenden Internierungen wurden ohne richterliche Prüfung vorgenommen. Im Laufe der folgenden Jahre änderte sich die Verhaftungspraxis; so war ab Jahresbeginn 1946 ein Beschluss eines sowjetischen Militärstaatsanwalts für die Einweisung in ein Speziallager erforderlich. Allerdings wurde dieser formale Akt nicht immer eingehalten.

Nach dem Befehl 00315 sollten bestimmte Personengruppen in die Sowjetunion gebracht werden, wie etwa Angehörige der SS und der SA sowie das Personal von Gerichten, Gefängnissen und Konzentrationslagern. Sie sollten in die Kriegsgefangenenlager in der Sowjetunion eingewiesen werden, die der Hauptabteilung für Kriegsgefangene und Internierte im Innenministerium unterstanden. Mit dieser Entscheidung war jedoch keine Aussage darüber getroffen, ob und wie eine Verantwortung für NS- und Kriegsverbrechen geahndet werden sollte: Lag ein Verdacht auf eine Beteiligung an Kriegsverbrechen im Zusammenhang mit der deutschen Besatzung in der Sowjetunion oder der Zwangsarbeit sowjetischer

Zivilisten vor, so wurden in Einzelfällen diese Personen aus den Kriegsgefangenenlagern heraus ab 1949/50 vor Militärgerichte gestellt und zu Lagerhaft verurteilt.[16]

Der NS-Hintergrund der Mehrheit der Internierten, die ohne Gerichtsverfahren festgenommen und in Speziallagern festgehalten worden waren, war keineswegs erfunden. Neben den aufgrund ihres Parteiamtes in Haft genommenen Blockleitern – eine Gruppe, die zunächst als aktiver Teil der als verbrecherische Organisation eingestuften NSDAP in die Anklage für die Nürnberger Prozesse mitaufgenommen worden war – und den zum Zeitpunkt der Inhaftierung 13- bis 16-Jährigen aus der Hitlerjugend waren unter den Internierten auch Menschen, die schwerste Verbrechen begangen hatten. Sie alle wurden unter Bedingungen festgehalten, die die allgemeine Menschenwürde nicht achteten: Die Versorgung in den Lagern mit Lebensmitteln war unzureichend, die hygienische Situation und medizinische Betreuung ebenfalls. Die absolute Isolation der Insass:innen von der Außenwelt verhinderte eine Aufbesserung der Versorgung durch Lebensmittelpakete von Angehörigen. Der Gesundheitszustand der Lagerinsass:innen verschlechterte sich insbesondere während des „Hungerwinters" 1946/47 drastisch: Die ohnehin problematische Situation wurde durch eine Kürzung der Nahrungsmittelrationen im Herbst 1946 noch verschärft. Als die Leitung der Abteilung Speziallager die zugewiesenen Nahrungsrationen auf den Versorgungssatz für die „nichtarbeitende Bevölkerung" absenkte, führte dies zu einer Katastrophe. In den sowjetischen Speziallagern starben nach offiziellen Angaben zwischen 1945 und 1950 43.035 Menschen an Hunger, Krankheiten und Entkräftung.[17] Allein im Monat Februar 1947 kamen in allen Speziallagern 4156 Menschen um ihr Leben.[18] Im Speziallager Nr. 2 in Buchenwald starben in den Jahren 1945–1947 fast 5548 Menschen, etwa 80 Prozent der insgesamt verstorbenen und in offiziellen Dokumenten überlieferten 7113 Personen.[19] Zwar wurden ab Jahresbeginn 1947 die Verpflegungsnormen wieder angehoben, allerdings wirkten sich die zögerlichen Gegenmaßnahmen, die die sowjetische Besatzungsmacht und die jeweiligen Verantwortlichen einzelner Lager unternahmen, erst spät auf den hohen Krankenstand aus. Durch die sehr warmen Temperaturen im Frühjahr 1947 und paradoxerweise durch die geringfügig verbesserte Ernährung aktiviert, breitete sich die Tuberkulose epidemisch in den Lagern aus. Bereits im Juni 1948 litt nach den internen offiziellen Sanitätsmeldungen jeder fünfte Häftling an Tuberkulose.[20]

Verurteilungen sowjetischer Militärgerichte

23.500 Insass:innen der Speziallager wurden von sowjetischen Militärtribunalen (SMT) zu Haftstrafen verurteilt. Die Richter warfen ihnen zum einen die Beteiligung oder Verantwortung für nationalsozialistische Kriegs- und Gewaltverbrechen, zum anderen Opposition gegen das sowjetische Regime vor. Je nach Haftdauer wurden sie mit einem Urteil von unter 15 Jahren im Speziallager Nr. 7 (ab 1948: Nr. 1) in Oranienburg/Sachsenhausen, mit einem Urteil von über 15 Jahren im Speziallager Nr. 4 (ab 1948: Nr. 3) Bautzen festgehalten.[21] Da die Urteilsbegründungen der historischen

Forschung nur in kurzen Auszügen, zusammengefasst in ein bis zwei Sätzen, zur Verfügung stehen, sind Aussagen darüber problematisch. Offizielle Angaben wie die des sowjetischen SMAD-Offiziers Sergei Tjulpanov, bis Ende 1946 hätten sowjetische Militärtribunale in der SBZ insgesamt 17.175 Angehörige von SS, Gestapo, SD und aus dem politischen Führerkorps der NSDAP abgeurteilt, erscheinen als eine nachträgliche Legitimation der Urteilspraxis und sind aufgrund fehlenden Quellenzugangs bisher nicht zu überprüfen.[22] Eine 1998 veröffentlichte Studie zu 503 Fällen der insgesamt 10.398 SMT-verurteilten Häftlinge aus dem Speziallager Sachsenhausen kam auf der Grundlage von Zusammenfassungen der sowjetischen Untersuchungsakten, die 1949 durch die Lagerverwaltung angefertigt worden waren, zu folgendem Ergebnis: Demnach war die Hälfte dieser Personen bei ihrer Verhaftung relativ jung, zwischen 15 und 26 Jahren alt,[23] sie waren mehrheitlich nicht in verantwortlichen Positionen im Nationalsozialismus eingesetzt gewesen und eher aufgrund von unterschiedlich stark ausgeprägten widerständigen Aktionen gegen die sowjetische Besatzungsmacht inhaftiert worden, die vor allem in die Zeit nach 1946 fallen.[24] Dieser Befund stützte die These, die Verurteilungen der Militärgerichte hätten in erster Linie politische Auseinandersetzungen betroffen, die in die Systemkonfrontation des Kalten Krieges einzuordnen seien. Die auf einer relativ kleinen Datenbasis (5 Prozent) getroffene, allerdings sehr weit reichende und bis heute oft herangezogene Aussage Heinz Kerseboms und Lutz Niethammers, „die SMT verurteilten mehr unbotmäßige Genossen Piecks und Grotewohls als willfährige Vollstrecker Hitlers"[25], ist durch neuere Forschungen in Frage gestellt worden. Diese nahmen gezielt die Todesurteile der gleichen Gerichte zwischen 1944 und 1947 in den Blick. Im Vordergrund habe hier der Ahndungswillen der SMT in Bezug auf deutsche Kriegsverbrechen in der Sowjetunion und gegenüber sowjetischen Staatsbürger:innen inner- und außerhalb der UdSSR gestanden.[26]

Sowjetische Militärgerichte in den ehemaligen Ostgebieten des Deutschen Reiches und der späteren SBZ verurteilten von 1944 bis zur Aussetzung der Todesstrafe in der Sowjetunion am 26. Mai 1947[27] 3301 Deutsche zum Tode. 2542 dieser Urteile wurden vollstreckt. Neuere Forschungen korrigieren diese Zahl um weitere 130 Todesurteile nach oben.[28] Ein kleiner Anteil, insgesamt 62 Urteile, betraf Frauen. Die meisten Urteile wurden noch während des Zweiten Weltkriegs, vor allem im März und April 1945, und im darauffolgenden Jahr 1946 vollstreckt. Dies korrespondierte mit den Verhaftungswellen, die ebenfalls zwischen März und April 1945 sowie im Oktober 1945 sehr hoch waren.[29]

In ihrer Anzahl und in der Urteilsbegründung unterschieden sich die Todesurteile sowjetischer Militärgerichte zwischen 1944 und 1947 von denen der Jahre 1950–1953. Zu Beginn der 1950er Jahre wurden über 1100 Deutsche in der Sowjetunion hingerichtet. In kurzer Form sind ihre Biografien in dem Handbuch „Erschossen in Moskau ...‚ Die deutschen Opfer des Stalinismus auf dem Moskauer Friedhof Donskoje 1950–53" publiziert worden.[30] Während die in den frühen 1950er Jahren gefällten Urteile zumeist Widerständigkeit gegen die sowjetische Besatzungsmacht oder die SED-Diktatur zum Gegenstand hatten, lagen den Urteilen der Jahre

Julia Landau

1944–1947 in der überwiegenden Mehrheit Vorwürfe der Beteiligung an Kriegs- und NS-Verbrechen sowie Verbrechen in der Endphase des Zweiten Weltkriegs zugrunde.[31]

Erfahrungsbericht eines Lagerinsassen

Aus den unterschiedlichen Berichten und Erinnerungen ehemaliger Insass:innen lassen sich verschiedene Aspekte des Alltags in den Speziallagern rekonstruieren; gleichzeitig lässt sich die Frage untersuchen, auf welche Weise diese Erfahrungen artikuliert und weitergegeben wurden. Im Folgenden wird auf den Bericht eines zum Zeitpunkt der Verhaftung jugendlichen Internierten Bezug genommen, der jedoch keine Allgemeingültigkeit beanspruchen kann. Werner Sauerzweig, Jahrgang 1925, war während des Zweiten Weltkriegs ab Januar 1943 als freiwilliges Mitglied der Waffen-SS und als SS-Panzergrenadier in Polen, Jugoslawien und Griechenland bei der „Partisanenbekämpfung" eingesetzt, eine euphemistische Bezeichnung für die Ermordung der Zivilbevölkerung. Kurzzeitig war er auch als Zugführer in der 3. Panzer-Division „Totenkopf" tätig. Eine Mittäterschaft an Mordaktionen, an denen sich diese Einheiten gemeinsam mit den Einsatzgruppen der SS und der Polizei zweifellos beteiligten, wies er später zurück.[32] Nach dem Krieg kehrte er an seinen früheren Wohnort Staßfurt zurück, wo er vor seinem Kriegseinsatz als HJ-Führer tätig gewesen war. Im März 1946 wurde er in Staßfurt von zwei deutschen Volkspolizisten verhaftet und im Keller der Polizeiwache im Rathaus inhaftiert.

Von dort schaffte er es, einige heimliche Botschaften (Kassiber) an seine Eltern zu schicken. Zwei Monate später war er kurzzeitig in Calbe/Saale inhaftiert, wo sich ein Gefängnis im Keller einer Direktorenvilla befand. In seinen Erinnerungen beschrieb er die Vernehmungen, die sich auch um seine Tätigkeit für die Waffen-SS in Griechenland drehten:

> Daraufhin unterschrieb ich das Protokoll, was mir sinngemäß und inhaltlich nochmals vorgelesen wurde und für mich keine Belastung darstellt. Meine Hauptbelastungspunkte waren die Zugehörigkeit zur Waffen-SS und meine Tätigkeit als HJ-Führer in Staßfurt.[33]

Aus Calbe wurde er am 8. Mai 1946 in das sowjetische Militärgefängnis nach Magdeburg gebracht, daraufhin für kurze Zeit im „Roten Ochsen", dem Gefängnis in Halle (Saale), festgehalten und von dort im Januar 1947 in das Speziallager Nr. 2 in Buchenwald gebracht.

Seinem Bericht verdanken wir Einblicke in den Alltag im Speziallager Nr. 2 während der Jahre 1947–1950. Der Bericht ist kritisch in seine Entstehungszeit einzuordnen: Sauerzweig verfasste ihn 1954 kurz nach seiner Entlassung aus dem DDR-Gefängnis Waldheim und der Übersiedlung nach Kiel. Dem Bericht sind zahlreiche Illustrationen und Zeitungsartikel beigefügt, denen zu entnehmen ist, dass Sauerzweig in Schleswig-Holstein mehrfach in Versammlungen der „Hilfsgemeinschaft auf Gegenseitigkeit der Angehörigen der ehemaligen Waffen-SS e. V." (HIAG) als Zeitzeuge vor zahlreichem Publikum auftrat. Seine Ankunft im Speziallager Nr. 2 beschrieb Sauerzweig unter der Überschrift „Konzentrationslager Buchenwald". Dabei lehnte er sich an Bilder an, die mit dem Terror der nationalsozialistischen Konzentrationslager[34] verbunden sind: Bei seiner Ankunft auf dem Bahnhof in Buchenwald wurde die Gruppe der Gefangenen aus Halle von unzähligen „Russen mit schussbereiten Gewehren" und „zähnefletschenden Bluthunde[n]" empfangen.[35] Diese dramatische Zuspitzung greift offensichtlich Schilderungen von Deportationen in Konzentrationslager auf – als öffentlich auftretender Zeitzeuge bei der HIAG tat er dies offensichtlich nicht nur, um sich Gehör zu verschaffen, sondern um mit der Gleichsetzung beider Lagersysteme die NS-Verbrechen hinter der Leidenserzählung sowjetischer Haft in den Hintergrund treten zu lassen.

Dennoch sind seine detaillierten, unmittelbar nach der Entlassung notierten Beschreibungen der Haft im Speziallager Nr. 2 sehr aufschlussreich, um den Lageralltag und die Erfahrungen der Insassen zu rekonstruieren. Werner Sauerzweig kam am 19. Januar 1947 in Buchenwald an, wo er bei „grimmiger Kälte" auf die Überprüfung der Akten wartete. Es folgte eine ärztliche Untersuchung im Torgebäude; durch die vorangegangene Mangelernährung war Sauerzweig schon stark abgemagert und geschwächt. Unweit des Lagertores wurde er in einer kleinen Baracke „gefilzt", schließlich wurden seine Personalien im „Arbeitsamt" aufgenommen. Es handelte sich um eine Baracke, in der die wenigen Tätigkeiten innerhalb des Lagers an die Insassen vergeben wurden.[36] Werner Sauerzweig registrierte die damit verbundene Privilegierung:

Wir restlichen [...] kamen jetzt in die Baracke 5. Hier hatten wir das ‚große Los' gezogen, denn in dieser Baracke wohnte das Küchenpersonal, die Bäcker, die man die ‚ungekrönten Könige von Buchenwald' nannte (weil die einzige Währung ja das Brot war!), dazu waren die Kommandos Desinfektion, Autoreparaturwerkstatt und Techn. Abteilung dort untergebracht. Alles waren sehr wichtige Kommandos, die sich auch verpflegungsmäßig besserstellten, als die ‚Normalsterblichen' in den vielen Baracken.[37]

Er wurde in der Baracke „Barackenschreiber" und „musste die täglichen Stärkemeldungen für die beiden Appelle früh und abends schreiben." Hinzu kamen Wach- und Reinigungsdienste. Er erledigte Näh- und Stopfarbeiten und wurde dafür von den Mithäftlingen mit Brot versorgt.[38]

Transporte in die Sowjetunion

Werner Sauerzweig beschrieb auch die Vorbereitung des Transports von Internierten nach Karaganda und die Suche nach arbeitsfähigen Insassen im Speziallager Anfang 1947. Hinter dieser Suche nach Arbeitskräften stand die wirtschaftlich katastrophale Lage in der Sowjetunion nach Kriegsende. Eine extreme Dürre und der kalte Winter 1946/47 verschärften die Situation, es kam zu einer schweren Hungersnot. Bereits Ende 1946 suchte eine sowjetische Ärztekommission in den Speziallagern nach arbeitsfähigen und besonders qualifizierten Insassen. In Buchenwald stellte die Lagerleitung einen

Julia Landau

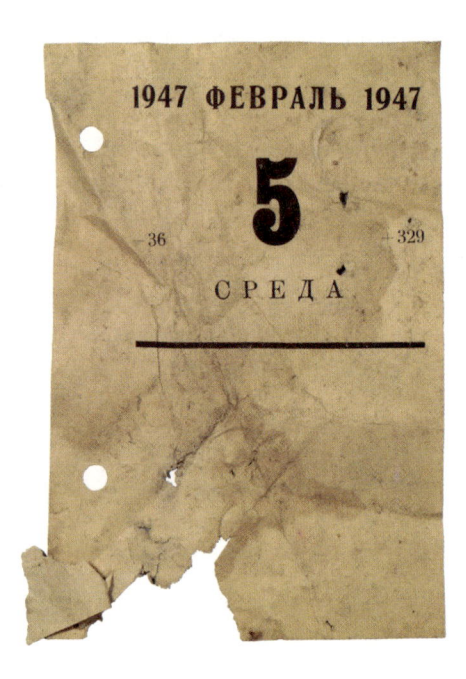

Das Kalenderblatt vom 5. Februar 1947 wurde auf einem Dachboden in der Gedenkstätte Buchenwald gefunden. Drei Tage nach dem genannten Datum startete ein Transport mit knapp 1100 Insassen des Speziallagers Nr. 2 in die Sowjetunion. Gedenkstätte Buchenwald, Fotografin: Stefanie Masnick.

Transport aus etwa 1100 Männern im Alter von zumeist 40 bis 50 Jahren zusammen. Unter ihnen befanden sich über 100 Jugendliche, die zum Zeitpunkt ihrer Inhaftierung noch minderjährig gewesen waren. Der Transport von Buchenwald nach Karaganda dauerte fast sechs Wochen, die Verpflegung war unzureichend, vor allem fehlte es an Wasser. Die Güterwagen des Transports waren verriegelt, es gab keinen Kontakt nach draußen. Hans-Joachim Wolf, der diesen Transport als 17-Jähriger erlebt hatte, berichtete 1996 über einen kurzen Kontakt zur sowjetischen Bevölkerung in Smolensk:

> In Smolensk hielt der Zug direkt am Bahnhof, und wir bekamen das erste Mal etwas Warmes zu essen. Die Essenholer kamen ganz erledigt zurück. Sie erzählten, dass sie von der Bevölkerung beinahe gelyncht wurden, wären die russischen Posten nicht dazwischengegangen. Smolensk war im Kriege eine hart umkämpfte Stadt. Beim Abzug der deutschen Truppen und den damit verbundenen Rückzugsgefechten ist von Smolensk nicht viel ganz geblieben. Da kann man verstehen, warum diese Menschen so impulsiv handelten. Der Hass auf alles was Deutsch war, war beträchtlich.[39]

Insgesamt brachte das sowjetische Innenministerium Anfang 1947 5000 nicht verurteilte Häftlinge aus den Speziallagern und Gefängnissen in Deutschland in die Bergbaugebiete Sibiriens und Mittelasiens, wo sie in Kriegsgefangenenlagern untergebracht wurden und unter äußerst schwierigen Bedingungen in einem vom Krieg zerstörten Land arbeiteten. Die meisten von ihnen kehrten 1949 zurück. Weitere 1661 verurteilte Insassen aus Speziallagern und Gefängnissen wurden ebenfalls in die Sowjetunion transportiert. Die Überlebenden kehrten Anfang der 1950er Jahre nach einer vorfristigen Haftentlassung nach Deutschland zurück.[40]

1948–1950 – Erste Entlassungen, Neustrukturierung und schrittweise Auflösung des Speziallagersystems

In Bezug auf die Entlassungen aus den Internierungslagern unterschied sich die Situation in den westlichen Besatzungszonen grundlegend von der sowjetischen. Während es in den Westzonen mithilfe von Gnadengesuchen die Möglichkeit gab, um eine Entlassung zu ersuchen, woraufhin bis zur Jahresmitte 1947 etwa die Hälfte der dort Festgehaltenen freigelassen worden war,[41] wurden erst im Jahr 1948 Insass:innen aus den sowjetischen Speziallagern in größerer Anzahl entlassen: 28.000 Personen, etwa die Hälfte der zu diesem Zeitpunkt Internierten, kam frei. Diese Entlassungswelle kam jedoch für über 40.000 Häftlinge zu spät, die bereits an Hunger, Entkräftung und Krankheiten gestorben waren.[42]

Zu Jahresbeginn 1950 wurden die noch verbliebenen Speziallager Sachsenhausen und Buchenwald aufgelöst, Bautzen dagegen wurde dem DDR-Strafvollzug als Haftanstalt übergeben. Nicht für alle Insassen bedeutete die Auflösung der Lager Freiheit. Die Hälfte der Inhaftierten, etwa 15.000 Menschen, wurde entlassen. 10.500 Personen wurden dem DDR-Strafvollzug übergeben, und 3432 Personen verurteilte die DDR-Justiz 1950 nachträglich in den sogenannten Waldheimer Prozessen mittels Schnellverfahren zu langen Haftstrafen. Zum Tode verurteilt wurden 32 Personen, 24 von ihnen wurden hingerichtet.[43] Die Verfahren der Strafkammer des Landgerichts Chemnitz im Gefängnis Waldheim wurden in einem Urteil des Kammergerichts West-Berlin 1954 für „unheilbar nichtig" erklärt – mit dem Zusatz, dass damit keine Feststellung über die Unschuld der Verurteilten getroffen sei. In den Verfahren verhängten die Strafkammern nach kurzen Voruntersuchungen, meist ohne Beweisdokumente und Strafverteidiger, fast ausnahmslos hohe Haftstrafen. Hunderte von Gefangenen starben an der im überfüllten Zuchthaus Waldheim grassierenden Tuberkulose. Die SED-Führung wollte mit den Prozessen Härte und Konsequenz demonstrieren. Infolge inneren und äußeren Drucks sah sich die DDR zwischen 1952 und 1956 zu mehreren Begnadigungsaktionen veranlasst. Sie folgte dabei auch den „Empfehlungen" der Sowjetischen Kontrollkommission. Nach 1956 befanden sich nur noch wenige Waldheim-Verurteilte in Haft. Viele der Freigelassenen verließen die DDR und schufen sich eine neue Existenz in der Bundesrepublik. Unter den Verurteilten aus Waldheim war auch der inzwischen 25-Jährige Werner Sauerzweig: Wegen Zugehörigkeit zur SS und der vermeintlichen Beteiligung an Kriegsverbrechen war er 1950 zu 15 Jahren Haft verurteilt worden. 1954 kam er durch einen Gnadenerweis frei.

Julia Landau

Das Wissen in der Bevölkerung über die Inhaftierungen und die Bemühungen von Angehörigen um Entlassung

Wie aus den in den Archiven in großer Zahl vorhandenen Gnadenersuchen deutlich wird, waren die Angehörigen, die das Geschehen der Inhaftnahmen mitverfolgt hatten, sehr bemüht, Auskünfte zu erhalten und Freilassungen zu erwirken.[44] Dabei entwickelten sie eine bemerkenswerte Aktivität. Sie schrieben Briefe an das Büro der jeweiligen Innenminister, an die Bürgermeister, wandten sich mit ins Russische übersetzten Petitionen auch an die sowjetische Besatzungsverwaltung.[45] Insbesondere die Eltern von inhaftierten Jugendlichen richteten sich immer wieder mit zunehmender Besorgnis an verschiedene Stellen. Allerdings blieben diese Bemühungen erfolglos, die Angehörigen erhielten weder über die Begründung der Verhaftung, den Ort des Gewahrsams, den Verbleib des oder der Inhaftierten, die Dauer seiner oder ihrer Gefangenschaft Auskunft. Die Antworten waren stereotyp formuliert. Dabei wurde darauf hingewiesen, dass die Entscheidung über die Inhaftnahme in der Verantwortung der sowjetischen Besatzungsmacht liege, eine Nachfrage dort jedoch nicht möglich sei. Von weiteren Anfragen sei abzusehen. Betrachtet man diese frühen Gnadenersuchen als Quelle für die Gesellschaft der Nachkriegszeit in der sowjetischen Besatzungszone, so fällt auf, dass die meisten Autor:innen versuchten, die Verhaftungen einzuordnen und für sich begreifbar zu machen. Sie nahmen dabei auch Bezug auf vermeintliche Gründe für die Verhaftungen, die jedoch aus ihrer Sicht keine mehrjährige Haft rechtfertigen würden. In den Briefen zeigten sich die Autor:innen erstaunlich offen. Sie geben daher Einblick nicht nur in die biografischen Zusammenhänge der Inhaftierten, ihre Berufe, ihre Wohnorte, ihren Familienstand, sondern auch in die Erfahrungen und Erwartungen der Absender:innen und deren Auseinandersetzungen mit der Haft. Vielen Gnadenersuchen lagen Leumundserklärungen von Nachbar:innen, Bürgermeistern oder Gewerkschaftsfunktionär:innen bei, insbesondere wenn es um den guten Umgang mit im Betrieb tätigen Zwangsarbeiter:innen während des Nationalsozialismus ging. So schrieb die Ehefrau eines Inhaftierten im November 1945 an den Thüringer Innenminister:

> In dem Betrieb, in dem mein Mann beschäftigt war, waren auch Ostarbeiter tätig. Dass mein Mann mit den ausländischen Arbeitern in bestem Einvernehmen stand, geht aus den beigefügten Erklärungen des Bürgermeisters und versch. führender Antifaschisten unseres Ortes hervor.[46]

Einige Angehörige wussten um den Aufenthaltsort der Verhafteten Bescheid; sie nannten in den Briefen das genaue Verhaftungsdatum und als Haftort das Lager Buchenwald.[47] In bisher singulären Einzelfällen lässt sich belegen, dass diese Informationen auf herausgeschmuggelte Briefe aus dem Lager, in Einzelfällen sogar auf kurze Treffen zurückgingen. In der ersten Phase des Lagers, zwischen 1945 und 1946, waren wenigen sehr privilegierten Lagerinsassen nach Verhandlungen mit der Lagerleitung kurze Besuche bei der Familie gestattet, um Waren für den Bedarf des Lagers zu beschaffen. Dabei konnten sie auch Briefe weitergeben.⁴⁸

Die zunehmende Abschottung der Speziallager lässt sich auch an dem Verlauf der illegalen Kommunikation mit der Außenwelt zeigen: So sind von den bisher bekannten 105 Kassibern aus dem Speziallager Nr. 2 Buchenwald 26 in der zweiten Jahreshälfte 1945 und 72 im Laufe des Jahres 1946 verschickt worden, während aus dem Jahr 1947 nur fünf und aus den Jahren 1948–1950 nur zwei Kassiber überliefert sind.⁴⁹ Diese Isolation des Lagers von der Außenwelt war nicht zuletzt Folge des in der zweiten Jahreshälfte 1947 errichteten zweieinhalb Meter hohen Bretterzauns, der das Lager von der Umgebung abgrenzte und durch einen ebenso hohen, elektrisch geladenen Stacheldrahtzaun ergänzt wurde.⁵⁰

Erst mit den Entlassungen 1948 gerieten Informationen über die Lebensbedingungen in den Speziallagern wie auch über die dort Verstorbenen an die Öffentlichkeit. Häufig versuchten die entlassenen Internierten den Bitten der Zurückbleibenden nachzukommen, ihre Angehörigen zu informieren. Die Lagerleitung versuchte dies zu unterbinden, wie aus den internen Berichten über Briefe oder Adresslisten hervorgeht, die bei der Entlassung abgenommen wurden.⁵¹ Dennoch gaben viele der Entlassenen Informationen schriftlich oder mündlich weiter. So berichtete etwa Otto Weber aus Magdeburg in einem Brief, getippt auf dem Briefpapier des Familienbetriebs, an die Eltern von Werner Sauerzweig am 31. Juli 1948:

Nach dreijähriger Internierung gestern in Magdeburg gelandet, möchte ich mein dem lieben Werner Sauerzweig gegebenes Versprechen, Ihnen zu schreiben, halten. Am Tage der Entlassung verabschiedete sich Werner von mir [...].⁵²

Nachdem es in der unmittelbaren Nachkriegszeit noch möglich war, ein begrenztes, meist privates Wissen über die sowjetischen Inhaftnahmen zu artikulieren und an Dritte weiterzugeben, wurden diese Kanäle zunehmend eingeschränkt. Vielen Häftlingen wurde bei den Entlassungen 1948 und 1950 eingeschärft, nichts über die Haft in den Speziallagern zu erzählen. Prof. F. Wagner beschrieb in einem Gespräch seine Entlassung 1948 so:

Fest in meiner Erinnerung ist, wie ich in einem Raum saß und mir dort Verhaltensregeln gegeben wurden. Dazu gehörte das absolute Verbot über das Lager zu sprechen mit der Drohung der sofortigen Wiederinhaftierung.⁵³

Nicht wenige ehemalige Speziallagerinsassen berichteten in den 1990er Jahren, dass sie selbst im engsten Familienkreis nicht darüber gesprochen hätten.⁵⁴

Gnadengesuche, heimliche Briefe und Mitteilungen der Entlassenen zeigen, dass ein begrenztes Wissen über die sowjetischen Inhaftnahmen während der unmittelbaren Nachkriegszeit in der Bevölkerung vorhanden war und zunächst auch gegenüber offiziellen Stellen artikuliert werden konnte. Dabei wurde häufig Unverständnis über die Willkür und Intransparenz sowjetischer Inhaftnahmen geäußert. Diese begrenzte Kommunikation wurde jedoch spätestens im Zuge der

Julia Landau

Zuspitzung der Systemauseinandersetzung im Kalten Krieg ab 1948 unterbrochen.

Umgang mit der Geschichte der Speziallager in Ost und West

In der DDR tabuisierte das SED-System die sowjetischen Verhaftungen der Nachkriegszeit und die Existenz der Speziallager. Jede Form einer öffentlichen Aufarbeitung wurde unterbunden. Auch in späteren Jahren informierten die DDR-Behörden die Angehörigen nicht über das Schicksal der Toten. Die Gräberfelder des Speziallagers Nr. 2, die infolge von Baumaßnahmen an der Nationalen Mahn- und Gedenkstätte Buchenwald in den 1980er Jahren aufgedeckt wurden, sollten unkenntlich bleiben, um keinen Ort des Totengedenkens entstehen zu lassen.

In der Bundesrepublik blieb das Speziallager Nr. 2 in Buchenwald – ebenso wie die anderen Speziallager – seit den 1950er Jahren ein wichtiges Thema in der Auseinandersetzung mit dem Kommunismus und wurde auch im Sinne einer Vergangenheitspolitik eingesetzt, die einer kritischen Debatte um den Nationalsozialismus entgegenstand. Seit den 1960er Jahren ließ jedoch das öffentliche Interesse in der Bundesrepublik nach. Gleichzeitig entstand durch die zahlreichen Verbände und Hilfsorganisationen ein breites Netzwerk, das es den Betroffenen ermöglichte, ihre Erfahrungen zu teilen.

Nachdem das Thema Speziallager in beiden deutschen Staaten über Jahrzehnte keine wesentliche Rolle mehr gespielt hatte, kam es im Zuge der politischen Umwälzungen 1989/90 zu einer intensiven Auseinandersetzung. In Buchenwald und an anderen Orten sowjetischer Speziallager wurden die Gräberfelder gekennzeichnet und zu Friedhöfen gestaltet. Historische Forschung setzte ein, die in der Medienöffentlichkeit zum Teil auf Polemik stieß, deren Diktion ihren Ursprung in der Zeit des Kalten Krieges zu haben schien. Das nur partiell überlieferte Wissen, zum Teil verzerrt durch die vergangenheitspolitische Instrumentalisierung, kollidierte dabei mit den Ergebnissen der Recherchen, die sich nun auf eine breite archivalische Überlieferung stützen konnten. Kontroverse Debatten entzündeten sich insbesondere an der Frage, ob bzw. wie der spezifische Unrechtscharakter des Speziallagers dokumentiert werden könnte, ohne zugleich die ehemaligen NS-Aktivisten unter den Lagerinsassen von ihrer Mitverantwortung für den Nationalsozialismus und seine Verbrechen zu entbinden.

Ein gemeinsames Forschungs- und Aktenerschließungsprojekt zwischen dem Staatsarchiv der Russischen Föderation (GA RF), der Friedrich-Schiller-Universität Jena, der Fernuniversität Hagen und den Stiftungen Gedenkstätten Buchenwald und Mittelbau-Dora sowie Brandenburgische Gedenkstätten trug mit der Publikation von Dokumenten und Forschungsergebnissen wesentlich zur Versachlichung der Debatte bei. Darüber hinaus wurden in intensiver Zusammenarbeit mit Betroffenen zahlreiche Berichte und Objekte zur Erfahrungsgeschichte der Speziallager gesammelt. Eigene Dauerausstellungen zur Geschichte sowjetischer Speziallager wurden schließlich 1997 an der Gedenkstätte Buchenwald und 2001 an der Gedenkstätte Sachsenhausen eröffnet.

Anmerkungen

1 Ansprache von Heidrun Brauer, Vorsitzende der Initiativgruppe Buchenwald 1945–50 e. V., in: Stiftung Gedenkstätten Buchenwald und Mittelbau-Dora (Hg.): Tage der Begegnung 2015. Dokumentation der Veranstaltungen am 19. und 20. Juni 2015, Weimar 2016, S. 70–75, hier S. 70.
2 Vgl. Heitzer, Enrico: Speziallagerforschung und Gedenkstättenarbeit seit 1990, in: Scherstjanoi, Elke/Brunner, Detlev (Hg.): Moskaus Spuren in Ostdeutschland 1945 bis 1949. Aktenerschließung und Forschungspläne, München 2015, S. 109–119.
3 Zur Zusammenfassung des aktuellen Forschungsstandes vgl. Landau, Julia/Heitzer, Enrico: Einleitung, in: Dies. (Hg.): Zwischen Entnazifizierung und Besatzungspolitik. Die sowjetischen Speziallager im Kontext, Göttingen 2021, S. 9–25; Beattie, Andrew: Allied Internment Camps in Occupied Germany. Extrajudicial Detention in the Name of Denazification, 1945–1950, Cambridge 2020, S. 190–207.
4 Vereinbarung von Jalta, 12. Februar 1945, in: Ministerium für Auswärtige Angelegenheiten der UdSSR (Hg.): Die Sowjetunion auf internationalen Konferenzen während des Großen Vaterländischen Krieges 1941 bis 1945. Bd. 4: Die Krim (Jalta)konferenz der höchsten Repräsentanten der drei alliierten Mächte – UdSSR, USA und Großbritannien, Moskau/Berlin (Ost) 1986, S. 222.
5 Ebd.
6 Die Potsdamer (Berliner) Konferenz der höchsten Repräsentanten der drei alliierten Mächte – UdSSR, USA und Großbritannien (17.7.–2.8.1945). Dokumentensammlung, Moskau/Berlin (Ost) 1986, S. 386.
7 Beattie, Andrew: Die alliierte Internierung im besetzten Deutschland. Außergerichtliche Inhaftierung im Namen der Entnazifizierung, in: Gerbergasse 18. Thüringer Vierteljahresschrift für Zeitgeschichte und Politik 25 (2020) 4, S. 33–38, hier S. 35.
8 Ebd.
9 Vgl. Landau/Heitzer: Einleitung, S. 14.
10 Ivan A. Serov (1905–1990) hatte 1939 seine Tätigkeit beim NKVD aufgenommen und zeichnete für die Umsetzung zahlreicher „nationaler Operationen", d. h. Massendeportationen aus der Westukraine, Litauen, Estland und Lettland sowie der Wolgadeutschen, verantwortlich. Neben seiner Tätigkeit als Bevollmächtigter des NKVD in der SBZ war er in der SMAD als Stellvertreter des obersten Chefs für Zivilangelegenheiten zuständig. Vgl. Petrov, Nikita: Ivan Serov. Beauftragter des NKVD-MVD der UdSSR in Deutschland, in: Landau/Heitzer: Zwischen Entnazifizierung und Besatzungspolitik, S. 211–231.
11 Beschluß des Staatlichen Verteidigungskomitees Nr. 7467ss zur Unterbindung terroristischer Anschläge und zur Ausweitung der Mobilisierung von Deutschen, 3. Februar 1945, in: Mironenko, Sergej u. a. (Hg.): Sowjetische Speziallager in Deutschland 1945 bis 1950. Bd. 2: Sowjetische Dokumente zur Lagerpolitik, Berlin 1998, S. 146–148.
12 Müller, Klaus-Dieter: Verbrechensahndung und Besatzungspolitik. Zur Rolle und Bedeutung der Todesurteile durch sowjetische Militärtribunale, in: Weigelt, Andreas u. a. (Hg.): Todesurteile sowjetischer Militärtribunale gegen Deutsche (1944–1947), Göttingen 2015, S. 15–62, hier S. 20; Possekel, Ralf: Einleitung, in: Mironenko u. a.: Sowjetische Speziallager in Deutschland, Bd. 2, S. 41–49.
13 Befehl 00315 vom 18.4.1945, in: Ritscher, Bodo u. a. (Hg.): Das sowjetische Speziallager Nr. 2 1945 bis 1950. Katalog zur

14 ständigen historischen Ausstellung, Göttingen 2020, S. 46–47.
14 Berechnung des letzten Leiters der Abteilung Speziallager, Oberst Sokolov, vom März 1950. Dazu Jeske, Natalja: Kritische Bemerkungen zu den sowjetischen Speziallagerstatistiken, in: Mironenko, Sergej u. a. (Hg.): Sowjetische Speziallager in Deutschland. Bd. 1: Studien und Berichte, Berlin 1998, S. 457–480, hier S. 458–460. Die Datenbank des DRK verfügt über Einträge zu 129.629 deutschen Internierten. In den Westzonen waren Ende 1946 ca. 280.000–290.000 Menschen interniert. Vgl. Beattie: Allied Internment Camps, S. 108–110.
15 Diese Akten sind bislang bis auf wenige Ausnahmen für historische Auswertungen nicht zugänglich; Angehörige können beim Archiv des sowjetischen Sicherheitsdienstes (FSB) Einsicht beantragen.
16 Von den nach deutschen Schätzungen 3,1 Millionen deutschen Kriegsgefangenen wurden etwa 34.000 Personen durch sowjetische Militärgerichte verurteilt, von ihnen etwa 600–700 zum Tode. Vgl. Hilger, Andreas: Deutsche Gefangene im sowjetischen Lagersystem. GUPWI und Gulag, 1941–1956, in: Landau, Julia/Scherbakowa, Irina (Hg.): Gulag – Texte und Dokumente, S. 148–150, hier S. 150.
17 Für die einzelnen Speziallager liegen analog und digital publizierte Totenbücher vor. Zu den Speziallagern Nr. 2 in Buchenwald und Nr. 7/1 in Weesow und Sachsenhausen siehe: https://totenbuch-speziallager.buchenwald.de/names/list/q/a/ sowie https://www.sachsenhausen-sbg.de/sammlung-forschung/archiv/totenbuch-sowjetisches-speziallager-1945-1950/, jeweils letzter Zugriff: 11. Januar 2023. Weitere Totenbücher wurden zu den Speziallagern Mühlberg/Elbe, Bautzen, Jamlitz, Fünfeichen und Hohenschönhausen erarbeitet.
18 Jeske, Natalja: Versorgung, Krankheit, Tod in den Speziallagern, in: Mironenko u. a.: Sowjetische Speziallager, Bd. 1, S. 189–223, hier S. 192, 206.
19 Vgl. Krypczyk, Kathrin/Ritscher, Bodo: Jede Krankheit konnte tödlich sein. Medizinische Versorgung, Krankheiten und Sterblichkeit im sowjetischen Speziallager Buchenwald 1945–50, Göttingen 2005, S. 112–114.
20 Vgl. Kolouschek, Anne: Die medizinische Versorgung am Beispiel der Speziallager Mühlberg und Bautzen und die Einbindung deutscher Häftlingsärzte, in: Landau/Heitzer (Hg.): Zwischen Entnazifizierung und Besatzungspolitik, S. 232–256, hier S. 238.
21 Erler, Peter: Zur Tätigkeit der sowjetischen Militärtribunale (SMT) in der SBZ/DDR, in: Mironenko u. a.: Sowjetische Speziallager, Bd. 1, S. 172–187.
22 Tjulpanov, Sergej: Die Rolle der SMAD bei der Demokratisierung Deutschlands, in: Zeitschrift für Geschichtswissenschaft 15 (1967) 2, S. 240–252, hier S. 246.
23 Vgl. Kersebom, Heinz/Niethammer, Lutz: „Kompromat" 1949 – eine statistische Annäherung an Internierte, SMT-Verurteilte, antisowjetische Kämpfer und die Sowjetischen Militärtribunale, in: Mironenko u. a.: Sowjetische Speziallager, Bd. 1, S. 510–532, hier S. 519.
24 Ebd., S. 531.
25 Ebd., S. 530.
26 Ebd., S. 530. Es fehlt zudem die Gegenprobe auf der Grundlage von deutschem Archivmaterial, um die in den sowjetischen Akten angegebenen Verhaftungsgründe zu überprüfen. Zu den Todesurteilen vgl. Weigelt u. a.: Todesurteile.
27 Die Todesstrafe wurde zum 13. Januar 1950 wiedereingeführt.
28 Weigelt, Andreas u. a.: Vorwort, in: Weigelt u. a.: Todesurteile, S. 8; schriftliche Auskunft von Andreas Weigelt zum Stand der Überarbeitung für die Neuauflage an d. Verf., 4. Januar 2023.
29 Müller: Verbrechensahndung und Besatzungspolitik, S. 52.
30 Roginskij, Arsenij u. a. (Hg.): „Erschossen in Moskau …". Die deutschen Opfer des Stalinismus auf dem Moskauer Friedhof Donskoje 1950–1953, Berlin ³2008.
31 Vgl. Müller: Verbrechensahndung und Besatzungspolitik, S. 18.
32 Vgl. auch im Folgenden: Sauerzweig, Werner: Meine Gefangenschaft. Ein Tatsachenbericht, 1954, Typoskript, Archiv Gedenkstätte Buchenwald, o. Sign. Zu Werner Sauerzweig vgl. Heitzer, Enrico: Rechte Tendenzen in der Aufarbeitung von SBZ und DDR, in: Bästlein, Klaus/Heitzer, Enrico/Kahane, Anetta (Hg.): Der rechte Rand der DDR-Aufarbeitung, Berlin 2022, S. 23–44, hier S. 39. Zur Arbeitsteilung zwischen

Wehrmacht, SS und Polizei bei der Ermordung der serbischen Zivilbevölkerung vgl. Manoschek, Walter: „Serbien ist judenfrei". Militärische Besatzungspolitik und Judenvernichtung in Serbien 1941/42, München ²1995, S. 40–53.
33 Sauerzweig: Meine Gefangenschaft, S. 15.
34 Zur „Lager"-Begriffsgeschichte siehe den Beitrag von Dorothee Riese und Franz Waurig im vorliegenden Band.
35 Sauerzweig: Meine Gefangenschaft, S. 37.
36 Ebd., S. 38–39.
37 Ebd., S. 41.
38 Ebd., S. 42.
39 Wolf, Hans-Joachim: Mit sechzehn Jahren unschuldig interniert und nach Sibirien verschleppt. Erinnerungen an die Zeit vom 11. Juni 1945 bis 6. Dezember 1949, Berlin ²1996, S. 98.
40 Erler: Zur Tätigkeit der Sowjetischen Militärtribunale, S. 181.
41 In der britischen Besatzungszone wurden 1947 Spruchgerichte eingerichtet, von denen 27.000 Personen abgeurteilt wurden, die meisten davon waren ehemalige Internierte; in der US-amerikanischen Zone (ABZ) wurden Lagerspruchkammern eingerichtet. Die Entlassungsprozeduren zogen sich insbesondere in der ABZ in die Länge: Noch im August 1947 waren fast 44.000 Internierte in den Lagern der ABZ interniert, von denen die Mehrheit noch nicht angehört oder überprüft worden war. In der französischen Zone kam es nach einer ersten Entlassungsaktion 1946/47, bei der vor allem ältere und jüngere Insassen freigelassen wurden, erst mit dem Jahr 1948 zu umfangreicheren Entlassungen. Vgl. Beattie, Allied Internment Camps, S. 87–90.
42 Vgl. Petrov, Nikita: Die Apparate des NKVD/MVD und des MGB in Deutschland (1945–1953). Eine historische Skizze, in: Mironenko u. a.: Sowjetische Speziallager, Bd. 1, S. 143–157, hier S. 148–152.
43 Vgl. Haase, Norbert/Pampel, Bert (Hg.): Die Waldheimer „Prozesse". Fünfzig Jahre danach. Dokumentation der Tagung der Stiftung Sächsische Gedenkstätten am 28. und 29. September 2000 in Waldheim, Baden-Baden 2001; Otto, Wilfriede: Die Waldheimer Prozesse, in: Mironenko u. a.: Sowjetische Speziallager, Bd. 1, S. 533–554; Eisert, Wolfgang: Die Waldheimer Prozesse. Der stalinistische Terror 1950. Ein dunkles Kapitel der DDR-Justiz, München 1993; Werkentin, Falco: Politische Strafjustiz in der Ära Ulbricht, Berlin 1995.
44 Für Thüringen vgl. z. B.: Verhaftung durch die SMA Bd. 1–10, Gesuche, Landesarchiv Thüringen – Hauptstaatsarchiv Weimar (LATh – HStA), Land Thüringen, Büro des Innenministers, Nr. 217–227; Gesuche um Haftentlassungen von deutschen Zivilpersonen, die von sowjetischen Militärbehörden inhaftiert wurden, für den Zeitraum 1945–1952, LATh – HStA Weimar, Land Thüringen, Büro des Ministerpräsidenten, Nr. 534–536.
45 Vgl. Schatz, Helga: Kritik an der sowjetischen Besatzungsmacht in Eingaben an deutsche und sowjetische Stellen der Jahre 1945 bis 1952, in: Landau/Heitzer (Hg.): Zwischen Entnazifizierung und Besatzungspolitik, S. 61–79.
46 K. M., Herges-Auwallenburg an das Thüringer Innenministerium, 21. November 1945, LATh – HStA, Land Thüringen, Min. des Inneren, 217, S. 27–28.
47 Entlassungsgesuch K. N. aus Erfurt, 1946, LATh – HStA, Land Thüringen, Min. d. Inneren, 217, S. 170–172.
48 Dabei ging es z. B. um Vermittlung von Stoffen, Werkzeugen und Maschinen für den Bedarf des sowjetischen Wachpersonals. Vgl. die Serie von 53 heimlich aus dem Lager geschickten Kassibern von K. N. aus Erfurt, 1945–1947, Privatbesitz, Kopien im Archiv Gedenkstätte Buchenwald, o. Sign.
49 Sammlung Kassiber Speziallager, Archiv Gedenkstätte Buchenwald, o. Sign.
50 Vgl. Ritscher u. a.: Das sowjetische Speziallager Nr. 2 1945 bis 1950, S. 111.
51 Vgl. Staatsarchiv der Russländischen Föderation (Gosudarstvennyj Archiv Rossijskoj Federacii – GA RF) Bestand (fond) 9409, Verzeichnis (opis) 1, Akte (delo) 76.
52 Sauerzweig: Meine Gefangenschaft, S. 108, vgl. auch weitere Schreiben S. 108 ff.
53 Interview mit Prof. Dr. med. Fritz Wagner am 16. Oktober 2017, S. 7, Archiv Gedenkstätte Buchenwald, o. Sign.
54 Vgl. Boll, Friedhelm: Sprechen als Last und Befreiung. Holocaust-Überlebende und politisch Verfolgte zweier Diktaturen. Ein Beitrag zur deutsch-deutschen Erinnerungskultur, Bonn 2003.

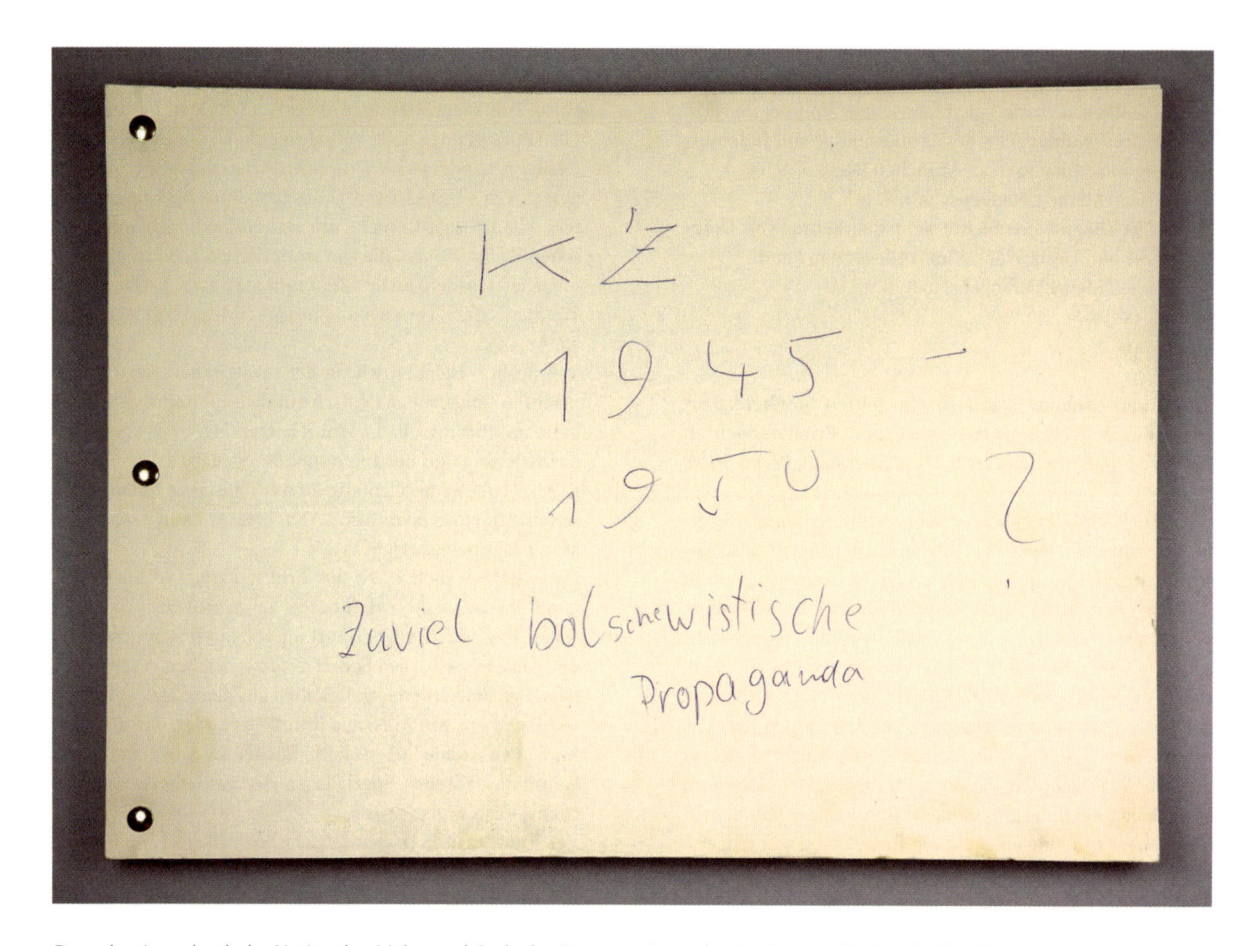

Besucher:innenbuch der Nationalen Mahn- und Gedenkstätte Buchenwald für die KZ-Dauerausstellung, Mai/Juni 1990. Als Nationale Mahn- und Gedenkstätte war das ehemalige Konzentrationslager Buchenwald zentral für die Erinnerungskultur in der DDR. Das Ende des Staates hatte daher auch eine breite und hoch emotionale Debatte um den Ort zur Folge. Mit diesem Eintrag im Gästebuch der Gedenkstätte forderte ein:e Besucher:in, dass an die Geschichte des Speziallagers Nr. 2 erinnert werde. Dabei bezeichnete sie:er das Lager als *KZ* – eine Formulierung, die in rechten Diskursen über die Repressionen in der SBZ/DDR verbreitet war, um die NS-Verbrechen zu relativieren. Sammlung Gedenkstätte Buchenwald, Fotografin: Sylvia Vogelsberg.

Dorothee Riese/
Franz Waurig

VON „SCHWEIGELAGERN" UND „SOWJET-KZs"

Anmerkungen zur Begriffsgeschichte

Die Auseinandersetzung um die Geschichte der sowjetischen Haftorte im besetzten Deutschland ist auch eine Auseinandersetzung über die Frage, wie man diese Haftorte eigentlich bezeichnen sollte. Seit Kriegsende finden sich in der öffentlichen Diskussion und Literatur verschiedene Benennungen der Lager: *Internierungslager, Schweigelager, Konzentrationslager, Todeslager, Deutscher Gulag, Speziallager*, … Der Gebrauch der Begriffe ist eng verbunden mit der politischen Agenda derjenigen, die die Begriffe nutzen, und der damit verbundenen Deutung sowjetischer Besatzungspolitik und ihrer Vorgeschichte, der nationalsozialistischen Gewaltherrschaft zwischen 1933 und 1945. Besonders in der Frühzeit des Kalten Krieges und in der ersten Phase der Aufarbeitung sowjetischer Verhaftungen nach dem Ende der DDR wurden harte Kontroversen um die Lager und ihre „richtige" Bezeichnung ausgefochten.[1] Wieso der Terminus *Speziallager* in der Forschung heute weitgehend anerkannt ist und andere Begriffe durchaus problematisch sind, zeigt dieser Beitrag, der die wichtigsten Begriffe zur Bezeichnung der Lager erklärt und ihre unterschiedlichen Verwendungen aufzeigt.

Internierungslager

Als Internierungslager wird allgemein ein „vorübergehender militärisch bewachter Unterbringungsort für feindliche – während eines Krieges – oder missliebige Zivilpersonen" verstanden.[2] Bereits im Ersten Weltkrieg gab es derartige Lager, in denen Personen für die Dauer des Krieges festgehalten werden konnten.

Ein zentraler Aspekt alliierter Besatzungspolitik nach dem Zweiten Weltkrieg war die Verhaftung und Internierung nationalsozialistischer Funktionsträger:innen in Deutschland.[3] Dies hatte zunächst vor allem einen sicherheitspolitischen Hintergrund: Es ging um den Schutz der Besatzungstruppen und der Einrichtungen der Militärregierungen, ihrer Gebäude und ihres Personals. Unmittelbar nach Kriegsende hatte es in allen

Dorothee Riese/Franz Waurig

Beitrag des SED-Organs „Thüringer Volk" zur Auflösung der letzten Speziallager, 17. Januar 1950. Laut offizieller Darstellung handelte es sich bei den Speziallagern um *Internierungslager* für NS-Verbrecher. Die DDR-Medienkampagne zur Auflösung der letzten Lager im Januar 1950 setzte dieses Narrativ fort, das für Jahrzehnte gültig bleiben würde. Mediengruppe Thüringen Verlag GmbH.

Besatzungszonen Versuche einer Wiederaufnahme bewaffneter Kämpfe im Sinne von „Stay-behind"-Maßnahmen gegeben.[4] In allen Besatzungszonen wurden *Internierungslager* eingerichtet, die auch als solche im offiziellen Sprachgebrauch bezeichnet wurden. Während die Lager im Westen in der Folgezeit sukzessive geschlossen, ihre Insassen entlassen oder vor Gericht gebracht wurden, meldete die DDR-Presse erst Anfang 1950, dass die *Internierungslager* aufgelöst würden.[5] Es war der einzige Zeitpunkt in der Geschichte des Staates, an dem die sowjetischen Nachkriegslager in einer großen öffentlichen Kampagne thematisiert wurden. In den folgenden vierzig Jahren wurden sie nur selten als „Internierungslager für Nazifunktionäre" bzw. „für Kriegs- und Naziverbrecher" erwähnt.[6] Der Gebrauch des Begriffs in der SBZ/DDR hing eng mit dem ursprünglichen interalliierten Ziel der Festsetzung und Isolierung belasteter Nationalsozialist:innen und der offiziell als erfolgreich propagierten Entnazifizierung zusammen. Es mag daher nicht ungewöhnlich erscheinen, wenn die DDR-Gedenkstätten und -Forscher:innen den Grundfesten dieses Narrativs in der Frühzeit der Speziallager-Aufarbeitung noch verhaftet blieben.[7] Auch die DDR-Medien sprachen bzw. schrieben Anfang 1990 zumeist von *(stalinistischen) Internierungslagern*.[8] Der Begriff wurde zu einem ersten Streitgegenstand zwischen Wissenschaftler:innen und Betroffenen. Während Erstere den bisher genutzten Begriff seines Nachsatzes „für Nazikriegsfunktionäre" entledigten und in der Bezeichnung eine sachlich korrekte Formulierung sahen, rebellierten Letztere gegen eine vermeintliche Verharmlosung der Lager. Der ehemalige Internierte Gerhard Finn kritisierte die Nutzung des Begriffs bereits beim ersten Speziallagertreffen in Buchenwald am 20. Juni 1990 scharf:

> [...] nach der Wende jetzt, da versucht man weiterhin oder versuchte, [...] man kann ja immer lernen, versuchte man auch weiterhin, das Ding runterzuspielen. Wenn ich jetzt an dieses Blatt denke, das erste Blatt[9], was Sie herausgegeben haben, da kam wieder das Wort [...] Internierungslager und dann wurde gleich wieder, damit [das] so ein bisschen reingebaut wurde, von den Internierungslagern der Amis gesprochen und sowas alles.[10]

Finn machte an dieser Stelle deutlich, was auch andere monierten: Durch die Verwendung des Begriffs *Internierungslager* würden die sowjetischen in eine Reihe mit den westalliierten Lagern gestellt, wodurch die eklatanten Unterschiede – u. a. hinsichtlich der Todesrate – nicht deutlich hervorgehoben würden.[11] Gerade in Kreisen, die die Diktatur in der SBZ/DDR verharmlosen, wird das Internierungslager-Narrativ bis heute herangezogen und einer tiefgreifenden Auseinandersetzung mit dem stalinistischen Repressionsapparat aus dem Weg gegangen.[12] Zudem bezieht der Begriff nur jene Insassen ein, die nicht durch ein Militärtribunal verurteilt, sondern als Internierte eingewiesen wurden. Die Gruppe der SMT-Verurteilten – etwa in Sachsenhausen und Bautzen – bleibt von dieser Formulierung unberücksichtigt.

Konzentrationslager, Todeslager

Der Begriff *Konzentrationslager* ist keine Neuschöpfung der Nationalsozialist:innen, auch wenn dieses Wort wie kaum ein anderes mit dem Terror der NS-Gewaltherrschaft assoziiert wird.[13] Bereits während der Freiheitskämpfe auf Kuba 1895 bis 1898 gab es Massenlager, in denen Gefangene *konzentriert* festgehalten wurden. Im Zweiten Burenkrieg richtete die britische Kolonialmacht sogenannte *concentration camps* ein – der Begriff ging als Lehnwort kurze Zeit später in die deutsche Sprache ein. Im Ersten Weltkrieg und in der Zwischenkriegszeit verstanden Zeitgenoss:innen unter dem Begriff vor allem Sammellager zur Unterbringung von ausländischen (ergo feindlichen) Personen. Auch während des Bürgerkriegs im zerfallenden Russländischen Imperium beschloss der Rat der Volkskommissare am 5. September 1918, Klassenfeinde und politische Gegner der Bolschewiki in *koncen-*

Wegweiser „Grabstätte Internierungslager" der Nationalen Mahn- und Gedenkstätte Buchenwald, 1990/91. Die Bezeichnung *Internierungslager* war in der DDR und den neuen Bundesländern um 1990 weit verbreitet. Ehemalige Insass:innen des Speziallagers kritisierten die – in ihren Augen euphemistische – Formulierung und ihre Verwendung in den Gedenkstätten wiederholt. Sammlung Gedenkstätte Buchenwald, Fotografin: Sylvia Vogelsberg.

tracionnye lagerja festzuhalten und zu isolieren.[14]

Ab 1933 wurden überall im Deutschen Reich (und ab 1938 in den besetzten Gebieten) *Konzentrationslager* eingerichtet, zunächst improvisiert u. a. in ehemaligen Gewerkschaftshäusern mitten in den Städten. In ihnen wurden politische Gegner:innen und rassistisch Verfolgte terrorisiert und misshandelt. Das ab 1937 eingerichtete System nationalsozialistischer Konzentrationslager, zu dem auch das 1937 in Buchenwald eingerichtete Lager gehörte, nutzte die SS zur Ausbeutung der Häftlinge durch Arbeit und zu deren Ermordung. Obwohl die amtliche Abkürzung *KL* lautete, wurde seit den 1930er Jahren auch der Begriff *KZ* genutzt. Er fand ab 1940 vereinzelt auch im Dienstgebrauch Verwendung, konnte sich jedoch als „Standardabkürzung" erst nach dem Zweiten Weltkrieg durchsetzen.[15]

Mit der Befreiung 1945 wurde das ganze Ausmaß nationalsozialistischer Gräuel und Menschenfeindlichkeit in den Lagern deutlich. Bei der deutschen Bevölkerung

Dorothee Riese/Franz Waurig

bewirkte die Konfrontation mit den Verbrechen nicht selten Verdrängungs- und Verharmlosungsmechanismen, förderte vor dem Hintergrund sowjetischer Verhaftungen in der SBZ die Neigung zu Selbstviktimisierung und Gleichsetzung neuer Repressionen mit den Verbrechen des Nationalsozialismus. Dazu gehörte zweifellos auch die Bezeichnung der sowjetischen Lager als *Konzentrationslager* oder in drastischerer Form als *Todeslager*.[16] Diese Begriffswahl war und ist eng verbunden mit den Totenzahlen und der Diskussion um eine Tötungs- bzw. Vernichtungsabsicht der sowjetischen Besatzungsmacht, die die Wissenschaft nach dem Studium der russischen Quellen heute verneint.[17]

Antikommunistische Widerstandsorganisationen der jungen Bundesrepublik und Westberlins[18] (u. a. die Kampfgruppe gegen Unmenschlichkeit, KgU) nutzten den Begriff seit der Berlin-Blockade 1948/49 aktiv – jedoch explizit *nicht* für die westalliierten Lager. Auch in frühen sozialdemokratischen Publikationen findet er sich.[19] Für SPD-nahe Akteur:innen mag der Umstand ausschlaggebend gewesen sein, dass Sozialdemokrat:innen sowohl vor als auch nach 1945 von Repressionen betroffen waren und in Lagern festgehalten wurden.[20] Eine direkte Bezugnahme auf die nationalsozialistischen Konzentrationslager findet sich auch im Bericht „Der SS-Staat" des ehemaligen Buchenwaldhäftlings Eugen Kogon, einem Text, der für die weitere Beschäftigung mit den NS-Konzentrationslagern wegweisend war. Kogon fügte seinem Buch 1946 ein Nachwort bei, in dem er sich über die sowjetischen Nachkriegslager äußerte und von „russischen KL" sprach.[21] In Abwandlung des ursprünglichen Titels und unter Bezugnahme auf Ko-

Publikation der „Kampfgruppe gegen Unmenschlichkeit" (KgU), 1952. Bereits zu Kriegsende konfrontierten die Alliierten die deutsche Bevölkerung mit ihren Verbrechen: Die Konzentrationslager werden zum Inbegriff der Gräueltaten, die während des NS-Regimes verübt wurden. Antikommunistische Organisationen in der Bundesrepublik besetzten den Begriff in der Hochphase des Kalten Krieges neu. Die Gleichsetzung der unterschiedlichen Lagersysteme gehörte zum festen Bestandteil ihrer Argumentation. Gedenkstätte Buchenwald, Nachlass Gerhard Finn.

gons soziologische Analyse des NS-Lagersystems veröffentlichte der KgU-Mitbegründer Günther Birkenfeld in der auflagenstarken antikommunistischen Zeitschrift „Der Monat" 1950 den Beitrag „Der NKWD-Staat". Fünf Jahre später schrieb der ehemalige Häftling Pickarski über „die Konzentrationslager des SSD²²-Staates" und versuchte damit noch deutlicher die Analogien beider Diktaturen zu betonen.²³

Die offiziellen Stellen in der SBZ/DDR verwahrten sich gegen derartige Gleichsetzungen mit den nationalsozialistischen KZ. Kurz vor der Auflösung der sowjetischen Lager berichteten die DDR-Medien in einer groß angelegten Kampagne über den Besuch der beiden Geistlichen Probst Heinrich Grüber und Bischof Otto Dibelius im Lager Sachsenhausen. Die zentrale SED-Zeitung „Neues Deutschland" titelte am 5. Januar 1950: „KZ-Schwindel geplatzt".²⁴ Grübers Bericht „Sachsenhausen 1940 und 1949", in dem er die Unterschiede beider Lager hervorhob, wurde in der DDR vielfach abgedruckt.²⁵ Er sollte die „Lügen der Westpresse" über die katastrophalen Haftbedingungen in den vermeintlichen *Sowjet-KZs* nach 1945 entkräften.

Andererseits nutzte die DDR den Begriff *Konzentrationslager* mit Blick auf den Westen ebenfalls als Kampfbegriff und verband damit zweierlei: Antiamerikanismus und die Charakterisierung der BRD als weiterhin besetzte Nachfolgerin des Dritten Reiches. Etwa zeitgleich zum Grüber-Bericht informierten die DDR-Medien über *„amerikanische KZs in Deutschland"*, „die unter Zuhilfenahme ehemaliger Angehöriger nazistischer Terrororganisationen unter Kontrolle der ehemaligen Besatzungsmächte" stünden und in denen „demokratische Freiheitskämpfer" festgehalten würden.²⁶ Das Erzählmuster, nach dem „die Imperialisten in verschiedenen Ländern KZ zur Unterdrückung der antiimperialistischen Befreiungsbewegung" errichteten und errichten, blieb bis 1989 fester Bestandteil der offiziellen Propaganda in der DDR.²⁷

Bundesdeutsche Medien und Politiker nutzten den Begriff *Konzentrationslager* auch über die sowjetischen Lager hinaus für andere Haftorte in der SBZ/DDR.²⁸ In einer Rede vor Student:innen in Bonn forderte Konrad Adenauer im Februar 1951, diese als *KZ* bezeichneten Gefängnisse aufzulösen. Kurze Zeit später konterte der Leiter des Amtes für Information bei der DDR-Regierung Gerhart Eisler:

[...] es gibt keine Konzentrationslager in der Deutschen Demokratischen Republik, und was nicht ist, kann auch nicht aufgelöst werden. Keiner bei uns denkt daran, Konzentrationslager zu organisieren, um sie dann dem Herrn Adenauer zuliebe aufzulösen. Was es in der Deutschen Demokratischen Republik allerdings gibt, sind Gefängnisse. Aber Gefängnisse gibt es auch in Westdeutschland.²⁹

Auch die Einweihungen der Nationalen Mahn- und Gedenkstätten Buchenwald und Sachsenhausen in den Jahren 1958 und 1961 nahm die bundesdeutsche Presse zum Anlass, über die „zweifache" Vergangenheit beider Orte als *KZ-Lager* zu berichten.³⁰ Zu Buchenwald schrieb der Westberliner „Tagesspiegel": „Der einzige Unterschied bestand darin, daß die KZ-Wächter nach 1945 nicht die Uniform der SS trugen."³¹ Die Besuche bundesdeutscher Politiker:innen in den DDR-Gedenkstätten seit den 1970er Jahren führten bei Betroffenen sowjetischer Verhaftungen wiederholt zu Kritik, da die Nachkriegsgeschichte der „mitteldeutschen Kazetts" – so etwa der in Stuttgart lebende ehemalige Internierte Fritz Göhler 1981 – vor Ort nicht thematisiert werde.[32] Aus dem nicht gänzlich unbegründeten Vorwurf des Schweigens über die sowjetischen Nachkriegslager spricht an dieser Stelle auch Resignation und Enttäuschung: Seit 1961 verdrängte die Berliner Mauer als neuerliches „groteskes Mahnmal für die Unmenschlichkeit" die Nachkriegslager zunehmend aus dem öffentlichen antikommunistischen Diskurs im Westen. Auch ein Gedenktag – wie etwa zur Erinnerung an den 17. Juni 1953 – fehlte als jährlich wiederkehrender Bezugspunkt.[33] Andererseits bedingte die „personelle Kontinuität" der wenigen bundesdeutschen SBZ-/DDR-Forscher:innen, die der „Erlebnisgeneration" angehörten und sich seit den 1950er Jahren mit dem Thema beschäftigten, eine „Kontinuität in der Deutung der Lager". Diese schlug sich auch in der Verwendung der Bezeichnung *Konzentrationslager* bis in die 1980er Jahre (und darüber hinaus) nieder.[34]

Nach der Vereinigung beider deutscher Staaten erlebte der *KZ-Begriff* in den Erinnerungsberichten schließlich eine gesamtdeutsche Renaissance.[35] Dies mag mit mehreren Faktoren zusammenhängen: Einerseits erfuhr das Thema nach Jahrzehnten ein erneutes gesellschaftliches Interesse, zumal es auch ostdeutschen Betroffenen nun möglich war, endlich gehört und gelesen zu werden. Dies führte dazu, dass eine große Anzahl an Zeitzeugenberichten und Erinnerungen veröffentlicht wurde.[36] Zugleich sahen sich die ehemaligen Insassen der sowjetischen Nachkriegslager gegenüber den Verfolgten des NS-Regimes – und auch andersherum – in einer „Opferkonkurrenz" um öffentliche Anerkennung und finanzielle Entschädigung. In diesem Zusammenhang wurde die subjektive Leiderfahrung unter anderem über das historisch unzutreffende Bild der Nachkriegslager als *(sowjetische) KZ* verdeutlicht, das den Status der Betroffenen als „Opfer des Stalinismus" innerhalb einer gefühlten Opferhierarchie stärken sollte.[37]

Weit verbreitet sind die Termini *Konzentrations-* und *Todeslager* für die sowjetischen Haftorte bis heute in rechtsradikalen Kreisen und ihren Publikationen. Die entsprechenden Autor:innen versuchen mit dieser Begriffswahl eine angeblich nationale Leidensgeschichte zu erzählen, laut der das Regime in den Nachkriegslagern wesentlich härter und die Überlebenschancen ungleich geringer als in den nationalsozialistischen KZs gewesen seien.[38] Der Blick wird dabei nicht nur auf die sowjetischen Lager, sondern auch auf die Internierungen außerhalb der SBZ gerichtet. Dieser Trend verschärfte sich im Zuge der Aufarbeitung sowjetischer Verhaftungen während der 1990er Jahre.[39] Die Verwendung des *KZ-Begriffes* wird zuweilen auch damit begründet, dass der Begriff zuerst durch die Bolschewiki genutzt wurde, lange vor der nationalsozialistischen Machtübernahme in Deutschland.[40]

Die reine begriffliche Koinzidenz wird hier zur Grundlage für eine Gleichsetzung der in den jeweiligen Lagern begangenen Verbrechen.[41] Einige Wissenschaftler:innen versuchten in der letzten Zeit, den *KZ-Begriff* erneut in die Diskussion einzubringen oder bewusst

Von „Schweigelagern" und „Sowjet-KZs"

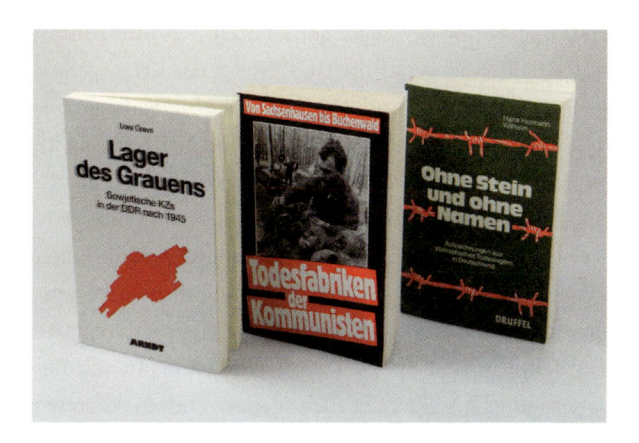

Publikationen zu sowjetischen Verhaftungen und Speziallagern aus dem rechten Verlagsspektrum, 1974/1990/1991. Rechte Verlage und Akteur:innen setzen die sowjetischen *Speziallager* regelmäßig mit NS-Konzentrationslagern gleich. Dazu nutzen sie Begriffe wie *KZ*, *Todesfabriken* und *Todeslager*, die in der Erinnerung an die Verbrechen der Nationalsozialisten geprägt wurden. Bibliothek Gedenkstätte Buchenwald.

verbal mit ihm zu spielen, ohne direkt für ihn zu plädieren oder sich deutlich von ihm zu distanzieren.[42] Dieser totalitarismustheoretischen Denkweise erteilte der Journalist und Historiker Matthias Heine in einer Arbeit für das DUDEN-Institut eine deutliche Abfuhr: „Angesichts der Geschehnisse in Auschwitz und in den anderen [NS-]Lagern kann die Bezeichnung KZ oder Konzentrationslager für irgendeine andere Institution […] immer nur ein verharmlosender sprachlicher Missgriff sein."[43]

Schweigelager

Ein zentrales Kennzeichen der sowjetischen Nachkriegslager in der SBZ ist die fehlende Information über den Verbleib der Verhafteten. Angehörige blieben jahrelang, im Falle des Todes zum Teil jahrzehntelang, im Ungewissen.[44] Auf Anfragen antworteten sowjetische und deutsche Stellen nicht oder nur ausweichend. Den Lagerinsassen war es nicht möglich, über Briefsendungen oder Ähnliches mit der Außenwelt in Kontakt zu treten, Besuche waren verboten. Nur einigen gelang es, geheime Nachrichten (Kassiber) an ihre Familien zu schicken.[45] Der Isolation während der Haft folgte die jahrzehntelange Tabuisierung des Themas in der DDR. Einige Betroffene erhielten bei ihrer Entlassung die Anweisung, über ihre Erfahrungen zu schweigen, andere taten dies von selbst, aus Angst vor einer erneuten Verhaftung.[46] Im Westen wurden die Lager aufgrund des herrschenden Informationsdefizits daraufhin auch als *Schweigelager* bezeichnet.[47] Die Formulierung umgibt dabei das Fluidum des Ungewissen[48] und Geheimen, gleichzeitig aber auch des Exklusiven und Besonderen. Von *Schweigelagern* zu sprechen und zu schreiben, ist eine Art Oxymoron und macht Leser:innen neugierig. Die Berichtenden markierten also durch die Verwendung des Begriffs einen Akt der Befreiung vom Verbot, indem sie – während des Kalten Krieges teilweise unter Gefahr für das eigene Leben – Informationen verbreiteten.[49]

Mit dem Wort „Schweigen" wurde zugleich die Öffentlichkeit in die Pflicht genommen. Das zeigt eine erste große Kundgebung unter Ägide der KgU, die am 7. August 1948 in Westberlin stattfand. Sie trug den anklagenden Titel „Schweigen ist Selbstmord".⁵⁰ Mit den Jahren ging das öffentliche Interesse der bundesdeutschen Gesellschaft an den Nachkriegslagern zurück. Der Titel des Buches „Und der Westen schweigt", das der ehemalige Speziallagerinsasse Joachim Stern 1976 im rechtsextremen Schütz-Verlag veröffentlichte, greift diese Frustration über die (vermeintlich) passive Haltung seit 1945 auf.⁵¹

Gleichzeitig blieb der Begriff *Schweigelager* nicht auf die Nachkriegslager in der SBZ beschränkt. In der unmittelbaren Nachkriegszeit befanden sich mehrere Hunderttausend deutsche Militärangehörige in Kriegsgefangenenlagern der Hauptabteilung des Innenministeriums für Kriegsgefangene und Internierte (GUPVI) auf dem Gebiet der Sowjetunion. Bedingt durch das strenge Haftregime waren Gefangene teilweise vom Briefkontakt mit den Angehörigen ausgeschlossen, woraufhin auch für diese Lager im Westen der Begriff *Schweigelager* genutzt und vom Osten dementiert wurde. In den Propagandaschlachten des Kalten Krieges fand er fortan seinen festen Platz.⁵²

Deutscher Gulag

Nach der ersten großen Entlassungsaktion im Sommer 1948 wurden die sowjetischen Lager in der SBZ formal dem GULAG unterstellt.⁵³ Hinter dem Akronym verbarg sich die „Hauptverwaltung der Besserungsarbeitslager und -kolonien", die als eine Abteilung des Innenministeriums das Lagersystem organisierte, das nach dem Zweiten Weltkrieg stark expandierte.⁵⁴ Neben der Hauptabteilung der Lager gab es im Innenministerium noch die bereits genannte GUPVI, der das Kriegsgefangenenwesen unterstand. Die Abteilung Speziallager bildete zunächst ebenfalls eine eigenständige Abteilung im sowjetischen Innenministerium. Wenn es auch personelle und organisatorische Zusammenhänge mit dem sowjetischen GULAG gab, unterschieden sich die Lager in der SBZ/DDR bis zu ihrer Auflösung in zwei wesentlichen Punkten: Anstelle eines harten Arbeitsregimes herrschte in den Speziallagern eine weitgehende Beschäftigungslosigkeit der Gefangenen. Zudem befanden sich Internierte (d. h. Nichtverurteilte) in den Lagern.⁵⁵

Für die Außenwahrnehmung spielten diese Unterschiede keine Rolle. Dies hing auch damit zusammen, dass sich insbesondere nach der Veröffentlichung von Solschenizyns „Archipel Gulag" 1973 in der westeuropäischen Öffentlichkeit das Wort *Gulag* als Synonym für das sowjetische Zwangsarbeitssystem an sich durchgesetzt hatte. Als Teil davon wahrgenommen wurden auch die von den westdeutschen Medien und auf Veranstaltungen von Opferverbänden geschilderten Zustände „der deutschen Ableger des Gulags"⁵⁶. Berichte über Hunger, Zwangsarbeit und Folter entsprachen dem, wofür die sowjetische Abkürzung GULAG in der europäischen, hier insbesondere (west-)deutschen Öffentlichkeit stand. Als „weiße Flecken" wurden die sowjetischen Nachkriegslager durch die Bezeichnung *Deutscher Gulag* zudem exterritorialisiert und in die Nähe der Haftarbeitslager in der Sowjetunion gerückt.⁵⁷ Zu dieser Wahrnehmung der Lager trug auch der Umstand bei, dass, wie im Abschnitt zum Begriff „Schweigelager" beschrieben, die Angehörigen keine Nachricht über den Aufenthaltsort der in den Lagern inhaftierten Menschen erhielten. Deutlich wird diese Tendenz im Titel des Erlebnisberichts „Sibirien liegt in Deutschland", der 1958 in Westberlin erschien.[58] Auch der Umstand, dass seit 1945 wiederholt Gefangene aus der SBZ in die GUPVI- und GULAG-Lager der Sowjetunion verbracht wurden, ließ in der Wahrnehmung vieler Zeitgenoss:innen die Unterschiede dieser Lagertypen schrumpfen.[59] Die Lager verschmolzen zu *einem* mächtigen GULAG-System, das vom Pazifik bis nach Mitteleuropa reichte und neben den Gefängnissen und Lagern die vom sowjetischen Machtbereich kontrollierten Gebiete selbst meinte.[60] Auch der Umstand, dass Teile des in der SBZ/DDR eingesetzten sowjetischen Geheimdienst- und Lagerpersonals zuvor im GULAG-System tätig waren und von dort ihre „tschekistischen" Erfahrungen mitbrachten, mochte in den 1990er Jahren eine Rolle bei der Wahl des Begriffs gespielt haben.[61]

Speziallager

Bei dieser Bezeichnung handelt es sich um einen Quellenbegriff aus der sowjetischen Verwaltungssprache, der in Dokumenten gebraucht wird, die zu Beginn der 1990er Jahre für die Forschung zugänglich gemacht wurden. Bereits 1941 wurde der Begriff *special'nyj lager'*, kurz *speclag(er')*, für die sowjetischen Lager zur Repatriierung und Überprüfung von Kriegsgefangenen und -flüchtlingen genutzt.[62] Ende Mai 1945 fand er sich erstmals in einem internen Befehl Berijas für die Lager im besetzten Deutschland.[63] Der NKVD bezeichnete damit

Cover der Publikation „Spezlager Nr. 2 Buchenwald" von Bodo Ritscher, Weimar-Buchenwald 1993. In den 1990er Jahren setzte sich im wissenschaftlichen Bereich der Begriff *Speziallager* – auf dem Buchcover als Übersetzung des russischen Akronyms *speclager'* – für die Lager der sowjetischen Besatzungsmacht in der SBZ/DDR durch. Bibliothek Gedenkstätte Buchenwald.

fortan einen *speziellen* Lagertyp, in dem Zivilinternierte – das sogenannte *speckontingent* – sowie ab 1947 auch Verurteilte außerhalb der UdSSR festgehalten wurden. Fernab des Geheimdienstes erlangte der Begriff seit den 1950er Jahren – zunächst bescheidene – Bekanntheit.

Der ehemalige Internierte Gerhard Finn benutzte den Terminus *Speziallager* in seinem vielfach zitierten und in Köln erschienenen Buch „Die politischen Häftlinge der Sowjetzone" von 1960, nicht ohne diesen Lagertyp gleichsam als „neue Form der Konzentrationslager" zu bezeichnen.[64] Laut Alexander von Plato, der maßgeblich an der wissenschaftlichen Aufarbeitung des Themas beteiligt war, ging die Initiative für die wissenschaftliche Verwendung der Bezeichnung „Speziallager" in den 1990er Jahren von der Gedenkstätte Buchenwald aus.[65]

Auch die zweite mögliche Übersetzung des russischen Akronyms *speclager'* als *Sonderlager* findet bis heute Verbreitung. In der Wissenschaft ist dieser Begriff vor allem mit den Sonderlagern für prominente Häftlinge in den nationalsozialistischen Konzentrationslagern verbunden, weshalb „es gerade an Orten wie Buchenwald und Sachsenhausen mit ihrer ‚doppelten Vergangenheit' außerordentlich verwirrend [wäre], wenn man zwei so unterschiedliche Haftformen wie die KZ-Sonderlager und die Speziallager mit ein und demselben Begriff bezeichnen würde".[66] Zudem – und das steigert die Verwirrung noch – gab es im sowjetischen Lagerkosmos ab 1948 spezielle *Sonderlager* (*osobye lageri*), in denen ein verschärftes Haftregime herrschte.[67]

Kleiner Exkurs: GPU-Keller

Neben den sowjetischen Lagern gab es in der SBZ eine Vielzahl von Gefängnissen und kleineren, temporären Haftorten, die die offizielle Bezeichnung „innere Gefängnisse" trugen.[68] In diese wurden die Betroffenen unmittelbar nach ihrer Verhaftung gebracht. Der Aufenthalt konnte wenige Tage dauern, sich jedoch unter Umständen auch über mehrere Wochen hinziehen. In Erfahrungsberichten kommt diesen Orten eine wichtige Bedeutung zu: An ihnen machten die Autor:innen – zumeist – ihre erste Hafterfahrung, zugleich erlebten sie dort während der durchgeführten Verhöre oftmals physische und psychische Gewalt.[69] Die umgangssprachliche und vor allem in Erinnerungsberichten verwendete Bezeichnung *GPU-Keller* ist auf den Umstand zurückzuführen, dass sich die provisorischen Haftorte u. a. im Kellergeschoss beschlagnahmter Wohngebäude befanden.[70] Die veraltete Abkürzung *GPU* – seit 1934 offiziell NKVD – stand in der NS-Propaganda als Synonym für den sowjetischen Geheimdienstapparat, dessen Praktiken in der NS-Tagespresse und zahlreichen Publikationen thematisiert wurden. Nachhaltige Wirkung erzeugte vermutlich der 1942 gezeigte Spielfilm „GPU".[71] Sein Finale spielt im Kellerzellentrakt einer getarnten NKVD-Zentrale in Rotterdam zum Zeitpunkt des deutschen Angriffs auf die Niederlande im Jahr 1940. Die dramatische Befreiung der Gefangenen deutet die brutale Besatzung des Landes schließlich zur vermeintlichen Errettung vor dem Kommunismus um. Aufgrund der starken Verbindung zur NS-Propaganda und der veralteten Bezeichnung des sowjetischen Geheimdienstes sollte der Begriff *GPU-Keller* als zeitgenössische Formulierung Betroffener belassen und heute treffender von NKVD-Gefängnissen bzw. provisorischen Haftorten gesprochen werden.

Warum „Speziallager"?

Die Begriffsdiskussion, die in den letzten drei Jahrzehnten um die sowjetischen Nachkriegslager geführt wurde, hängt eng zusammen mit der fehlenden wissenschaftlichen Aufarbeitung des Themas bis in die 1980er Jahre. Medien, Wissenschaftler:innen und DDR-Gedenkstätten griffen 1990 größtenteils auf Publikationen von Betroffenen zurück. Problematisch sind dabei mehrere Punkte: Die vorhandenen Ausarbeitungen wurden in den 1950er/1960er Jahren unter dem Eindruck des unmittelbar Erlebten und der Systemkonfrontation in der Hochphase des Kalten Krieges verfasst. Zudem konnten die Autor:innen für ihre Texte nicht auf die Quellen des sowjetischen Geheimdienstes oder aus Archiven der DDR zurückgreifen.[72] Hier nun rächte sich die bisherige „Abstinenz der Historiker"[73] vom Thema, die die Beschäftigung damit im Westen den unmittelbar Betroffenen überließen, während gleichzeitig im Osten tiefes Schweigen herrschen musste. Dass die übernommenen – ja überkommenen – Begriffe eine schwere Hypothek für die entstehende Diskussion um die sowjetischen Verhaftungen und Lager darstellten, liegt auf der Hand.[74] Wie eingangs betont, hat sich die wissenschaftliche Forschung mehrheitlich auf den Begriff der „Speziallager" geeinigt. Sie argumentiert dabei wie folgt:

a. Für die Betonung der katastrophalen Lebensbedingungen in den sowjetischen Nachkriegslagern bedarf es nicht des *Konzentrations-/Todeslager*-Begriffs, bei dem immer der berechtigte Vorwurf einer Gleichsetzung mit den Opfern der NS-Gewaltherrschaft, im schlimmsten Falle gar die Leugnung der NS-Lager und ihrer Grauen im Raum steht. Zudem macht es einen Unterschied, ob ehemalige Speziallagerinsass:innen unter den subjektiven Eindrücken der Internierung und der eigenen Leiderfahrung unmittelbar nach ihrer Entlassung 1948/50 diesen Begriff nutzten oder geschichtsinteressierte Forscher:innen im 21. Jahrhundert, die das Geschehene mit einer zeitlichen Entfernung von mehr als 70 Jahren sowie unter Zuhilfenahme der erschlossenen sowjetischen Akten und einer Vielzahl wissenschaftlicher Abhandlungen betrachten.

b. Auch gegen den Begriff *Internierungslager* sprechen vielerlei Punkte. Einerseits umfasst er lediglich die Gruppe der nicht verurteilten Insassen, während die Verurteilten der Militärtribunale unberücksichtigt bleiben. Andererseits suggeriert die bereits in der DDR genutzte Bezeichnung ein positives Bild der Lager, das sich stark an den ursprünglichen Planungen der Alliierten zur Internierung von NS-Funktionsträger:innen orientiert. Sie klammert jedoch die stalinistische Willkür und die hohen Todeszahlen in der Realität aus. Damit einhergehend erschwert der Begriff die Unterscheidung der sowjetischen Lager von den westalliierten Internierungslagern.

c. Die westliche und östliche Propaganda während des Kalten Krieges strapazierte den Begriff *Schweigelager* über Gebühr. Der Begriff hat eine starke rhetorische Wirkung, indem er eine bestimmte Eigenschaft der Lager quasi als Pars pro Toto absolut setzt. In den 1940er bis 1980er Jahren mag die Nutzung einer solch rhetorischen Figur angesichts der offiziellen Tabuisierung des Themas in der SBZ/DDR ihre Berechtigung gehabt haben. Nach 1989 setzte jedoch eine intensive Forschungstätigkeit von Wissenschaftler:innen und Gedenkstätten unter Einbeziehung Betroffener und ihrer Angehöriger ein. Sie half maßgeblich, das Schweigen zu überwinden. Die sowjetischen Verhaftungen und Nachkriegslager haben heute einen festen Platz in der Erinnerungskultur des vereinigten Deutschlands gefunden, zahlreiche Ausstellungen und Publikationen informieren über das Thema.

d. Wie verhält es sich mit dem Terminus *Deutscher Gulag*? Dieser Terminus ist historisch nicht korrekt. Gegen ihn sprechen neben der damit suggerierten Exterritorialität der Haftorte und ihrer gefühlten Verlagerung in die unbestimmten Weiten Sibiriens vor allem der besondere Charakter der sowjetischen Lager in der SBZ/DDR: Im Gegensatz zu den regulären Haftkomplexen des GULAG waren sie durch einen hohen Anteil nichtverurteilter Insassen und die weitgehende Beschäftigungslosigkeit gekennzeichnet. Zudem unterstanden die Nachkriegslager in der SBZ erst ab 1948 dem sowjetischen GULAG.

e. Bleibt der Begriff *Speziallager*. Er stammt aus den sowjetischen Quellen und unterstreicht die Unterschiede gegenüber den Straf-, Haft- und Kriegsgefangenenlagern in der Sowjetunion. Zugleich lässt er sich deutlich von dem ebenfalls verwaltungssprachlichen Begriff der nationalsozialistischen *Konzentrationslager* unterscheiden, mit denen die sowjetischen Lager in der SBZ immer wieder verglichen, denen sie teilweise bis heute gleichgesetzt werden. Das „Jahrhundert der Lager" hat eine Vielzahl unterschiedlichster Lagerkomplexe entstehen und verschwinden lassen, darunter auch das – im Vergleich relativ kleine – System der Speziallager in der SBZ/DDR. Dass Betroffene ein Unbehagen gegenüber der Verwaltungssprache empfinden, die die Menschenrechtsverletzungen in diesen Lagern durch einen abstrakten Begriff vertuscht, ist durchaus verständlich, und auch dass sie rhetorische Mittel nutzen, um sich Gehör für ihr Anliegen in der Öffentlichkeit zu verschaffen. Allerdings geht das gerade im Fall der Gleichsetzung mit anderen Lagersystemen wie den Konzentrationslagern oder dem GULAG zu Lasten der Erkenntnis über Merkmale und Wesen dieser Speziallager. Um diese Lager analytisch zu betrachten und zu verstehen, ist eine deutliche begriffliche Unterscheidung überaus notwendig.

Anmerkungen

1   Zur öffentlichen Auseinandersetzung mit den sowjetischen Nachkriegslagern siehe Scheliha, Wolfram von: Die sowjetischen Speziallager – ein Symbol des kommunistischen Unrechts in der publizistischen Auseinandersetzung zwischen Ost und West bis zum Bau der Berliner Mauer 1961, in: Haustein, Petra u. a. (Hg.): Instrumentalisierung, Verdrängung, Aufarbeitung. Die sowjetischen Speziallager in der gesellschaftlichen Wahrnehmung 1945 bis heute, Göttingen 2006, S. 10–29; Fricke, Karl Wilhelm: „Konzentrationslager, Internierungslager, Speziallager". Zur öffentlichen Wahrnehmung der NKWD/MWD-Lager in Deutschland, in: ebd., S. 44–62.

2   Zwahr, Annette u. a.: Brockhaus Enzyklopädie in 30 Bänden, Bd. 13: Hurs–Jem, Leipzig/Mannheim ²¹2006, S. 423.
3   Mitteilung über die Dreimächtekonferenz von Berlin, 2. August 1945, in: Historische Gedenkstätte des Potsdamer Abkommens Cecilienhof, Potsdam (Hg.): Das Potsdamer Abkommen. Dokumentensammlung, Berlin (Ost) ⁴1984, S. 182–196, hier S. 186.
4   Vgl. Beattie, Andrew H.: Allied Internment Camps in Occupied Germany. Extrajudicial Detention in the Name of Denazification, 1945–1950, Cambridge 2020, S. 34–35.
5   Vgl. Auflösung der Internierungslager, in: Neues Deutschland, 17. Januar 1950.
6   Günther, Gitta: Buchenwald, Weimar 1974, S. 52 (= Tradition und Gegenwart 25); Koch, Heinz: Nationale Mahn- und Gedenkstätte Buchenwald. Geschichte ihrer Entstehung, Weimar-Buchenwald 1988, S. 22 (= Buchenwaldheft 31).
7   Am 25. April 1990 fand ein erstes Vernetzungstreffen von Mitarbeiter:innen der Nationalen Mahn- und Gedenkstätten Sachsenhausen und Buchenwald sowie der Arbeitsgruppe „Opfer des Stalinismus" des Instituts für Geschichte der Arbeiterbewegung (zuvor Institut für Marxismus-Leninismus beim ZK der SED) in Berlin (Ost) statt. Es trug den Titel „Sowjetische Internierungslager auf dem Gebiet der SBZ/DDR". Ende desselben Jahres wurden erste Forschungsergebnisse unter einem ähnlichen Titel in den hauseigenen „Beiträgen zur Geschichte der Arbeiterbewegung" (BZG) veröffentlicht. Vgl. Erler, Peter: Sowjetische Internierungslager auf dem Gebiet der SBZ/DDR, in: BZG 32 (1990) 4, S. 553–554; Ders./Otto, Wilfriede/Prieß, Lutz: Sowjetische Internierungslager in der SBZ/DDR 1945 bis 1950, in: BZG 32 (1990) 6, S. 723–734.
8   In einer ersten kurzen Meldung der „Aktuellen Kamera" vom 24. März 1990 tauchen gleich drei Bezeichnungen auf: das „stalinistische Lager", „Internierungslager" und „Sonderlager" Fünfeichen. Siehe Aktuelle Kamera, AK am Abend (Hauptausgabe), 24. März 1990, Beitrag „Nachrichtenverlese", Deutsches Rundfunkarchiv, Produktionsnummer: 073256. Fast zeitgleich berichteten die Medien zudem über Internierungslager der Staatssicherheit, die im Falle innenpolitischer Unruhen in der DDR eingerichtet worden wären. Vgl. Geplant für den Krisenfall: 24 Internierungslager, in: Thüringer Allgemeine (Weimar), 28. März 1990.
9   Gemeint ist die vierseitige Handreichung „Information zum Internierungslager Buchenwald", die die Nationale Mahn- und Gedenkstätte Buchenwald im April 1990 herausgab.
10 Aufzeichnung des ersten Speziallager-Treffens in der Nationalen Mahn- und Gedenkstätte Buchenwald, 20. Juni 1990, Sammlung Gedenkstätte Buchenwald, BUCH_0424_BwA-149_20 (Arbeitssignatur), Timecode: 00:38:58–00:39:35.
11 Auch Bettina Greiner kritisiert die Verwendung des Begriffs *Internierungslager*, u. a. da das Moment der zeitlich begrenzten „Vorläufigkeit" nicht gegeben war und sich die Internierung in den sowjetischen Nachkriegslagern zum „Dauerzustand – und zwar bis weit über die Gründung der DDR hinaus" – entwickelte. Siehe Greiner, Bettina: Verdrängter Terror. Geschichte und Wahrnehmung sowjetischer Speziallager in Deutschland, Hamburg 2010, S. 460–465, hier besonders S. 463–464.
12 Zur revisionistischen Nutzung des Begriffes bis heute siehe Scheliha, Wolfram von: Missbrauchte Geschichte. Die sowjetischen Speziallager als Thema des Geschichtsrevisionismus, in: Landau, Julia/Heitzer, Enrico (Hg.): Zwischen Entnazifizierung und Besatzungspolitik. Die sowjetischen Speziallager 1945–1950 im Kontext, Göttingen 2021, S. 275–298, hier S. 279 (= Buchenwald und Mittelbau-Dora. Forschungen und Reflexionen 2).
13 Eine ausführliche Geschichte des Begriffs *Konzentrationslager* kann hier, mit dem Fokus auf die Speziallagerdebatten, nicht dargestellt werden. Für weitere Hinweise vgl. Konzentrationslager [Schlagwort], in: Schmitz-Berning, Cornelia: Vokabular des Nationalsozialismus, Berlin/New York 1998, S. 352–357, hier S. 353.
14 Knigge, Volkhard/Scherbakowa, Irina (Hg.): Gulag. Spuren und Zeugnisse 1929–1956. Begleitband zur Ausstellung, Göttingen 2012, S. 18.
15 Vgl. Schmitz-Berning: Vokabular des Nationalsozialismus, S. 357; Wachsmann, Nikolaus: KL. Die Geschichte der nationalsozialistischen Konzentrationslager, München 2016, S. 12.
16 Vgl. Scheliha: Missbrauchte Geschichte, S. 278.
17 Vgl. Ritscher, Bodo: Das Sterben im Speziallager Buchen-

wald. Ein historischer Überblick, in: Knigge, Volkhard/Ritscher, Bodo (Hg.): Totenbuch. Speziallager Buchenwald 1945–1950, Weimar-Buchenwald 2003, S. 153–164, hier S. 155–157.

18 Wolfram von Scheliha sieht in dem Terminus *sowjetische KZ* „ein politische[s] Symbol, das während der Berliner Blockade den Durchhaltewillen der Bevölkerung stärkte und wesentlich zum antitotalitären Konsens der frühen Bundesrepublik beitrug, der aber vornehmlich ein antikommunistischer Konsens war und der die gesellschaftliche Integration ehemaliger Nationalsozialisten förderte". Siehe Scheliha: Die sowjetischen Speziallager, S. 26, 29.

19 Vgl. Fricke: „Konzentrationslager, Internierungslager, Speziallager", S. 52; Just, Hermann: Die sowjetischen Konzentrationslager auf deutschem Boden 1945–1950, o. O. [Berlin (West)] 1952; Vorstand der SPD (Hg.): Die Einen sind im Dunkeln ... Jugend hinter Stacheldraht, o. O. [Bonn] o. J. [um 1950]. Der Sopade-Informationsdienst gab wiederholt Bulletins zu den „Kz.s in der Ostzone" heraus; siehe u. a. Kz in der Ostzone, I/II, Sopade Informationsdienst (1948) 363/364; Berichte aus Ostzonen-KZ.s, I./II., Sopade Informationsdienst (1948) 643/644; Die KZ.s der Gegenwart, Sopade Informationsdienst (1948) 658.

20 Über den vermeintlichen Zusammenhang zwischen der Einrichtung sowjetischer Lager in der SBZ und der Verhaftung von Sozialdemokrat:innen im Rahmen der SED-Gründung siehe u. a. KZ-Lager Buchenwald wieder eröffnet, in: Aachener Nachrichten, 3. April 1946. Zur Beschäftigung der SPD und anderer Parteien mit den sowjetischen Nachkriegslagern siehe Buschfort, Wolfgang: Die Ära Adenauer. Die „roten KZs" und die Ostbüros der Parteien in den 1950er und 1960er Jahren, in: Haustein u. a. (Hg.): Instrumentalisierung, Verdrängung, Aufarbeitung, S. 30–43; Beattie, Andrew H.: „Sowjetische KZs auf deutschem Boden". Die sowjetischen Speziallager und der bundesdeutsche Antikommunismus, in: Jahrbuch für Historische Kommunismusforschung 18 (2011), S. 119–137, hier S. 124–125.

21 Die Formulierung Kogons lässt vermuten, dass er durch den Gebrauch der Abkürzung *KL* die Singularität des Terrors in den nationalsozialistischen *Konzentrationslagern* betonen wollte. Vgl. Kogon, Eugen: Der SS-Staat, Frankfurt (Main) ⁵1946, S. 402–410, hier S. 410; Scheliha: Missbrauchte Geschichte, S. 279.

22 In Analogie zur SS und zum SD entstandene Abkürzung für den „Staatssicherheitsdienst" der DDR (Ministerium für Staatssicherheit), die vor allem während der 1950er Jahre in bundesdeutschen Publikationen genutzt wurde.

23 Birkenfeld, Günther: Der NKWD-Staat, in: Der Monat 2 (1950) 18, S. 628–643; Pickarski: Die Konzentrationslager des SSD, in: Ostprobleme 7 (1955) 24, S. 944–945; Fricke: „Konzentrationslager, Internierungslager, Speziallager", S. 50–51. Rainer Hildebrandt von der „Kampfgruppe gegen Unmenschlichkeit" betonte 1948 gar: „Wir können heute schon auf Grund des uns zur Verfügung stehenden Materials ein Buch über die Grauen der sowjetischen KZ.s in der Ostzone schreiben, das Dr. Eugen Kogons Buch ‚Der SS-Staat' in den Schatten stellt." Siehe: Die „Todesmühlen" der SS übertroffen, Sopade Informationsdienst (1949) 821; Beattie: „Sowjetische KZs auf deutschem Boden", S. 123–124, 131.

24 KZ-Schwindel geplatzt, in: Neues Deutschland, 5. Januar 1950. Wenig später folgte der Bericht: Der Konzentrationslager-Schwindel ist endgültig geplatzt, in: Neues Deutschland, 22. Januar 1950.

25 Sachsenhausen 1940 und 1949, in: Neues Deutschland, 5. Januar 1950.

26 Amerikanische KZs in Deutschland, in: Abendpost, 12. Januar 1950. Bereits zuvor gab es ähnliche Berichte; vgl. u. a.: Geheime Konzentrationslager in den Westzonen, in: Neues Deutschland, 30. Juli 1949; KZ des USA-Geheimdienstes in Ulm, in: Berliner Zeitung, 17. September 1949.

27 Konzentrationslager [Schlagwort], in: Lexikonredaktion des VEB Bibliographisches Institut Leipzig (Hg.): Meyers Neues Lexikon, Bd. 8: Konra–Lymph, Leipzig ²1974, S. 33–34, hier S. 34; Siehe auch: Patrioten hinter Stacheldraht im Adenauer-KZ Groß-Hesepe, in: Neues Deutschland, 25. Dezember 1954; USA planen KZ, in: Neues Deutschland, 7. Mai 1968; Israel errichtet KZ in Südlibanon, in: Neues Deutschland, 19. März 1985.

28 So etwa für die Haftanstalten Bützow-Dreibergen und Waldheim; siehe: Terror als Methode. Entlassene Häftlinge be-

richten über die Grausamkeiten in ostzonalen KZs, in: Telegraf, 30. Januar 1951; Ein neues KZ genannt „Zuchthaus", in: Die Zeit, 20. September 1951; Ich komme aus dem Sowjet-Konzentrationslager, in: Die Zeit, 27. November 1952.

29 Presse- und Informationsamt der Bundesregierung (Hg.): Wo stehen wir jetzt? Aus der Rede des Bundeskanzlers Dr. Adenauer vor den Studenten der Universität Bonn am 10. Februar 1951, Bonn 1951, hier zitiert nach: https://www.konrad-adenauer.de/seite/10-februar-1951-1/, letzter Zugriff: 28. August 2023; Was nicht ist, kann auch nicht aufgelöst werden, in: Neues Deutschland, 21. Februar 1951.

30 Vgl. Das Thema von heute: KZ-Lager Sachsenhausen der kommunistischen Ausgabe, in: Bonner Rundschau, 18. April 1961; Nur von einem Konzentrationslager war die Rede, in: Der Tag, 25. April 1961; Scheliha: Die sowjetischen Speziallager, S. 27; Fricke, Karl Wilhelm: Sachsenhausen mahnt. Ein Konzentrationslager unter zwei Diktaturen, in: SBZ-Archiv 12 (1961) 6, S. 90–92.

31 Zweimal Buchenwald, in: Der Tagesspiegel, 17. September 1958.

32 Westdeutsche Prominenz besucht mitteldeutsche Kazetts, in: Bundesnachrichtenblatt des Waldheim-Kameradschaftskreises (1981) 67, S. 3.

33 Vgl. Scheliha: Die sowjetischen Speziallager, S. 28.

34 Beattie: „Sowjetische KZs auf deutschem Boden", S. 132.

35 Zur Nutzung des KZ-Begriffs in den 1990er Jahren siehe u. a. ebd., S. 133–136.

36 Laut Bettina Greiner wurden allein 1989/90 bis 1993 mehr Berichte als in den vier Jahrzehnten zuvor veröffentlicht (21 zu 17). Siehe Greiner, Bettina: Der Preis der Anerkennung. Zur Debatte über den Erinnerungsort der Speziallager, in: Haustein u. a. (Hg.): Instrumentalisierung, Verdrängung, Aufarbeitung, S. 114–132, hier 128–130.

37 Zu nennen wären als Beispiele u. a. Prieß, Benno: Unschuldig in den Todeslagern des NKWD. 1946–1954. Torgau, Bautzen, Sachsenhausen, Workuta. Calw ⁵1998; Schuster, Wolfgang: Im Konzentrationslager 1945–1950. Ein Zeitzeugenbericht. Norderstedt 2001. Eine erste größere Auseinandersetzung gab es 1990/91 zwischen dem ehemaligen Internierten Erich Gratz und der Nationalen Mahn- und Gedenkstätte Buchenwald über den Vertrieb seiner Broschüre „Mein Aufenthalt im Konzentrationslager Buchenwald von 1945–48", die hinsichtlich des Titels und Inhalts von der Gedenkstätte beanstandet wurde. Siehe BwA, Bestand Irmgard Seidel, I-Lager, unpag.

38 Siehe u. a. Taege, Herbert (Hg.): Die Gefesselten. Deutsche Frauen in sowjetischen Konzentrationslagern in Deutschland, Lindhorst 1987; Greve, Uwe: Lager des Grauens. Sowjetische KZs in der DDR nach 1945, Kiel 1990; Preissinger, Adrian (Hg.): Todesfabriken der Kommunisten. Von Sachsenhausen bis Buchenwald, Berg am See 1991; Schirmer, Gerhart: Sachsenhausen – Workuta. Zehn Jahre in den Fängen der Sowjets, Tübingen 1992; Klemke, Helmut: Geiseln der Rache. Zehn Jahre in mitteldeutschen Todeslagern. Erlebnis und Bericht, Berg am See 1995.

39 So hieß es beispielsweise in der rechten „Deutschen-Wochen-Zeitung" 1992 über die Nachkriegslager außerhalb der SBZ: „An anderen Orten des KZ-Schreckens, so zum Beispiel in Dachau und Auschwitz, erinnert nichts an die grausame KZ-Barbarei, die nach Hitlers Tod dort von den sogenannten ‚Befreiern' fortgesetzt wurde." Siehe: Sind deutsche Opfer weniger wert?, in: Deutsche Wochen-Zeitung, 21. Juni 1992.

40 Vgl. Baberowski, Jörg: Der rote Terror. Die Geschichte des Stalinismus, Frankfurt (Main) 2007, S. 40. Auch Karl Wilhelm Fricke verweist auf diesen Umstand. Er plädiert jedoch gleichzeitig dafür, dass „eine komparatistische Lagergeschichtsforschung das nationalsozialistische KZ-System nur mit dem sowjetischen GULag-System vergleichen [kann], nicht mit dem Speziallagersystem in der SBZ/DDR". Im gleichen Beitrag widerspricht er sich jedoch wenig später und plädiert für den Vergleich als Chance zur Herausarbeitung von Unterschieden und Gleichartig- bzw. Ähnlichkeiten. Siehe Fricke: „Konzentrationslager, Internierungslager, Speziallager", S. 56, 61–62.

41 Auch Michael Klonovsky und Jan von Flocken, beide mittlerweile im rechtspopulistischen Milieu tätig, plädierten 1991 in einem der ersten Werke der gesamtdeutschen Speziallagerliteratur gegen die Verwendung des KZ-Begriffs. Sie sprachen sich allerdings für die gleichfalls problematische Bezeichnung *Internierungslager* aus. Vgl. Klonovsky, Micha-

el/Flocken, Jan von: Stalins Lager in Deutschland 1945–1950. Dokumentation. Zeitzeugenberichte, Berlin ³1993, S. 21.

42 Bettina Greiner ließ mit ihren Ausführungen zum Lager-Begriff auf den letzten Seiten des Buches „Verdrängter Terror" (2010) fast die gesamte zuvor geleistete Expertise fallen und warf die Diskussion um die sowjetischen Nachkriegslager weit zurück. Sie kam zu dem Schluss: „Bei aller gebotenen Abgrenzung zum Nationalsozialismus gibt es keinen Grund, die Speziallager nicht bei dem Namen zu nennen, der ihnen zusteht: Konzentrationslager." Sie verweist vor allem auf die nationalsozialistischen KZ-Lager im „Altreich", die sich ihrer Meinung nach als „Vergleichsebene" eignen würden. Frappierend ist der Umstand, dass das Buch durch die Bundeszentrale für politische Bildung in großer Zahl kostengünstig vertrieben wird und für Interessierte seither oftmals den Einstieg in das Thema der Speziallager darstellt. Der ehemalige Leiter der Gedenkstätte Hohenschönhausen Hubertus Knabe merkte 2005 zur Lager-Begriffsdiskussion an: „Wie auch immer man die Lager bezeichnen mag – vergessen sollte man dabei nicht, dass die Chance, in ihnen zu überleben, geringer war als in manchem nationalsozialistischen KZ." Siehe Greiner: Verdrängter Terror, S. 472; Knabe, Hubertus: Tag der Befreiung? Das Kriegsende in Ostdeutschland, Berlin 2005, S. 221.

43 Heine, Matthias: Verbrannte Wörter. Wo wir noch reden wie die Nazis – und wo nicht, Berlin 2019, S. 126.

44 Vgl. Cornelius, Kai: Der Einfluss der Isolierung von Speziallager-Häftlingen auf die Rechtsentwicklung in Nachkriegsdeutschland, in: Landau/Heitzer (Hg.): Zwischen Entnazifizierung und Besatzungspolitik, S. 257–266.

45 Die Gedenkstätte Buchenwald besitzt aktuell eine Sammlung von 252 Kassibern aus verschiedenen Lagern und Haftorten, zum Teil in Kopie.

46 Berit Olschewski spricht von einem „Schweigegelübde", das die Entlassenen „wie die Gulag-Gefangenen nach ihrer Freilassung" einhalten mussten. Siehe Olschewski, Berit: „Freunde" im Feindesland. Rote Armee und deutsche Nachkriegsgesellschaft im ehemaligen Großherzogtum Mecklenburg-Strelitz 1945–1953, Berlin 2009, S. 329.

47 Die „Süddeutsche Zeitung" beschrieb Schweigelager 1949 als „Straflager, aus denen kein Laut dringt und die man nicht erreichen kann". Siehe: Zehn Jahre als eine Nummer gelebt, in: Süddeutsche Zeitung, 6. September 1949.

48 Der Titel der Broschüre „Die Einen sind *im Dunkeln*" des SPD-Vorstandes aus den frühen 1950er Jahren mag diese Ungewissheit aufgrund des verordneten Schweigens versinnbildlichen. Vgl. Vorstand der SPD (Hg.): Die Einen sind im Dunkeln ..., Hervorhebung des Verfassers.

49 Schweigen bedeutet Mitschuld, in: Telegraf, 10. September 1948; Noch bis 1950 gab es drei „Schweigelager", in: Münchner Merkur, 2. August 1985.

50 Vgl. Das verlagerte Sibirien, in: Der Tag, 8. August 1948; Aus der Zone des Grauens, in: Berliner Montagsecho, 9. August 1948; „Schweigen ist Selbstmord", in: Der Sozialdemokrat, 23. Januar 1949.

51 Stern, Joachim R.: Und der Westen schweigt. Erlebnisse, Berichte, Dokumente über Mitteldeutschland, Preußisch Oldendorf 1976.

52 Vgl. Karner, Stefan: Im Archipel GUPVI. Kriegsgefangenschaft und Internierung in der Sowjetunion 1941–1956, Wien/München 1995, S. 189 (= Kriegsfolgen-Forschung 1); Schweigelager im Ural, in: Frankfurter Allgemeine Zeitung, 27. Juni 1951; Schweigelager dachte sich die Westpresse aus, in: Neues Deutschland, 2. Februar 1950; „Schweigelager" – ein Bonner Schwindel, in: Neues Deutschland, 31. Dezember 1953; Geplatzter Schwindel, in: Neues Deutschland, 30. September 1962.

53 Befehl des Innenministers Nr. 00959 zur Eingliederung der Speziallager in Deutschland in die GULAG, 9. August 1948, in: Mironenko, Sergej u. a. (Hg.): Sowjetische Speziallager in Deutschland 1945 bis 1950. Bd. 2: Sowjetische Dokumente zur Lagerpolitik, Berlin 1998, S. 335; Morré, Jörg: Gulag auf deutschem Boden? Sowjetische Speziallager in der SBZ/DDR, in: Landau, Julia/Knigge, Volkhard (Hg.): Gulag. Texte und Dokumente 1929–1956, Göttingen 2014, S. 156–169, hier S. 160.

54 Vgl. Ivanova, Galina: Das sowjetische Lagersystem in der Nachkriegszeit, in: Landau/Heitzer (Hg.): Zwischen Entnazifizierung und Besatzungspolitik, S. 165–175.

55 Vgl. Possekel, Ralf: Einleitung. Sowjetische Lagerpolitik in Deutschland, in: Mironenko u. a. (Hg.): Sowjetische Speziallager, Bd. 2, S. 15–110, hier S. 90–91.
56 Petersen, Andreas: Die Moskauer. Wie das Stalintrauma die DDR prägte, Frankfurt (Main) 2019, S. 193–196, hier S. 193.
57 Vgl. Das verlagerte Sibirien, in: Der Tag, 8. August 1948.
58 Vgl. Volker, Hagen: Sibirien liegt in Deutschland, Berlin (West) 1958. Es handelt sich beim Verfasser um Horst von Schlichting.
59 Zu den Überstellungen von Häftlingen in die UdSSR siehe u. a.: Hinter Stacheldraht gen Osten, in: Der Sozialdemokrat, 14. März 1949; Von Sachsenhausen nach Sibirien, in: Volksblatt, 5. Oktober 1949; 8000 KZ-Häftlinge nach der UdSSR, in: Der Sozialdemokrat, 27. November 1949.
60 Hubertus Knabes Wahrnehmung der sowjetischen Nachkriegslager als „Außenposten des Archipel GULag" bekräftigt diese Sicht. Siehe Knabe: Tag der Befreiung?, S. 217; Fricke: „Konzentrationslager, Internierungslager, Speziallager", S. 59.
61 Vgl. Greiner: Verdrängter Terror, S. 470.
62 Vgl. Scheliha: Missbrauchte Geschichte, S. 277.
63 Vgl. Befehl des Volkskommissars für Inneres Nr. 00606 „Zu den Ergebnissen einer Untersuchung des Bandenüberfalls auf das NKVD-Speziallager Nr. 10", 31. Mai 1945, in: Mironenko u. a. (Hg.): Sowjetische Speziallager, Bd. 2, S. 193–194; Possekel, Ralf: Einleitung, S. 59 [dort Fn. 73].
64 Finn, Gerhard: Die politischen Häftlinge der Sowjetzone 1945–1959, Köln 1989, S. 34 [Reprint der Ausgabe von 1960].
65 Vgl. Plato, Alexander von: Zur Geschichte des sowjetischen Speziallagersystems in Deutschland. Einführung, in: Mironenko, Sergej u. a. (Hg.): Sowjetische Speziallager in Deutschland 1945 bis 1950. Bd. 1: Studien und Berichte, Berlin 1998, S. 19–75, hier S. 46.
66 Scheliha: Missbrauchte Geschichte, S. 278.
67 Ebd., S. 277.
68 Vgl. Plato: Zur Geschichte des sowjetischen Speziallagersystems in Deutschland, S. 33.
69 Die zentrale Bedeutung der provisorischen Haft- und Arrestorte für die Bewertung sowjetischer Verhaftungen durch die Betroffenen unterstreichen u. a. Alexander von Plato und Peter Erler. Siehe Plato: Zur Geschichte des sowjetischen Speziallagersystems in Deutschland, S. 63; Erler, Peter: Zur Geschichte und Topographie der „GPU-Keller". Arrestlokale und Untersuchungsgefängnisse sowjetischer Geheimdienste in Berlin (1945–1949/50), in: Zeitschrift des Forschungsverbundes SED-Staat 10 (2005) 17, S. 79–94, hier S. 80.
70 Vgl. Müller, Klaus-Dieter: „Jeder kriminelle Mörder ist mir lieber ...". Haftbedingungen für politische Häftlinge in der Sowjetischen Besatzungszone und der Deutschen Demokratischen Republik und ihre Veränderungen von 1945–1989, in: Ders./Stephan, Annegret (Hg.): Die Vergangenheit läßt uns nicht los. Haftbedingungen politischer Gefangener in der SBZ/DDR und deren gesundheitliche Folgen, Berlin 1998, S. 15–137, hier S. 38.
71 Vgl. ebd. Zu den frühesten Publikationen, die die *GPU* thematisieren, zählt u. a. Ivanov, Nikolai-Moskwin: Die GPU. Henker Rußlands. Verschwörer gegen die Welt, Berlin [um 1927]. Siehe zudem Baumboeck, Karl: In den Kerkern der GPU. Tatsachenberichte aus der Sowjetunion, Berlin [1937]; Mund, Wolfgang: Die GPU. Angriff auf das Abendland, Dresden 1942; Herzberg, Georg: GPU. Ein Karl Ritter-Film der Ufa, Berlin [1942] (= Illustrierter Film-Kurier 24/1942, Nr. K 3286).
72 Die DDR-Tageszeitung „Neue Zeit" zitierte am 29. März 1990 zweispaltig aus Finns Buch über die „sowjetischen Konzentrationslager auf deutschem Boden". Siehe: Beschäftigungslos und von der Außenwelt isoliert, in: Neue Zeit, 29. März 1990.
73 Korrekturfahne von Bodo Ritscher zum Vorwort der Publikation „Spezlager Nr. 2 Buchenwald", um 1992, BwA, Bestand Ritscher, unpag.
74 Zur Begriffsproblematik siehe u. a. Plato: Zur Geschichte des sowjetischen Speziallagersystems in Deutschland, S. 46.

Gedenktafel für die verhafteten Mitglieder des Reichsgerichts und der Reichsanwaltschaft (1957) mit Info-Rollup, September 2022. Bundesgerichtshof Karlsruhe.

Annette Weinke

ERINNERUNG VOR GERICHT
Juristen zwischen Leipzig, Mühlberg und Karlsruhe

Am 13. Oktober 1995, dem Tag der Urteilsverkündungen zu den rassistischen Morden von Solingen, widmete sich die Wochenzeitung „Das Parlament" einem fünf Jahrzehnte zurückliegenden Gewaltverbrechen. Unter dem Titel „Die toten Richter von Mühlberg" erinnerte ein Artikel an das Schicksal von etwa drei Dutzend hochrangigen Mitarbeitern des Leipziger Reichsgerichts (RG).[1] Bis April 1945, als die amerikanische Besatzungsmacht die Behörde auflöste, hatten jene dort als Reichsgerichtsräte und Reichsanwälte gewirkt. Wenige Monate später waren sie vom sowjetischen Geheimdienst inhaftiert und zunächst in das Speziallager Nr. 1 Mühlberg/Elbe eingewiesen worden. Die meisten Festgenommenen, insgesamt etwa ein Drittel des früheren Justizpersonals des Gerichts, überlebten die unmenschlichen Haftbedingungen nicht. Autor des Beitrags war Horst Mende, der in den Jahren nach der deutsch-deutschen Vereinigung als viel gefragter „Zeitzeuge" auftrat.[2] Obgleich der Zugriff des NKVD im Zuge einer größeren Verhaftungsaktion erfolgt war, meinte Mende zu wissen, die Richter seien Opfer einer Verwechslung geworden, hätten die Sowjets doch nur „besonders gefährlich[e]" Angehörige des Volksgerichtshofs aus dem Verkehr ziehen wollen.[3] Es sei daher als „böse Laune der Geschichte" zu betrachten, dass gerade jene „oppositionellen Richter für die Menschenrechtsverletzungen des 3. Reiches büßen mussten und zu Tode kamen", während die „Richter des Volksgerichtshofes mit heiler Haut" überlebt hätten.[4]

Wer die historischen Hintergründe der sowjetischen Verhaftungsaktion kannte, und dies dürften Mitte der 1990er Jahre nur noch wenige zeitgeschichtlich Interessierte gewesen sein, dem mag bei der Lektüre aufgefallen sein, dass der Beitrag zahlreiche Fehler und Unstimmigkeiten enthielt.[5] Eine weitere Besonderheit war, dass es sich um die passagenweise fast wörtlich übernommene Neuauflage eines Textes handelte, der gut vier Jahrzehnte zuvor im Fachorgan des Deutschen Richterbundes erschienen war. Denn bereits 1957 hatte der frühere Reichsgerichtsrat August Schäfer[6] in der „Deutschen Richterzeitung" einen persönlichen Erlebnisbericht zu seiner Haftzeit in den Speziallagern Nr. 1 in Mühlberg/Elbe und Nr. 2 in Buchenwald veröffentlicht. Anlässlich der zeitgleichen Einweihung einer Gedenktafel im Karlsruher Dienstgebäude des Bundesgerichtshofs (BGH) erinnerte er darin namentlich an jene Kollegen, die in den späten 1940er Jahren an den Folgen des sowjetischen Haftregimes verstorben waren.[7]

Der Fall der „toten Richter" wirft Fragen zu gedächtnis- und gedenkpolitischen Entwicklungen im geteilten und vereinigten Deutschland auf, denen sich der folgende Beitrag aus verschiedenen Perspektiven nähern möchte: Was erklärt den herausgehobenen Stellenwert der verstorbenen Reichsgerichtsräte in den Erinnerungskulturen der Bonner und Berliner Republik? Welche Gemeinsamkeiten und Unterschiede lassen sich bei den gedächtniskulturellen Praktiken im Umgang mit Justizunrecht vor und nach der deutschen Vereinigung feststellen? Unter welchen Umständen konnten mythologisierende Erzählungen über „das große Sterben am Reichsgericht" nach 1990 erneut zum Kristallisationspunkt geschichtsrevisionistischer und apologetischer Erzählungen werden? Und schließlich: Inwieweit ist die Leitkategorie eines „Gedenkens ohne Wissen" eigentlich zutreffend, um jene Gemengelage aus Ignoranz, Halbwissen und aktiver Geschichtsverfälschung zu erklären, die jahrzehntelang den Umgang mit führenden Tätern von NS-Justizunrecht bestimmte?

Das Reichsgericht in der Weimarer Republik und im Nationalsozialismus

Die These, das Reichsgericht sei eine Bastion des Rechtsstaats gegen die „faschistische Rechtsperversion" gewesen, gehörte zu den lange gepflegten Lebenslügen der westdeutschen Nachkriegsgesellschaft und ihrer Justiz.[8] Verwiesen wurde in diesem Zusammenhang auf den Reichstagsbrandprozess von 1933, wo das Leipziger Gericht angeblich den politischen Forderungen der Machthaber mutig widerstanden hatte.[9] Auch dass die Gründung eines eigenen politischen Gerichts für Hoch- und Landesverratssachen, des Volksgerichtshofs, als Reaktion auf diesen Prozess erfolgte, galt als Ausdruck des Misstrauens der neuen Partei- und Staatsführung gegenüber den konservativen Reichsgerichtsräten und als Zeichen für deren Distanz gegenüber dem Regime.

Es dauerte mehrere Jahrzehnte, und damit – trotz schwieriger Aktenlage – unverhältnismäßig lange, ehe die rechtshistorische Forschung in der Bundesrepublik damit begann, die Rechtsprechung und das Personal des Leipziger Gerichts in ein realistischeres Licht zu rücken. So hielt etwa der SPD-Politiker und frühere Bundesjustizminister Hans-Joachim Vogel 1998 anlässlich der Vorstellung des damals abgeschlossenen IfZ-Editionsprojekts „Widerstand als ‚Hochverrat', 1933–1945" treffend fest, die Entgrenzung des Hochverratstatbestands, die die justitielle Verfolgung jeglicher Opposition ermöglichte, sei bereits vom Leipziger Reichsgericht in großer Willfährigkeit gegenüber der sich etablierenden NS-Diktatur mit angestoßen worden.[10] Die damaligen Urteile seien noch im Gewande einer überkommenen Rechtssprache abgefasst worden, bevor Roland Freisler schließlich diese Maske fallengelassen habe, so Vogel.[11] Im selben Jahr entsprach der Deutsche Bundestag schließlich den langjährigen Forderungen von Opferverbänden, indem er das „Gesetz zur Aufhebung nationalsozialistischer Unrechtsurteile in der Strafjustiz" verabschiedete und damit, 53 Jahre nach Kriegsende, unter anderem die Hochverratsurteile des Reichsgerichts pauschal aufhob.[12]

Aufgrund struktureller und personeller Kontinuitäten an den rechtswissenschaftlichen Fakultäten und damit verbundener Beharrungskräfte blieb auch in der Jurist:innenausbildung bis vor Kurzem ausgeblendet,[13] dass das Reichsgericht in der Weimarer Endphase dabei half, den Weg von der Demokratie in die Diktatur zu ebnen. So war sich die überwiegend nationalkonservative und republikfeindlich eingestellte Richterschaft nicht zu schade, die juristische Vertuschung des Mordes an den KPD-Politikern Rosa Luxemburg und Karl Liebknecht durch Reichsanwalt Paul Jorns als Institution zu decken.[14] Im sogenannten Ulmer Reichswehrprozess vom September 1930 gewährte der vierte Senat dem als Zeugen auftretenden Adolf Hitler ein über zweistündiges Rederecht, das jener dafür nutzte, um im Schutz der Gerichtsöffentlichkeit seine hochverräterischen Pläne für den politischen Umsturz zu enthüllen.[15] Unter Ausschluss der Öffentlichkeit fand hingegen 1931 die Verurteilung des international geachteten „Weltbühnen"-Herausgebers Carl von Ossietzky wegen des angeblichen Verrats militärischer Geheimnisse statt, wodurch „elementare Regeln" des demokratischen Justizverständnisses verletzt wurden.[16] Maßgeblich für diese Rechtspraxis war ein Verständnis vom Recht, in dem, so die damalige Diktion, die „Wirklichkeit des Lebens und die Macht der Tatsachen" bei der Urteilsfindung höher rangierten als „juristische Konstruktionen".[17]

Entgegen allen selbstentlastenden Positivismuslegenden[18] bediente sich das Leipziger Gericht also schon *vor*, erst recht aber *nach* 1933 einer Strategie der „ergebnisorientierten Methodenwahl" und des „Methodendualismus".[19] Während Gesetzesakte des demokratischen Gesetzgebers Stück für Stück ausgehebelt wurden, befolgte man die nationalsozialistischen Gesetzesnormen nicht nur, sondern verschärfte sie vielfach im Sinne des Regimes. Statt Selbstbindung an gegebene Normen hatte sich die nationalkonservative Richterschaft die „Überwindung des engen Normativismus" auf die Fahnen geschrieben und orientierte sich fortan am „Führerwillen" und „gesunden Volksempfinden", so das Gesamturteil von Michael Stolleis.[20] Sichtbarster Ausdruck dieser Bereitschaft zur Selbstmobilisierung und Selbstgleichschaltung war der erste nationalsozialistische Juristentag im Oktober 1933, als auf dem Leipziger Reichsgerichtsplatz rund 20.000 Juristen den Eid auf den „Führer" leisteten.[21]

Die Beteiligung des Reichsgerichts an der Etablierung eines nationalsozialistischen „Kampfstrafrechts" lässt sich vor allem an der Hochverratsjudikatur und dem inflationären Gebrauch der Nichtigkeitsbeschwerden festmachen. So hat die dichotomische Gegenüberstellung von Reichsgericht und Volksgerichtshof lange den Blick dafür verstellt, dass es zunächst das Reichsgericht war, das sich nach 1933 ganz „auf den Boden der Diktatur" stellte, indem es tatkräftig und unterschiedslos die Kriminalisierung des kommunistischen, linkssozialistischen und sozialdemokratischen Widerstands gegen das NS-Regime betrieb.[22] Die Tatsache, dass die Kommunisten zu den Hauptbetroffenen der reichsgerichtlichen politischen Strafjustiz wurden, dürfte nach dem Zweiten Weltkrieg mit dazu beigetragen haben, dass das Personal des Reichsgerichts schnell in das Visier der sowjetischen Besatzer und deren deutscher Unterstützer geriet. Der Rechtsbehelf der Nichtigkeitsbeschwerde, über den Anfang der 1960er Jahre der Generalbundesanwalt und frühere Reichsanwalt Wolfgang Fraenkel stolpern sollte,[23] wurde vielfach eingesetzt, um politisch motivierte Urteilsverschärfungen bis hin zur Todesstrafe zu erreichen. Auch in die Strafverfolgung von Fällen sogenannter „Rassenschande" war das Reichsgericht von Anfang an involviert.[24]

Als Resümee seiner mehrjährigen Editionsarbeiten fällte Jürgen Zarusky bereits Ende der 1990er das vernichtende Urteil, der Volksgerichtshof habe 1934 quasi „bruchlos an die Judikatur des Reichsgerichts" anknüpfen können.[25] Vor diesem Hintergrund überrascht es nicht, wenn der Mainzer Rechtswissenschaftler Andreas Roth, den die BGH-Präsidentin Bettina Limperg 2018 mit Einzelfallrecherchen zu den in Karlsruhe geehrten Reichsgerichtsräten beauftragte, nun zu ähnlich eindeutigen Befunden gelangt. Auf der Grundlage seiner Auswertung von Urteilen der RG-Strafsenate kommt er zu dem Schluss, fast alle nach 1945 inhaftierten Richter seien an Verurteilungen wegen sogenannter „Rassenschande" beteiligt gewesen.[26] Zudem hätten alle bis auf einen an der Verhängung mehrerer Todesurteile mitgewirkt und dabei nach typisch nationalsozialistischen Strafbestimmungen geurteilt (Kriegssonderstrafrecht-Verordnung [-VO], Gewohnheitsverbrecher-VO, Polenstrafrecht-VO).[27] Als besonders drastisches Beispiel für die Anwendung der Todesstrafe nennt Roth den Fall eines jugendlichen, geständigen Fahrraddiebs, zu dessen Gunsten die Vorinstanz noch angenommen hatte, er könne „wieder in die Volksgemeinschaft integriert" werden.[28] Bereits vor Roth hatte BGH-Anwalt Volkert Vorwerk, bis heute einer der vehementesten Kritiker der Gedenktafel,[29] auf der Grundlage von etwa 400 ausgewerteten Strafurteilen unmissverständlich festgestellt, die Richter seien „Vollstrecker des nationalsozialistischen Terrorregimes" gewesen.[30] Nicht näher untersucht wurde im Rahmen der von Limperg in Auftrag gegebenen Recherchen, inwieweit die 1945 inhaftierten Juristen noch darüber hinaus an typischem NS-Unrecht beteiligt waren. So hatte beispielsweise Fritz Doerffler, einer der ersten Verstorbenen des Lagers Mühlberg, vor seiner Versetzung ans Reichsgericht im April 1941 der Legalisierung der Patientenmorde im Rahmen der T4-Aktion zugestimmt.[31]

Im Gegensatz zu den Strafsenaten geht die Mainzer Studie hinsichtlich der insgesamt acht RG-Zivilsenate davon aus, nur ein Teil der Urteile sei „nationalsozialistisch gefärbt" gewesen.[32] Die Frage, inwiefern sich nicht nur die Geehrten selbst, sondern auch die sie Ehrenden im Nationalsozialismus kompromittiert hatten, war ebenfalls nicht Gegenstand des Rechercheauftrags. Sie ist aber, wie das folgende Beispiel zeigt, durchaus von Relevanz für die Gedenkpraxis an den obersten Gerichten der Bundesrepublik. In Anknüpfung an die Forschungen von Ernst Fraenkel und Dirk Blasius hat der österreichische Historiker Gerald Stourzh in einem eindrucksvollen Beitrag soeben an den 1936 anhängigen Rechtsstreit zwischen der UFA und der Theater- und Verlags-AG Zürich (Thevag) erinnert. Hintergrund der

Auseinandersetzung war, dass die UFA die schweizerische Gesellschaft auf die Rückzahlung eines bereits gewährten Vorschusses für den Verkauf des Urheberrechts an einem Drehbuch verklagte, weil sie aus der ‚Rassezugehörigkeit' des Vertragspartners ein außerordentliches Rücktrittsrecht ableitete. In der Begründung, in der das Gericht den Beklagten zur Rückzahlung von 26.000 Reichsmark aufforderte, urteilte der erste RG-Zivilsenat, Eric Charell, der jüdische Inhaber der Thevag, sei aufgrund „bürgerlichen Todes (!)" gar nicht mehr in der Lage, die vertraglich vereinbarte Regieleistung für die UFA zu erbringen.[33] Mitbeteiligt an dieser verheerenden Entscheidung, die Stourzh zu Recht als „Markstein [...] der rasch anschwellenden Diskriminierung der jüdischen Bevölkerung" bewertet, war auch ein gewisser Hermann Weinkauff, späterer BGH-Präsident und (Mit-)Initiator der Ehrentafel.

„Leidenschaftliche Gegner des NS-Regimes"? Inhaftierung und postmortale Ehrung der Reichsgerichtsmitglieder

Der 1957 erschienene Erinnerungsbericht des ehemaligen Speziallagerhäftlings und früheren Reichsgerichtsrats Schäfer schilderte nicht nur die Verhaftung seiner früheren Kollegen durch den sowjetischen Geheimdienst. Vielmehr setzte er ihnen damit auch ein publizistisches Denkmal, das – nicht zuletzt aufgrund der Namensnennungen – gleichwertig neben dem materiellen Gedächtnisort im BGH-Gebäude stehen sollte. Militärische Niederlage, die Auflösung von Staatlichkeit und Institution sowie individuelle Schicksale verschmolzen darin zu einer einzigen großen Gesamterzählung des post-volksgemeinschaftlichen Opfergangs. Bedeutsam für Schäfers Topos vom „großen Sterben im Reichsgericht" war, dass die Beschreibung des Martyriums der toten NS-Juristen *nach* Kriegsende mit einer spezifischen Form der Sinnstiftung verknüpft wurde, die die Zeit *vor* 1945 ausdrücklich miteinbezog. Das Leiden und die unwürdigen Umstände des Todes verliehen den Protagonisten eine historische und moralische Größe, die auf die Behörde und deren Tätigkeit im „Dritten Reich" zurückstrahlte. In dieser Lesart war das Haftschicksal nicht etwa eine Konsequenz der früheren Beteiligung am nationalsozialistischen Justizunrecht, sondern Ausdruck des Pflichtbewusstseins, Widerstandswillens und unbelasteten Gewissens der Betroffenen:

Mit dem Einmarsch amerikanischer Streitkräfte in Leipzig am 19. April 1945 war das Ende des Reichsgerichts gekommen. Einige Monate später begann das große Sterben seiner Mitglieder in sowjetischen Konzentrationslagern. Ein großer Teil der Mitglieder des Reichsgerichts war auch nach dem Zusammenbruch in Leipzig geblieben, und zwar – im Vertrauen auf ihr gutes Gewissen – auch dann noch, als im Juni 1945 sowjetische Truppen die amerikanischen ablösten. Wochenlang blieben sie unbehelligt. Erst Anfang August griff die NKWD zu. Dr. Pawelka wurde verhaftet. Wir anderen brachten dies mit seiner früheren Stellung als Mitglied des Tschechischen Obersten Gerichtshofs in Brünn in Zusammenhang und hielten es für einen Einzelfall. Seine Verhaftung war aber nur das Vorspiel für die am 25. August

1945 schlagartig einsetzende Verhaftungswelle, die den größten Teil der in Leipzig gebliebenen Mitglieder des Reichsgerichts erfasste.[34]

Anders als es in der frühen Bundesrepublik der Fall war, wird die Geschichte der sowjetischen Speziallager auf deutschem Boden von der Zeitgeschichte heute in den Kontext der alliierten Deutschlandpolitik nach Kriegsende gestellt. Sie gilt damit als Teil der in Jalta und Potsdam beschlossenen Ausschaltung des Nationalsozialismus, die in der SBZ/DDR unter Anwendung typisch stalinistischer Herrschaftstechniken durchgesetzt wurde. Gleichzeitig hat die jüngere Forschung zu den Speziallagern gezeigt, dass die ersten Massenverhaftungen, die etwa 200.000 Menschen betrafen, auf sicherheitspolitische „Säuberungen" und die Zwangsmobilisierung von Arbeitskräften zielten.[35] Mit dem Grundsatzerlass Nr. 00315 vom 18. April 1945 änderte sich dann vorübergehend die Stoßrichtung der sowjetischen Internierungspraxis.[36] Als Folge dieses Befehls wurden auf dem gesamten Territorium der späteren DDR zehn Speziallager errichtet. Es kam zur Einweisung von etwa 130.000 Personen, von denen knapp ein Drittel an den Folgen der Haft verstarb. Auf Weisung des sowjetischen Innenministeriums wurde zudem der Kreis der zu internierenden Personen erweitert, auf den Proskriptionslisten war nun die Rede von Angehörigen der Gestapo, des SD und „anderer deutscher Terrororgane".[37]

Dass die sowjetischen Besatzer und deren deutsche Kooperationspartner durchaus gezielt gegen hochrangige Vertreter der NS-Strafjustiz vorgingen, zeigen die Vorgänge an anderen Gerichtsstandorten. So hat Stefan Jehne am Beispiel des Dresdner Juristenprozesses herausgearbeitet, dass sich die Sowjets der Bedeutung des Oberlandesgerichts Dresden als eines „zentrale[n] Ort[s] nationalsozialistischer Repression durchaus bewusst" waren und vor diesem Hintergrund vielfältige Anstrengungen unternahmen, nach den verantwortlichen Juristen zu fahnden.[38] Angesichts der herausgehobenen Rolle, die das Leipziger Reichsgericht bei der juristischen Bekämpfung deutscher und ausländischer Widerstandsbewegungen gespielt hatte, spricht somit alles dafür, dass die Festnahmeaktion vom August 1945 keineswegs zufällig oder ziellos erfolgte, sondern von langer Hand vorbereitet war.[39] Dementsprechend informierte der Volkskommissar für Innere Angelegenheiten Lavrentij Berija Stalin am 10. September 1945 über die Einweisung der Reichsgerichtsräte.[40] Obgleich danach offenbar keine Verfahren vor Sowjetischen Militärtribunalen (SMT) stattfanden, ging es nichtsdestoweniger um die Festsetzung von Personen, die man als Träger der NS-Terrorherrschaft identifiziert hatte. Dies änderte freilich nichts daran, dass die sowjetische Besatzungsverwaltung (SMAD) insgesamt sehr selektiv gegen NS-Juristen vorging und in Ausnahmefällen sogar ehemalige Angehörige von Sondergerichten reaktivierte, um den Mangel an qualifiziertem Personal auszugleichen.[41]

In den Erinnerungsschriften ehemaliger Speziallagerhäftlinge, von denen viele seit den 1990er Jahren erschienen, ist zum Teil davon die Rede, die hohe Sterberate unter den Reichsgerichtsräten sei eine direkte Folge der unmenschlichen Behandlung durch den kommunistischen „Hauptlagerführer" Walther Fritz Haller gewesen. Dieser habe die Betroffenen aus einem subjektiven

Rachegefühl heraus zum Latrinendienst gezwungen, der die körperliche Leistungskraft der zumeist schon älteren Männer überfordert habe.[42] Implizit und explizit wird damit zumeist eine Vernichtungsabsicht auf Seiten der sowjetischen und deutschen Ordnungskräfte unterstellt, die allerdings in der Forschung – nicht zuletzt aufgrund ihrer Anschlussfähigkeit an negationistische Diskurse – bis heute umstritten ist.[43] Auch die Identität des 1900 im Vogtland geborenen Haller bleibt bis auf weiteres ungeklärt. So berichtete der ehemalige Mühlberger Häftling Achim Kilian, Jahrgang 1926, bei Haller habe es sich um den früheren Leiter eines ehemaligen nationalsozialistischen Fremdarbeiterlagers nahe Riesa gehandelt, den die Sowjets im September 1945 zusammen mit 41 weiteren Gefangenen eingeliefert hätten. Dort sei er als „Arrestant" für die Bewachung der Häftlinge eingesetzt worden, bevor er 1947 abgesetzt und in das Speziallager Nr. 4 verlegt worden sei.[44]

Im betont antitotalitären, *de facto* antikommunistischen Klima der frühen Bundesrepublik entwickelte sich seit Anfang der 1950er Jahre eine Gedenkkultur, die in vielfältiger Form an die Opfer kommunistischer Verfolgung erinnerte. Ein erster Gedenkstein wurde 1951 auf Initiative der „Vereinigung Opfer des Stalinismus" in Berlin-Charlottenburg enthüllt, wenig später folgte, ebenfalls in West-Berlin, ein weiterer Stein zu Ehren des verschleppten ehemaligen Steglitzer Bürgermeisters Paul Schwarz, der 1951 im Zuchthaus Waldheim verstorben war.[45] Weitgehend unerforscht ist bislang, inwieweit diese Entwicklung auch eine eigene, behördeninterne Gedenkpraxis hervorbrachte, die sich in Objekten wie der BGH-Tafel niederschlug. Aus den späten 1980er Jahren lassen sich vereinzelte Versuche von Opfern der nationalsozialistischen Kriegsgerichtsbarkeit und deren Nachkommen nachweisen, durch die Anbringung von Informations- und Gedenktafeln an das Justizunrecht im Nationalsozialismus zu erinnern. Diese Bemühungen scheiterten aber offenbar an der fehlenden Kooperationsbereitschaft der Behörden.[46]

Am 24. Oktober 1957, gut sieben Jahre nach Gründung des Bundesgerichtshofs, fand im Erbgroßherzoglichen Palais, dem Karlsruher Dienstsitz des Gerichts, die feierliche Enthüllung einer Marmortafel statt. In Goldbuchstaben war dort die Inschrift eingemeißelt: „ZUM GEDÄCHTNIS DER / 34 MITGLIEDER DES / REICHSGERICHTS UND / DER REICHSANWALTSCHAFT / DIE IN DEN JAHREN 1945 / UND 1946 IN DEN LAGERN / MÜHLBERG AN DER ELBE / UND BUCHENWALD / UMGEKOMMEN SIND".[47] In Anwesenheit von Pressevertretern gedachte der BGH-Präsident der „unschuldigen Opfer des Unrechts", unter denen sich auch „leidenschaftliche Gegner des nationalsozialistischen Regimes" befunden hätten.[48] Einige Jahre später wurde die Gedenktafel, nun unter der neuen Leitung von Weinkauffs Nachfolger Bruno Heusinger, um einen altarähnlichen Vorbau aus Marmor ergänzt, der regelmäßig mit frischen Blumen geschmückt wurde. In dem darauf ausgelegten Kondolenzbuch, das die Verstorbenen namentlich nannte, trugen sich während der folgenden zwanzig Jahre Nachkommen, Mitarbeiter und Besucher des Gerichts ein.

Was bewog nun den ersten BGH-Präsidenten, die behördlichen Räumlichkeiten für einen makabren Märtyrerkult zur Verfügung zu stellen, der in seiner

Annette Weinke

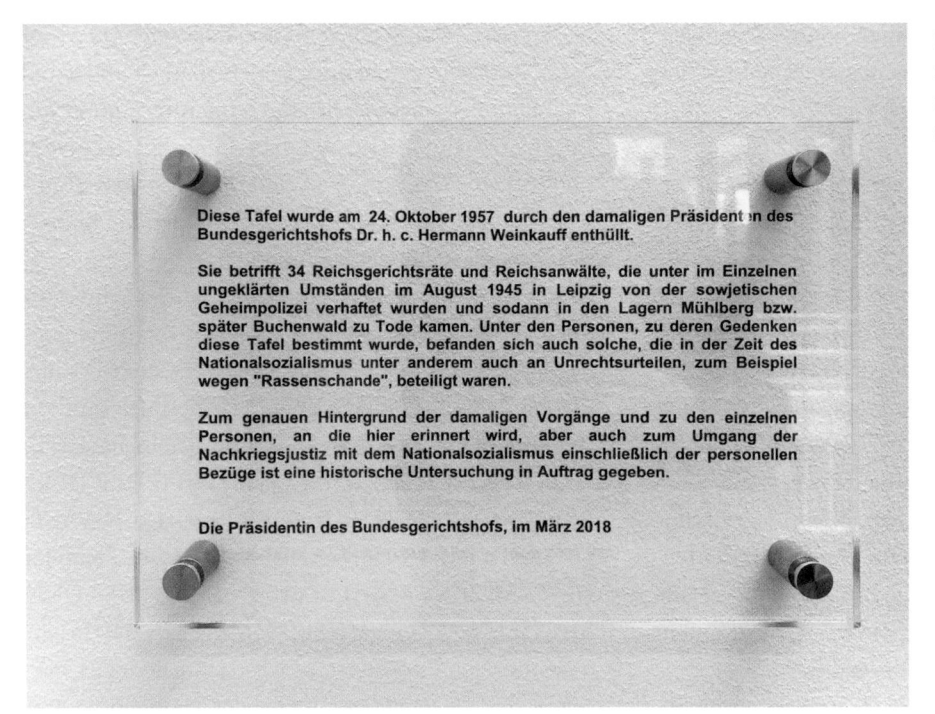

> Diese Tafel wurde am 24. Oktober 1957 durch den damaligen Präsidenten des Bundesgerichtshofs Dr. h. c. Hermann Weinkauff enthüllt.
>
> Sie betrifft 34 Reichsgerichtsräte und Reichsanwälte, die unter im Einzelnen ungeklärten Umständen im August 1945 in Leipzig von der sowjetischen Geheimpolizei verhaftet wurden und sodann in den Lagern Mühlberg bzw. später Buchenwald zu Tode kamen. Unter den Personen, zu deren Gedenken diese Tafel bestimmt wurde, befanden sich auch solche, die in der Zeit des Nationalsozialismus unter anderem auch an Unrechtsurteilen, zum Beispiel wegen "Rassenschande", beteiligt waren.
>
> Zum genauen Hintergrund der damaligen Vorgänge und zu den einzelnen Personen, an die hier erinnert wird, aber auch zum Umgang der Nachkriegsjustiz mit dem Nationalsozialismus einschließlich der personellen Bezüge ist eine historische Untersuchung in Auftrag gegeben.
>
> Die Präsidentin des Bundesgerichtshofs, im März 2018

Informationsschild aus dem Jahr 2018 neben der Gedenktafel, September 2022. Bundesgerichtshof Karlsruhe.

sakralen Allegorik und religiös aufgeladenen Formensprache so gar nicht zum nüchternen Gerichtsalltag zu passen schien? Zum einen entsprach die Gedenktafel insofern dem herrschenden Zeitgeist der Adenauer-Ära, als viele Kunstwerke im halböffentlichen Raum einem betont konservativen Publikumsgeschmack verpflichtet blieben. Aufgrund personeller Kontinuitäten waren Anleihen bei der nationalsozialistischen „Blut-und-Boden"-Kunst nicht unüblich und wurden auch akzeptiert, sofern auf eindeutige NS-Symbole verzichtet wurde.[49] Weit verbreitet waren zudem künstlerische Ausdrucksformen, die dazu neigten, die eigentlich gebotene Trennung zwischen Tätern und Opfern des Zweiten Weltkriegs zu verwischen. Indirekt leistete diese öffentliche Kunst damit auch einer Rehabilitierung der bildenden Künstler und ihrer Auftraggeber Vorschub.

Zum anderen hat Michael Kißener in einer soeben erschienenen Studie überzeugend dargelegt, wie die BGH-Leitung mit dem Entschluss, eine Gedenktafel für die verstorbenen Reichsgerichtsräte zu installieren, seit den späten 1950er Jahren mehr und mehr in das geschichtspolitische Fahrwasser einer gut vernetzten *pressure group* ehemaliger Reichsgerichtsräte geriet.[50] Sprachrohr dieser Gruppe war der frühere Reichsgerichtsrat Walther Uppenkamp, ein ehemaliger Schulungsleiter der NSDAP-Auslandsorganisation in Kairo und überzeugter Antisemit. In seiner Funktion als Richter am ägyptischen Gemischten Gerichtshof hatte er in einem Rechtsstreit, der die arabische Übersetzung von „Mein Kampf" betraf, das Auswärtige Amt vor „kampflustigen jüdischen Anwälten" gewarnt.[51] Nachdem der Bundesgerichtshof unter seinen verschiedenen Leitungen den Forderungen Uppenkamps mehrere Jahre lang bereitwillig entgegengekommen war und dabei auch den Rückhalt des Bundesjustizministeriums und der Generalbundesanwaltschaft genossen hatte, verhielten sich die Behördenleitungen seit Mitte der 1960er zunehmend reservierter gegenüber den unerbetenen geschichtspolitischen Interventionen von außen. Ursache dafür war allerdings weder eine intensivierte Auseinandersetzung mit den historischen Fakten noch eine kritische Aufarbeitung der Täterbiografien der Geehrten. Vor allem Letzteres war eine Option, die prinzipiell jederzeit offengestanden hätte, die jedoch – bis zu Limpergs Auftragsvergabe 2018 – keiner der verantwortlichen Gerichtspräsidenten je in Betracht gezogen zu haben scheint. Vielmehr dürfte neben der nachlassenden Strahlkraft einer – weitgehend erfundenen – reichsgerichtlichen Tradition auch eine Rolle gespielt haben, dass die Opfer kommunistischer Verfolgung im Zuge der Entspannungspolitik und des allgemeinen erinnerungskulturellen Wandels ihre frühere Funktion als Identifikationsfiguren allmählich verloren, sodass sie in den Opferhierarchien des Kalten Krieges hinter die NS-Verfolgten zurückfielen.[52] Als anlässlich des 100-jährigen Reichsgerichtsjubiläums im Jahr 1979 sowohl der „Stern" als auch der „Spiegel" kritisch über die Gedenkpraxis am BGH berichteten,[53] erklärte dessen Präsident Gerd Pfeiffer, kaum weniger autokratisch als seine Vorgänger, die Tafel bleibe selbstverständlich hängen, sei aber künftig nur noch unspezifisch als „Mahnmal" gegen staatliche Willkür zu betrachten.[54]

Nach 1990

Angestoßen von verschiedenen geschichtspolitischen Akteur:innen, die sich im Laufe der 1980er Jahre vor allem innerhalb der Anwaltschaft formierten,[55] bildete sich in der bundesrepublikanischen Justiz bereits vor 1989 ein (selbst-)kritischeres Geschichtsbewusstsein heraus. Nach 1990 führte dies zu einer vorsichtigen Neuorientierung der juristischen Erinnerungs- und Gedenkpolitik. Das Ende des Ost-West-Konflikts, die deutsche Einheit und die nachfolgenden erinnerungskulturellen Transformationsprozesse verstärkten nicht nur den allgemeinen Trend zum opferzentrierten Gedenken, sondern brachten auch Opferkonkurrenzen und Vereinnahmungsversuche hervor.[56] Künstlerischen Niederschlag fand diese neue Linie, die das Thema der Täterschaft innerhalb der Justiz aussparte,[57] wiederum im Karlsruher Dienstgebäude des BGH. Auf Anregung von Franz J. Müller, Vorsitzender der Stiftung Weiße Rose, wurde 1990 im Eingangsbereich und nur wenige Meter entfernt von der Bronzebüste des ersten Reichsgerichtspräsidenten Eduard von Simson eine 2,4 Meter hohe vergoldete Metallstele des bekannten Münchner Künstlers Otl Aicher aufgestellt. Konzipiert als Kontrapunkt zu der marmornen Gedenktafel im Obergeschoss, zeichnete sich die Inschrift der Stelle durch eine opake Wortwahl aus, die jeden Bezug zum nationalsozialistischen Justizunrecht vermissen ließ.[58] Erinnert wurde dort der „Frauen und Männer, denen im Namen des Deutschen Volkes Unrecht geschah, 1933–1945". Obwohl mit der Errichtung der Stele, wie Michael Kißener schreibt, die „erinnerungskulturelle Situation im großherzoglichen Palais" in auffälliger Weise zergliedert wurde, blieben die Tafel und der „Altar" für die Reichsgerichtsräte zunächst unangetastet, bevor Letzterer schließlich im Jahr 2000 zusammen mit dem Kondolenzbuch in das Rechtshistorische Museum verfrachtet wurde.[59]

Ursächlich für die nach 1990 getroffene Entscheidung, die umstrittene Tafel weiterhin am selben Ort hängen zu lassen, dürften allerdings zu diesem Zeitpunkt weniger eine anhaltende Identifikation mit dem Reichsgericht, sondern die Furcht vor möglichen Gegenreaktionen der Nachkommen und des Waldheim-Kameradschaftskreises gewesen sein. Insbesondere Letzterer hatte an den erinnerungspolitischen Kontroversen seit jeher regen Anteil genommen.[60] So warteten die Verbände der Stalinismus-Opfer Mitte der 1990er, als es um den doppelten Umzug des Bundesverwaltungsgerichts und des 5. BGH-Strafsenats nach Leipzig ging, mit der unkonventionellen Forderung auf, über eine zweite Gedächtnistafel zu Ehren der umgekommenen Reichsgerichtsräte nachzudenken, die am reaktivierten Gerichtsstandort in Leipzig hängen sollte. Während sich dieser Vorschlag nicht durchsetzen konnte, lassen sich seit jener Zeit Ansätze auf Seiten der Rechtswissenschaft feststellen, die völkisch-biologistische Zivilrechtsprechung des nationalsozialistischen Reichsgerichts in Familiensachen für die gegenwärtige Traditionsbildung zu retten, indem man sie zu einem „Kulturdenkmal ersten Ranges" verklärt.[61] In einer pointierten Besprechung hat Elena Barnert die Ergebnisse dieser Editionsarbeit zu Recht als späte Weißwaschung der Täter charakterisiert.[62] Sympathie schlägt den „toten Richtern" zudem weiterhin aus dem rechtsextremen und verschwörungstheoretischen Spektrum entgegen, wo sie bis heute als Gewährsleute für sowjetische „Verbrechen an den Deutschen" und für die Relativierung nationalsozialistischer Verbrechen herangezogen werden.[63] Zusammenfassend lässt sich daher mit Blick auf die letzten drei Jahrzehnte bilanzieren, dass die anhaltende Ehrung von führenden Tätern der NS-Justiz im höchsten deutschen Straf- und Zivilgericht dazu geführt hat, dass um die „toten Richter" ein gefährliches Gebräu aus Geschichtsmythen, Halbwissen und pseudowissenschaftlichen Erklärungen entstanden ist. Das sollte für die Justiz eigentlich Anlass genug sein, sich endlich von der fragwürdigen Tafel zu trennen oder ihre Aufbewahrung in kompetentere Hände zu legen.

Anmerkungen

1 Mende, Horst: Die toten Richter von Mühlberg. Von 37 Reichsgerichtsräten kehrten nach 1945 nur vier zurück, in: Das Parlament, 13. Oktober 1995.
2 In den Anhörungen der Enquete-Kommission des Deutschen Bundestags griff der Historiker und ehemalige Häftling Günter Fippel auf die Aussagen Mendes zurück, um die Verwendung des Antifaschismusbegriffs als (antisemitisches) Herrschafts- und Repressionsinstrument in der SBZ/DDR zu belegen. Siehe Fippel, Günter: „Antifaschismus als Integrationsideologie und Herrschaftsinstrument", in: Deutscher Bundestag (Hg.): Materialien der Enquete-Kommission „Aufarbeitung von Geschichte und Folgen der SED-Diktatur in Deutschland" (12. Wahlperiode des Deutschen Bundestages), Bd. III,1: Rolle und Bedeutung der Ideologie, integrativer Faktoren und disziplinierender Praktiken in Staat und Gesellschaft der DDR, Baden-Baden 1995, S. 110–119, hier S. 114; zu Fippels Speziallagerverständnis vgl. Heitzer, Enrico: Speziallagerforschung und Gedenkstättenarbeit seit 1990, in: Brunner, Detlev/Scherstjanoi, Elke (Hg.): Moskaus Spuren in Ostdeutschland 1945 bis 1949. Aktenerschließung und Forschungspläne, Berlin/München/Boston 2015, S. 109–119, hier S. 112.
3 Mende: Die toten Richter von Mühlberg.
4 Ebd.
5 So verwechselte der Autor wiederholt das sowjetische Speziallager Mühlberg mit dem in Thüringen gelegenen nationalsozialistischen KZ-Außenlager Mühlhausen; zudem sprach der Artikel fehlerhaft von 37 inhaftierten und verstorbenen Juristen, obwohl dies lediglich die Zahl der von August Schäfer erinnerten Namen war.
6 Schäfer wurde 1949 Präsident des Oberlandesgerichts Bamberg und löste dort den nach Karlsruhe wechselnden Hermann Weinkauff ab.
7 Schäfer, August: Das große Sterben am Reichsgericht, in: Deutsche Richterzeitung 35 (1957) 11, S. 249–250.
8 Lamprecht, Rolf: Ein bißchen Bibel und viel Unrecht, in: Der Spiegel, 30. September 1979.
9 Vertreten wurde die These einer mäßigenden Rolle des Reichsgerichts unter anderem in Ernst Fraenkels Klassiker „Der Doppelstaat", der die von ihm eingeführte Unterscheidung zwischen Maßnahme- und Normenstaat unter anderem aus einigen frühen RG-Urteilen (Eigentumsgarantie, Bibelforscher) ableitete, die RG-Rechtsprechung aber nicht systematisch analysierte; Fraenkel, Ernst: Der Doppelstaat, hg. von Alexander von Brünneck, Hamburg ³2012, S. 67–69; anders hingegen zur Anerkennung der Partei als eine außerhalb der Rechtsprechung stehende Instanz in ebd., S. 91; zum Reichstagsbrandprozess und der „Lex van der Lubbe" vgl. Kiessling, Friedrich/Safferling, Christoph: Staatsschutz im Kalten Krieg. Die Bundesanwaltschaft zwischen NS-Vergangenheit, Spiegel-Affäre und RAF, München 2021, S. 58.
10 Zarusky, Jürgen: Widerstand als „Hochverrat" 1933-1945. Ein abgeschlossenes Editionsprojekt des Instituts für Zeitgeschichte, in: Vierteljahrshefte für Zeitgeschichte 46 (1998) 4, S. 833–834, hier S. 834.
11 Ebd.
12 Zarusky, Jürgen: Widerstand als „Hochverrat" 1933-1945. Politische Justiz, Gegnerspektrum und Widerstandsbegriff, in: Ders., Politische Justiz, Herrschaft, Widerstand, Berlin/München/Boston 2021, S. 182-194, S. 182. Zarusky spricht in diesem Zusammenhang von einer bemerkenswerten Langsamkeit und Unentschiedenheit des Gesetzgebers bei der Bereinigung von NS-Justizunrecht. Vgl. ebd., S. 182.
13 Zu § 5a Deutsches Richtergesetz DRiG vgl. Funke, Andreas/Beck, Moritz: Die Neufassung von § 5a DRiG – der gute Wille allein macht noch kein verfassungsmäßiges Gesetz, in: Recht und Politik 58 (2022) 4, S. 365–376.
14 Zum Fall des Reichsanwalts Paul Jorns: Hirsch, Martin/Majer, Dietmut/Meinck, Jürgen (Hg.): Recht, Verwaltung und Justiz im Nationalsozialismus. Ausgewählte Schriften, Gesetze und Gerichtsentscheidungen von 1933 bis 1945 mit ausführlichen Erläuterungen und Kommentierungen, Baden-Baden ²1997, S. 68–69.
15 Kiessling/Safferling: Staatsschutz im Kalten Krieg, S. 49 f.
16 Ebd., S. 51.
17 Zit. nach Jehne, Stefan: NS-Juristen vor Gericht. Der Dresdner Juristenprozess von 1947, in: Jahrbuch für die Geschichte Mittel- und Ostdeutschlands 66 (2021) 1, S. 231–280, hier S. 279.
18 Nach Ende des Kriegs wurde die Behauptung einer positi-

vistischen Verblendung vor allem von dem früheren Reichsgerichtsrat und späteren BGH-Präsidenten Hermann Weinkauff vertreten und popularisiert; Weinkauff, Hermann: Die deutsche Justiz und der Nationalsozialismus, Stuttgart 1968, S. 30–31; Foljanty, Lena: Recht oder Gesetz. Juristische Identität und Autorität in den Naturrechtsdebatten der Nachkriegszeit, Tübingen 2013.

19 Kramer, Helmut: Juristisches Denken als Legitimationsfassade zur Errichtung und Stabilisierung autoritärer Systeme, in: Schumann, Eva (Hg.): Kontinuitäten und Zäsuren. Rechtswissenschaft und Justiz im „Dritten Reich" und in der Nachkriegszeit, Göttingen 2008, S. 141–163, hier S. 155–156.

20 Stolleis, Michael: Recht im Unrecht. Studien zur Rechtsgeschichte im Nationalsozialismus, Frankfurt (Main) 1994, S. 23.

21 Schumann, Eva: Fortwirken von NS-Juristen, in: Bundesministerium der Justiz (Hg.): Die Rosenburg. 2. Symposion: Die Verantwortung der Juristen im Aufarbeitungsprozess, Berlin 2013, S. 71–123, hier S. 77–78; Landau, Peter: Die deutschen Juristen und der nationalsozialistische deutsche Juristentag in Leipzig, Leipzig 1996.

22 Zarusky: Widerstand als „Hochverrat" 1933–1945, S. 189.

23 Weinke, Annette: Die Verfolgung von NS-Tätern im geteilten Deutschland. Vergangenheitsbewältigungen 1949–1969 oder: Eine deutsch-deutsche Beziehungsgeschichte im Kalten Krieg, Paderborn 2002, S. 130–133.

24 Kiessling/Safferling: Staatsschutz im Kalten Krieg, S. 75.

25 Zarusky: Widerstand als „Hochverrat" 1933–1945, S. 188.

26 Roth, Andreas: Beteiligung der 32 Reichsgerichtsräte an der nationalsozialistisch gefärbten Rechtsprechung des Reichsgerichts, in: Limperg, Bettina/Kißener, Michael/Roth, Andreas (Hg.): Entsorgung der Vergangenheit? Die Gedenktafel zur Erinnerung an 34 Reichsgerichtsräte und Reichsanwälte im Bundesgerichtshof, Baden-Baden 2023, S. 31–48, hier: S. 41; vgl. dazu die Besprechung von Annette Weinke, Schwierigkeiten mit der eigenen Vergangenheit, in: Legal Tribune Online vom 2. Juni 2023, online: https://www.lto.de/recht/feuilleton/f/buch-rezension-entsorgung-der-vergangenheit-limperg-kissener-roth-reichsrichter-ns-vergangenheit-justizaufarbeitung/, letzter Zugriff: 19. Juni 2023.

27 Ebd., S. 43.

28 Ebd., S. 45.

29 Vorwerk, Volkert: Warum hängt diese Tafel noch im Bundesgerichtshof?, in: Die Zeit, 8. Februar 2018, S. 1.

30 Vorwerk, Volkert: Unbelehrbar? ... Unbeugsam!, in: Limperg/Kißener/Roth (Hg.): Entsorgung der Vergangenheit?, S. 111–116; vgl. dazu auch Angaben auf der Homepage: https://www.gedenktafel-im-bundesgerichtshof.de/, letzter Zugriff: 6. April 2023.

31 Schneider, Christoph: Diener des Rechts und der Vernichtung. Das Verfahren gegen die Teilnehmer der Konferenz von 1941 oder: Die Justiz gegen Fritz Bauer, Frankfurt (Main) 2017.

32 Limperg/Kißener/Roth (Hg.): Entsorgung der Vergangenheit?, S. 33.

33 Stourzh, Gerald: „Denn es ist nicht alles gleich, was Menschenantlitz trägt." Die NS-Doktrin der Ungleichheit der Menschen im Lichte eines Reichsgerichtsprozesses aus dem Jahr 1936, in: Jahrbuch des Dubnow-Instituts XVIII (2019), S. 15–33, hier S. 24.

34 Schäfer: Das große Sterben, S. 249.

35 Zusammenfassend Landau, Julia/Heitzer, Enrico: Einleitung, in: Dies. (Hg.): Zwischen Entnazifizierung und Besatzungspolitik. Die sowjetischen Speziallager im Kontext, Göttingen 2021, S. 9–25 (= Buchenwald und Mittelbau-Dora. Forschungen und Reflexionen 2).

36 Niethammer, Lutz: Alliierte Internierungslager in Deutschland nach 1945: Ein Vergleich und offene Fragen, in: Reif-Spirek, Peter/Ritscher, Bodo (Hg.): Speziallager in der SBZ. Gedenkstätten mit „doppelter Vergangenheit", Berlin 1999, S. 100–123.

37 Zit. nach ebd., S. 107.

38 Jehne: NS-Juristen vor Gericht, S. 235.

39 Obgleich die bulgarischen Kommunisten um Georgi Dimitroff 1933 vom Vorwurf der Anstiftung zur Brandstiftung freigesprochen wurden, liegt die Vermutung nahe, dass auch der Leipziger Reichstagsbrand-Prozess bei den Verhaftungen 1945 eine Rolle gespielt haben dürfte.

40 Donth, Stefan: Täter und Opfer, Täter als Opfer. Das NKWD-Lager Mühlberg und die Erinnerungskultur an kommunistische Gewaltverbrechen, in: Limperg/Kißener/Roth (Hg.): Entsorgung der Vergangenheit?, S. 87–97, hier S. 90; der Bericht ist wiedergegeben in: Possekel, Ralf (Bearb.): Sowje-

tische Speziallager in Deutschland 1945–1950. Bd. 2: Sowjetische Dokumente zur Lagerpolitik, Berlin 1998, S. 205–208.

41 Beispiele dafür siehe Weber, Petra: Justiz und Diktatur. Justizverwaltung und politische Strafjustiz in Thüringen, München 2000, S. 33, 43.

42 Zit. nach Donth: Täter und Opfer, S. 90,

43 Plato, Alexander von: Sowjetische Speziallager, in: Sabrow, Martin (Hg.): Erinnerungsorte der DDR, Bonn 2010, S. 88–95, hier S. 91.

44 Kilian, Achim: From Special Camp No. 1 to US. Jugendjahre zwischen Vogtland, Mühlberg und Arkansas, Dresden 2004, S. 58.

45 Die Beispiele stammen aus der Broschüre „Orte des Erinnerns an die Sowjetischen Speziallager und Gefängnisse in der SBZ/DDR", bearbeitet von Lena Ens und Ruth Gleinig, Berlin 2020, S. 16, 26, online: https://www.bundesstiftung-aufarbeitung.de/sites/default/files/shop/Orte%20des%20Erinnerns%20-%20Speziallager%20und%20Gef%C3%A4ngnisse%20in%20der%20SBZ%2C%20DDR.pdf, letzter Zugriff: 6. April 2023.

46 Siehe dazu die Beispiele auf der Homepage des Bezirksamtes Berlin-Charlottenburg-Wilmersdorf, online: https://www.berlin.de/ba-charlottenburg-wilmersdorf/ueber-den-bezirk/geschichte/persoenlichkeiten-und-gedenktafeln/artikel.162593.php, letzter Zugriff: 6. April 2023.

47 Zur Entstehungsgeschichte der Tafel siehe jetzt Kißener, Michael: Von der Last der Tradition. Zur Geschichte einer Gedenktafel für in sowjetischer Haft umgekommene Angehörige des Reichsgerichts im Bundesgerichtshof Karlsruhe, in: Limperg/Kißener/Roth (Hg.): Entsorgung der Vergangenheit?, S. 17–29; Gross, Norbert: Erinnerungsorte im Bundesgerichtshof, in: Neue Juristische Wochenschrift 68 (2015) 40, S. 2936–2940.

48 Gedenken an die Toten des Reichsgerichts, in: Frankfurter Allgemeine Zeitung, 25. Oktober 1957, S. 4.

49 Dublon-Knebel, Irith: Eine Doppelexistenz. Nationalsozialistische Maler und Bildhauer nach 1945, in: Brauneis, Wolfgang/Gross, Raphael (Hg.): Die Liste der „Gottbegnadeten". Künstler des Nationalsozialismus in der Bundesrepublik, München 2021, S. 25–33. Eine französische Ausstellung zur NS-Plakatpropaganda beschäftigt sich derzeit mit dem Werk von Bogislav Groos, dem vom BGH beauftragten Karlsruher Künstler; siehe https://bnu.hypotheses.org/13794, letzter Zugriff: 19. Juni 2023.

50 Kißener: Von der Last der Tradition, S. 22.

51 Zit. nach Wild, Stefan: National Socialism in the Arab Near East, in: Die Welt des Islam XXV (1985), S. 126–170, hier S. 162.

52 Plato: Sowjetische Speziallager, S. 95.

53 Lamprecht: Ein bißchen Bibel und viel Unrecht.

54 Kißener: Von der Last der Tradition, S. 27.

55 Instruktiv dazu Püschel, Hannes: Juristische Geschichtspolitik zwischen Selbstkritik und Identitätsstiftung, in: Kritische Justiz 46 (2013) 3, S. 266–277.

56 Vgl. Jureit, Ulrike: Opferidentifikation und Erlösungshoffnung: Beobachtungen im erinnerungspolitischen Rampenlicht, in: Dies./Schneider, Christian: Gefühlte Opfer. Illusionen der Vergangenheitsbewältigung, Bonn 2010, S. 96.

57 Vgl. dazu Weinke, Annette: Erfolgreiche Selbstaufklärung? Zur Erforschung der NS-Justizvergangenheit durch die juristische Zeitgeschichte, in: Deiseroth, Dieter/Weinke, Annette (Hg.): Zwischen Aufarbeitung und Geheimhaltung. Justiz- und Behördenakten in der Zeitgeschichtsforschung, Berlin 2021, S. 87–99; Borowsky, Martin: Die NS-Belastung des Bundesarbeitsgerichts – vorläufige Bilanz zur personellen Kontinuität, in: Kritische Justiz 55 (2022) 4, S. 399–411.

58 Gross: Erinnerungsorte, S. 2939.

59 Kißener: Von der Last der Tradition, S. 29.

60 Ebd., S. 27

61 Schubert, Werner: Die „Entscheidungen des Reichsgerichts in Zivilsachen" und ihre Bedeutung für die Entwicklung des Zivilrechts im 20. und 21. Jahrhundert, in: Juristische Rundschau 2007, S. 312–336, hier S. 312–313.

62 Barnert, Elena: Schicksalsfäden – Jurisprudenz und Weltanschauung in RGZ 173, in JuristenZeitung 67 (2012) 3, S. 114–120.

63 Gatow, Hanns-Heinz: Vertuschte SED-Verbrechen. Eine Spur von Blut und Tränen, Berg 1990; Fresenius, Ulrich von: Begegnungen des Wernigeroder Bürgermeisters am Kriegsende in kommunistischen Gefängnissen und Konzentrationslagern, Hannover 1991.

Biografie des ehemaligen Wurzener NS-Oberbürgermeisters Armin Graebert (Mitte) in der Speziallager-Ausstellung der Gedenkstätte Bautzen, Oktober 2022. Gedenkstätte Bautzen, Fotografin: Cornelia Bruhn.

Christina Ramsch/
Franz Waurig

„WO BEGINNT DER NAZI UND WO HÖRT ER AUF?"

Die Erinnerung an verhaftete (Ober-)Bürgermeister

Im Februar 1991 strahlte der Deutsche Fernsehfunk eine Dokumentation über die sächsische Stadt Wurzen aus. In ihr begleitete ein Filmteam den Enkel des ehemaligen NS-Oberbürgermeisters Armin Graebert. Es ist die Suche nach schwierigen Wahrheiten über den Großvater, der 1947 im Speziallager Nr. 1 Mühlberg verstarb. Zwei seiner Kinder – eines nach dem Krieg selbst in Mühlberg interniert – versuchten vor der Kamera eine Beurteilung von Graeberts Person und scheiterten schließlich an den Fragen des Enkels. Der in der Überschrift zitierte Satz von Graeberts Tochter Irene zeigt diese Kalamität deutlich: Wie soll man nach langem Schweigen über den Vater sprechen – über den Familienmenschen, den Nationalsozialisten, den Internierten? Wie sein Handeln bewerten?[1] Es sind Fragen, die nicht nur die Familie des ehemaligen Oberbürgermeisters Armin Graebert und die Stadt Wurzen bewegten. In vielen Orten Ostdeutschlands wurde und wird seit 1989/90 über die Formen der öffentlichen Erinnerung an ehemalige NS-Bürgermeister[2], weitere NS-Funktionsträger:innen und Militärs diskutiert. Nicht wenige von ihnen wurden nach Kriegsende von der sowjetischen Besatzungsmacht verhaftet und in Speziallager überstellt. Der vorliegende Artikel soll schlaglichtartig den Umgang mit sechs Biografien ehemaliger Bürgermeister aus Orten der heutigen Bundesländer Thüringen, Sachsen und Sachsen-Anhalt aufzeigen. Neben drei bereits vor 1945 tätigen Stadtoberhäuptern wählten die Autor:innen zudem drei weitere Personen aus, die ihr Amt erst während der Besatzungszeit übernahmen, jedoch noch vor Gründung der DDR vom sowjetischen Geheimdienst aus unterschiedlichen Gründen verhaftet wurden.

Bürgermeister im Nationalsozialismus

Seit 1935 regelte die „Deutsche Gemeindeordnung" die Arbeit der örtlichen Verwaltungen und Bürgermeister. Sie wurden nun nicht mehr frei gewählt, sondern von der NSDAP-Kreisleitung vorgeschlagen und eingesetzt. Nach dem „Führerprinzip" strukturiert, richteten sie ihr Handeln auf Adolf Hitler als zentralen Befehlshaber und die nationalsozialistische Politik aus. Die Gemeinden sollten „unter Führung der Besten des Volkes die wahre Volksgemeinschaft [...] schaffen, in der auch der letzte willige Volksgenosse das Gefühl der Zusammengehörigkeit findet".[3] In der Praxis bedeutete dies, jene Einwohner:innen durch sozialpolitische Maßnahmen an das System zu binden, die dem Konstrukt der „Volksgemeinschaft" angehörten. Im Umkehrschluss wirkten die örtlichen Verwaltungen und Bürgermeister durch ihr Handeln an der zunehmenden Repression und Verfolgung von politisch Andersdenkenden, Jüdinnen und Juden, als „asozial" stigmatisierten Personen, Menschen mit Behinderung und weiteren Ausgegrenzten mit. Sie billigten und förderten die „Arisierung" jüdischen Eigentums, deckten und forcierten eigeninitiativ die Ghettoisierung der Entrechteten in „Judenhäusern" und schauten bei der Verschleppung von Regimegegner:innen in Lager weg. Die Handlungsspielräume mögen dabei von Ort zu Ort variiert haben. Gegen die menschenverachtende NS-Politik opponierte allerdings nur eine Minderheit der Mandatsträger; die meisten unterstützten sie bis zuletzt.[4]

Verhaftungen durch die sowjetische Besatzungsmacht

In den Augen der sowjetischen Sicherheitsorgane stellten die NS-Bürgermeister ein Risiko für die vorrückenden Truppen der Roten Armee dar. Bereits der NKVD-Befehl Nr. 0016 vom 11. Januar 1945 legte daher fest, dass sie zu verhaften und – so die ergänzenden Ausführungen vom 6. Februar 1945 – in Kriegsgefangenenlager auf dem Gebiet der UdSSR zu überstellen seien.[5] Im Befehl des Volkskommissars Lavrentij Berija vom 18. April 1945 wurden die Bürgermeister nicht mehr direkt in der Aufzählung der „feindlichen Elemente" genannt. Ihre Verhaftung und Internierung vor Ort konnte nun auf der Grundlage der Kategorie „Leiter von Gebiets-, Stadt- und Kreisverwaltungen" vorgenommen werden.[6] Die NS-Bürgermeister gehörten zahlenmäßig zu den kleineren Haftgruppen. Das illustriert u. a. eine Information des Leiters der Abteilung Speziallager Oberst Michail Sviridov vom 30. Oktober 1946 über das zu diesem Zeitpunkt bestehende „Spezkontingent" in den Lagern: 3342 Personen (= 4,4 Prozent aller Insassen) fielen unter die Kategorie „Leiter von Gebiets-, Stadt- und Kreisverwaltungen sowie Zeitungs- und Zeitschriftenredakteure, Autoren antisowjetischer Veröffentlichungen".[7] Wie hoch der Anteil der Bürgermeister an dieser Gruppe war, lässt sich nur schwer feststellen. Kurze Zeit zuvor, am 12. Oktober 1946, hatte der Alliierte Kontrollrat seine Direktive Nr. 38 erlassen, mit der fortan die „Verhaftung und Bestrafung von Kriegsverbrechern, Nationalsozialisten und Militaristen und [die] Internierung, Kontrolle und Überwachung von möglicherweise gefährlichen Deutschen" geregelt werden sollte. Die Bürgermeister wurden in der Abfolge der unterschiedlich eingeordneten NS-Belastungen der zweithöchsten Kategorie („Belastete") aufgeführt.[8] Nur einen Tag später und angesichts der katastrophalen Lebensbedingungen in den Speziallagern verfassten SMAD-Chef Sokolovskij und der Bevollmächtigte des MVD Serov ein Schreiben an die oberste Moskauer Führung. Sie schlugen die Entlassung von 35.000 Speziallagerinsassen vor. Während „einfache Mitglieder der faschistischen Partei sowie NSDAP-Funktionäre auf unterer Ebene" von ihnen explizit genannt wurden, fanden die verhafteten NS-Bürgermeister keine Erwähnung.[9]

Die genaue Zahl der Personen, die vor oder nach Kriegsende als Bürgermeister wirkten und durch die sowjetische Besatzungsmacht verhaftet wurden, ließ sich für diesen Beitrag nicht rekonstruieren. Ein wesentlicher Grund dafür besteht in dem Umstand, dass ihre Tätigkeit im örtlichen Verwaltungsapparat nicht automatisch bzw. nur teilweise als Haftgrund in den sowjetischen Registraturunterlagen und Überstellungslisten angegeben ist.[10] Stattdessen erfolgte die Verhaftung beispielsweise unter dem Vorwurf einer Mitgliedschaft in NS-Organisationen (z. B. in der SA), wegen der Ausbeutung/Misshandlung von (sowjetischen) Zwangsarbeiter:innen oder eines Einsatzes in den besetzten Gebieten der UdSSR. Die genannten Vorwürfe können teilweise selbstverständlich in einem direkten Zusammenhang mit der ausgeübten Funktion als Bürgermeister stehen, was jedoch durch die spärlichen Angaben in den Überstellungslisten und Lagerjournalen nicht auf den ersten Blick deutlich wird. Genauere Angaben über den zahlenmäßigen Umfang der verhafteten Bürgermeister lassen sich vermutlich anhand der sowjetischen Haftakten gewinnen. Diese sind jedoch nach wie vor für die wissenschaftliche Forschung nicht zugänglich.[11] Eine weitere wichtige Quelle stellen die Todesurteile der Sowjetischen Militärtribunale (SMT) für die Zeiträume 1944–1947 und 1950–1953 dar. Die Auswertung der bislang bekannten Urteile aus den Jahren 1944–1947 zeigt deutlich, dass sich unter den zum Tode Verurteilten kaum ehemalige Bürgermeister befanden. Dieser Befund bestätigt die im NKVD-Befehl 00315 vom 16. April 1945 getroffene Anordnung, dass „Leiter von Gebiets-, Stadt- und Kreisverwaltungen" zu verhaften und *in Lagern vor Ort zu internieren seien*: Von den 2469 bekannten zum Tode Verurteilten hatten 48 Personen (= 1,9 Prozent) vor der Verhaftung ein Amt als Bürgermeister ausgeübt; zwei von ihnen waren erst nach Kriegsende von den Alliierten eingesetzt worden.[12] In den wenigsten Fällen – wie etwa beim vermeintlichen Apoldaer Bürgermeister Arno Methefessel[13] – steht auch hier der angegebene Haftgrund in direkter Beziehung zu ihrer administrativen Funktion. Für die vollstreckten SMT-Todesurteile der Jahre 1950–1953 sieht die Situation ähnlich aus: Vier der 927 Verurteilten (= 0,4 Prozent) waren zuvor – jedoch nicht zum Zeitpunkt der Verhaftung – Bürgermeister. Sie hatten ihre Ämter erst nach Kriegsende ausgeübt.[14]

Wirklich „der beste Teil des Volkes"? – Wahrnehmungen nach 1945

Nach 1945 wurden die örtlichen Bürgermeister von der lokalen Bevölkerung meist positiv wahrgenommen. In den letzten Kriegstagen beteiligten sich zahlreiche Bürgermeister und andere (u. a. die eingesetzten Kampfkommandanten) an den Kapitulationen ihrer Städte und Gemeinden. Sie handelten – auch um das eigene Leben zu retten – gegen den Erlass des Reichsführers SS Heinrich Himmler und die ähnlich lautende OKW-Bekanntmachung vom 12. April 1945, nach denen kampflose Übergaben streng bestraft würden.[15] In Thüringen und Westsachsen trafen die Parlamentäre auf US-amerikanisches Militär, im Rest Sachsens auf die Rote Armee. Bereits unmittelbar nach den Ereignissen, besonders aber in der späteren persönlichen Rückschau wurden diese Vorgänge durch positiv überhöhte Darstellungen der Beteiligten verklärt. Die Erzählung, wonach die Orte im Falle des Weiterkämpfens einem Bombardement und – wie etwa in Weimar – der „geplanten amerikanischen Vernichtung"[16] anheimgefallen wären, findet sich häufig. Die in das System verstrickten Bürgermeister verfassten in der frühen Nachkriegszeit nicht selten selbstentlastende Berichte über ihr Handeln. Sie erhielten Rückendeckung von (vermeintlich) integren Einwohner:innen, die sich selbst nur zu häufig durch ihre Versicherungen in ein unbeflecktes Bild rücken wollten. Nach der offiziellen DDR-Geschichtsschreibung waren es weniger die Bürgermeister und andere Vertreter:innen des örtlichen NS-Machtapparats als „verantwortungsbewußte Angehörige fast aller Bevölkerungsschichten", die ein Ende der Kämpfe forcierten und Leid von der zivilen Bevölkerung abwendeten.[17] Einige Kampfkommandanten, die sich oft nur in den letzten Kriegstagen vor Ort befanden, wurden später in den offiziellen DDR-Gedenkolymp aufgenommen, vor allem wenn sie die Kapitulation mit dem eigenen Leben bezahlen mussten. Erinnert sei an dieser Stelle u. a. an Joseph von Gadolla in Gotha (1897–1945) und Gustav Petri in Wernigerode (1888–1945). Einen solchen „Mut für Deutschland" – so der Titel einer losen Artikelserie der „Wochenpost"[18] – zeigte zumindest nach offizieller Lesart auch Rudolf Petershagen, der die Übergabe der Stadt Greifswald in seinem Roman „Gewissen in Aufruhr" (1957) verarbeitete.[19] Im Gegensatz dazu steht das Schicksal des Greifswalder Bürgermeisters Richard Schmidt (1882–1946). Er verstarb im Speziallager Nr. 9 Fünfeichen.[20]

Mit dem Niedergang des SED-Regimes wurde das bis dahin gültige offizielle Geschichtsbild in Frage gestellt. Angehörige von Verhafteten und Heimatforscher:innen brachten das Thema in die lokale Öffentlichkeit ein, um dem jahrzehntelangen Schweigen und Umdeuten ein öffentliches Erinnern entgegenzustellen. Wie sich an vielen Orten zeigte, bestand dabei nicht zu Unrecht die Gefahr, dass aus dem berechtigten Trauern der Angehörigen ein unreflektiertes Erinnern und Gedenken an ehemalige NS-Funktionsträger vor Ort werden würde. Besondere Dynamik nahmen und nehmen die Auseinandersetzungen vor Ort an, wenn die betreffende Person nach ihrer Verhaftung in einem Speziallager oder an einem anderen Haftort verstarb oder durch ein Militärtribunal (zum Tode) verurteilt wurde. Symptomatisch für einige der im Folgenden aufgezeigten Fälle ist der verkürzte Blick auf die letzten Tage des Krieges oder einzig den Vorgang der Kapitulation. Das vorherige Handeln während der Zeit des Nationalsozialismus wird nicht selten zu passivem Widerstand umgedeutet und eine vermeintliche Aufopferung für die Ortsbevölkerung betont. Dass diese Hilfsbereitschaft jenen verwehrt wurde, die nicht Teil der NS-Volksgemeinschaft sein wollten bzw. durften, bleibt zumeist unbeachtet. Zudem erfolgt eine Entpolitisierung der betreffenden Bürgermeister nach dem Muster, sie seien keine überzeugten Parteigänger der Nationalsozialist:innen gewesen. Beteiligungen am Raub jüdischen Eigentums, die Übernahme sicherheitspolizeilicher Aufgaben und anderer Tätigkeiten, die mit rassistischer und politischer Verfolgung zusammenhingen, werden in den Erzählungen übergangen oder verkürzt. Die NSDAP-Mitgliedschaft sei nach dieser Lesart vielmehr notwendig gewesen, um eine erfolgreiche Kommunalpolitik *trotz* der NS-Diktatur durchzusetzen. Anhänger:innen dieses Erklärmusters fühlen sich umso mehr in ihrer Behauptung bestätigt, wenn der Parteieintritt der Betreffenden erst nach der Machtübernahme 1933 – und damit in ihren Augen meist nur pro forma – erfolgte. Für die nach Kriegsende eingesetzten und wenig später verhafteten Bürgermeister gestaltete sich die Sache auf den ersten Blick wesentlich einfacher: Da sie das Amt nicht während der NS-Zeit ausgeübt hatten, konnten sie – zumindest an dieser Stelle – nicht an Verbrechen beteiligt gewesen sein und so problemlos als „Opfer des Stalinismus" dargestellt werden. Die Komplexität der Geschichte macht allerdings dieser Sichtweise sehr schnell einen Strich durch die Rechnung: Der Fakt, zwischen 1933 und 1945 nicht an der Spitze des städtischen Verwaltungsapparats gestanden zu haben, entlastet nicht von einer genauen Betrachtung der Biografien. An anderer Stelle konnten die betreffenden Personen durchaus – und nicht weniger tief – in das NS-System verstrickt sein. Gleiches gilt für die Zeit nach 1945, wenn beispielsweise ein aus der Haft entlassener ehemaliger (Nachkriegs-)Bürgermeister sich gegenüber der DDR-Staatssicherheit verpflichtete und somit Teil des Repressionsapparats der zweiten deutschen Diktatur wurde.

Zum Beispiel Reichenbach im Vogtland: Otto Schreiber (1897–1946)

Bis heute gibt es intensive öffentliche Auseinandersetzungen um den ehemaligen Reichenbacher Oberbürgermeister Dr. Otto Schreiber. Geboren 1897, wurde er bereits 1932 zum 2. Bürgermeister von Reichenbach gewählt. Als solchem unterstanden ihm u. a. die Sicherheits- und Verkehrspolizei. Schreiber trat 1933 der NSDAP bei und hatte in der SA den Rang eines Obersturmführers inne. 1933 erfolgte die Entlassung des Oberbürgermeisters Dr. Karl Kühn aufgrund NS-kritischer Äußerungen. Schreiber übernahm 1934 dessen Amt und somit die Verantwortung über die städtische Verwaltung. 1938 war Schreiber an der als „Arisierung" getarnten Enteignung der jüdischen Firma Isidor Beutler beteiligt.[21] Infolge der Einberufung seines Stellvertreters zum Militär gehörte die Sicherheitspolizei ab Dezember 1942 erneut zu seinem unmittelbaren Zuständigkeitsbereich.[22]

Als sich im April 1945 US-amerikanische Truppen Reichenbach näherten, entschied sich die Stadtverwaltung für die Kapitulation. Als Parlamentäre erklärten sich Otto Schreiber, der Polizist Walter Schreiner und der Feuerwehrmann Hermann Thoß bereit und übergaben die Stadt am 17. April 1945 kampflos. Die US-amerikanische Besatzungsmacht entließ Schreiber erst am 25. Mai 1945 aus seinem Amt. Ab dem 1. Juli 1945 gehörte Reichenbach zur sowjetischen Besatzungszone. Der sowjetische Geheimdienst verhaftete Schreiber am 19. Juli 1945 und internierte ihn zunächst im Speziallager Bautzen. Kurze Zeit später kam er in das Spezial-

Christina Ramsch/Franz Waurig

lager Mühlberg/Elbe. Hier verstarb Otto Schreiber am 4. Juni 1946.[23]

Die Kapitulation Reichenbachs wird seit vielen Jahrzehnten im öffentlichen Diskurs thematisiert. Einzig die Erzählungen des genauen Ablaufs unterscheiden sich teils grundlegend. Die verkürzte Darstellung in der DDR legte den Fokus auf die „mutige[n] Bürger [...], die den Nazi-Oberbürgermeister Dr. Schreiber zur Übergabe zwangen."[24] Die couragierte Zivilbevölkerung steht in diesem Bild der negativ gezeichneten Person des Stadtoberhaupts entgegen. Nach 1989 veränderte sich die Diskussion. Stimmen wurden laut, die die Rolle Schreibers als maßgeblich betrachteten und in dieser Form auch gewürdigt wissen wollten.[25]

Die Diskussion um die Biografie Schreibers ist seither nicht abgerissen. Im Dezember 2010 widmete die Stadt Reichenbach den Akteuren der Stadtkapitulation 1945 eine Gedenktafel mit folgendem Text:

Durch die Initiativen mutiger Reichenbacher konnte die Stadt / am 17. April 1945 kampflos an die US-amerikanischen / Streitkräfte übergeben werden. Mit ihrer Zivilcourage / verhinderten sie weitere bevorstehende Fliegerangriffe / und retteten damit das Leben vieler Menschen.

Die Tafel, die die namentliche Nennung der Akteur:innen vermeidet, war das Ergebnis monatelanger Auseinandersetzungen in Politik und Stadtgesellschaft. Insbesondere von Seiten ehemaliger Spéziallagerinternierter und Angehöriger wurde die namentliche Nennung Schreibers angestrebt. Andere hoben die Verstrickung

Erinnerungszeichen am Eingang des Rathauses in Reichenbach/Vogtland, November 2019. Gedenkstätte Buchenwald, Fotograf: Franz Waurig.

des ehemaligen Oberbürgermeisters in die NS-Gewaltherrschaft hervor und plädierten gegen das Erinnerungszeichen.²⁶

Bemerkenswert an der Gedenktafel ist das Wiederaufgreifen einer Wortwahl, die sich bereits in der Berichterstattung der DDR-Medien fand. Anders als dort bestand das Ziel der Befürworter:innen der Gedenktafel jedoch dezidiert nicht in der Ausklammerung Schreibers aus der Erzählung. Im Kompromiss der öffentlichen Erinnerung an die „mutige[n] Reichenbacher" werden Schreiber und auch Schreiner gemäß der Tafelinschrift nun mitgedacht. Die hier verwendete Formulierung mag zunächst ein entlastendes Moment kreieren, das dem:der Betrachter:in die Auseinandersetzung mit dem Thema vorerst abnimmt. Sie provoziert jedoch zugleich die Frage, wo die couragierten Bürger:innen *vor* 1945 waren. Indem man die Beteiligten auf ihr Handeln im Kontext der Stadtkapitulation reduziert, werden ihre komplexen Biografien und auch ihre Verantwortung innerhalb der Diktatur vor 1945 ausgeblendet.

Die Gedenktafel ist Teil eines Ensembles dreier Erinnerungszeichen. Bereits seit April 2003 erinnert eine Tafel an die sowjetischen Verhaftungen Jugendlicher aus Reichenbach und Umgebung, die nach dem Ende des Zweiten Weltkriegs zwischenzeitlich in dem Gebäude inhaftiert waren, bevor sie in die Speziallager überstellt wurden. Im November 2003 kam eine weitere Tafel hinzu, die an die Verfolgung jüdischer Mitbürger:innen während des Nationalsozialismus erinnert.²⁷ Im ehemaligen Polizeirevier im Rathaus wurden sie misshandelt, schikaniert und bedroht, bevor sie vertrieben oder deportiert wurden. Rund um den Reichenbacher Markt herum wird zudem mit weiteren Erinnerungszeichen der nationalsozialistischen Krankenmorde und Sterilisationen, des Konzentrationslagers „Volkshaus" und der Verfolgung jüdischer Einwohner:innen gedacht. Das Rathaus und der Reichenbacher Markt sind Orte, die mit der Geschichte der nationalsozialistischen Verfolgung eng verknüpft sind. Die Debatte um die öffentliche Erinnerung an einen NS-Bürgermeister an diesem Ort steht notwendigerweise auch in diesem Zusammenhang.

Im Jahr 2019 stieß ein ehemaliger Speziallagerinternierter und Befürworter der namentlichen Ehrung des ehemaligen Oberbürgermeisters diese Frage erneut an. Sie wurde daraufhin in der Stadt debattiert, eine Entscheidung jedoch vertagt.²⁸ 2023 brachte der ehemalige Häftling seine Forderung an die Stadt zur Neugestaltung oder Entfernung der derzeitigen „Lügentafel" wieder ein. Bei einem von CDU und FDP organisierten Forum am 12. Oktober 2023 wurde in Reichenbach über die Causa Otto Schreiber diskutiert. Zur Sprache kam dabei u. a. die Frage nach seiner Rolle bei den NS-Krankenmorden an Menschen aus dem Vogtland. Für eine eindeutige Bewertung Schreibers und die Um- bzw. Neugestaltung der Erinnerungstafel seien – so die seit Jahren wiederkehrende und auch bei dieser Veranstaltung geäußerte Forderung – jedoch weitere Archivrecherchen notwendig.²⁹ Die Diskussion um Otto Schreiber und die Tafel am Reichenbacher Markt wird die Stadt somit auch noch in der nächsten Zeit begleiten.

Christina Ramsch/Franz Waurig

Zum Beispiel Weimar: Otto Koch (1902–1948)

Wie kaum eine zweite Biografie ist jene von Otto Koch mit der Geschichte Buchenwalds vor und nach 1945 verbunden. Geboren 1902 in Schweinfurt, suchte er bereits kurz nach dem Ersten Weltkrieg Anschluss an rechte Vereinigungen und Freikorps. 1922 trat Koch in die NSDAP ein. Ab 1932 war er zudem Mitglied der SA. Nach der Machtübernahme der Nationalsozialist:innen führte Koch die NSDAP-Fraktion in Ingolstadt an und war dort ab 1934 zugleich in der Funktion des NSDAP-Kreisleiters aktiv. 1937 wurde er auf Empfehlung des thüringischen Gauleiters Fritz Sauckel Oberbürgermeister von Weimar. Bereits in seiner Bewerbung auf dieses Amt ließ er erkennen, dass er sich des „massgeblichen Einfluss[es]" der Arbeit der Stadtverwaltung bewusst sei.[30] Diesen Spielraum nutzte er unter anderem im Rahmen der Verfolgung der jüdischen Bevölkerung aus. Bereits bevor die gesetzlichen Grundlagen dafür bestanden, forcierte er ab 1941 die Ghettoisierung der jüdischen Bürger:innen in Weimar. Bis zu ihrer Deportation waren diese gezwungen, in sogenannten „Judenhäusern" auf engstem Raum zusammenzuleben.[31]

Im April 1945 übergab Koch die Stadt Weimar kampflos an die US-Armee. Nach der Kapitulation enthob ihn die US-amerikanische Besatzungsmacht seines Amtes als Oberbürgermeister und internierte ihn kurzzeitig. Am 17. Mai 1946 folgte eine erneute Verhaftung durch die sowjetische Besatzungsmacht aufgrund seiner Mitgliedschaft in der SA und seines Amtes als Oberbürgermeister der Stadt Weimar. Otto Koch wurde im Speziallager Nr. 2 in Buchenwald interniert und verstarb dort am 3. Januar 1948.

Ähnlich wie in Reichenbach nahm fortan die Erzählung von der Rettung Weimars durch die Kapitulation und die Abwendung einer vermeintlichen Zerstörung der Stadt durch US-amerikanische Jagdbomber eine zentrale Bedeutung im öffentlichen Erinnern an das Kriegsende ein. In Weimar kam hinzu, dass die Übergabe fast zeitgleich mit der Befreiung des Konzentrationslagers Buchenwald erfolgte. Vertreter:innen der Stadtgesellschaft gaben vor dem Hintergrund des internationalen Entsetzens über die massenhaften Verbrechen auf dem Ettersberg Erklärungen ab und beteuerten nachdrücklich eine allgemeine Unkenntnis über die Vorgänge im Konzentrationslager. Damit einhergehend wurde die Rettung der Kulturstadt Weimar vor der Bombardierung betont. Koch nahm in dieser Erzählung eine zentrale Rolle ein.[32] Auch in seinen eigenen Berichten, in Briefen an seine Familie und in seinem offiziellen Erinnerungsbericht über die Stadtkapitulation übernahm er dieses Narrativ. Er inszenierte sich als „Retter der Stadt", dem Dank gebühre und der stets „im Gefühl erfüllter Pflicht" gehandelt habe.[33] Umso unfassbarer war aus seiner Sicht die Internierung im Speziallager Nr. 2. Er befinde sich – so eine geheime Mitteilung an seine Angehörigen – in einem Konzentrationslager.[34]

Innerhalb der Familie Koch blieb diese Sichtweise über das Jahr 1989 hinaus zentral für die Wahrnehmung und Bewertung Otto Kochs.[35] Bereits kurz nach der Sichtbarmachung der Grablagen am nördlichen Rand des Lagergeländes legten Angehörige 1990 ein Gebinde nieder. Die Kranzschleife kündete vom Tod Kochs 1947

"Wo beginnt der Nazi und wo hört er auf?"

Gebinde der Familie von Otto Koch auf dem individuellen Trauerplatz (Gräberfeld I des ehemaligen Speziallagers Nr. 2) in Buchenwald, 1990. Buchenwaldarchiv, o. Sign., Fotograf: Bernd Schmidt.

im „KZ Buchenwald".[36] Das falsch angegebene Todesjahr mag abseits des Diskurses um seine Person an dieser Stelle sinnbildlich für die fehlende Information der Angehörigen über das Schicksal der Verhafteten stehen.

Insofern prägten die DDR-Zeit parallele Erzählungen der Geschichte: Die öffentliche Version fokussierte, ähnlich wie in Reichenbach, die antifaschistische Stimmung der Zivilgesellschaft, deren Druck sich Koch habe beugen müssen, weshalb er schließlich der Übergabe der Stadt zugestimmt habe.[37] In der nicht-öffentlichen Erzählung der Angehörigen und anderer blieb Koch der „Retter der Stadt Weimar".

Beide Erzählungen waren um 1990 präsent.[38] Heute stellt sich die Debatte um die Biografie Otto Kochs jedoch als weitgehend versachlicht dar. Seine Verantwortlichkeit für die aktive Unterstützung des NS-Regimes ist weitgehend öffentlicher Konsens. Gut möglich, dass die intensive Beschäftigung mit den Beziehungen zwischen Weimar und Buchenwald in den 1990er und 2000er Jahren zu dieser Versachlichung beitrug. Es gelang eine Auseinandersetzung mit der Person Kochs, die Aspekte jenseits der Kapitulationserzählung berücksichtigt.[39]

Zum Beispiel Schwarzenberg: Ernst Rietzsch (1886–1946)

Der Mythos des unbesetzten „Niemandslandes" im Erzgebirge erregt seit mehreren Jahrzehnten die Gemüter.[40] Im Mai und Juni 1945 blieben Teile des Landkreises Schwarzenberg von den Alliierten unbesetzt, ein „Antifaschistischer Aktionsausschuss" füllte das entstandene Machtvakuum aus und setzte den NS-Oberbürgermeister Dr. Ernst Rietzsch ab. Dieser leitete seit 1921 – mit kriegsbedingter Unterbrechung – die Stadtgeschäfte. Nach der Machtübernahme der Nationalsozialisten trat er 1934 in den Wehrverband „Stahlhelm" und 1937 in die NSDAP ein. Zwischen 1941 und 1944 war Rietzsch als Verwaltungsrat in Frankreich und der besetzten Sowjetunion eingesetzt. In seinen Verantwortungsbereich fiel u. a. 1941 die Ghettoisierung der jüdischen Bevölkerung von Lepel (Belarus). 1942/43 wirkte Rietzsch an der gewaltsamen Verschickung von mindestens 2000 französischen Zwangsarbeiter:innen ins Deutsche Reich mit.[41] Ende April 1945 kehrte er ins Erzgebirge zurück und übernahm für wenige Tage sein früheres Amt, bevor er entlassen und durch die sowjetische Besatzungsmacht im Dezem-

Christina Ramsch/Franz Waurig

Tatsachen? Heftroman über den Schwarzenberger NS-Oberbürgermeister Dr. Ernst Rietzsch aus dem DDR-Militärverlag, 1964. Abbildung mit freundlicher Genehmigung der Eulenspiegel Verlagsgruppe, Berlin.

ber 1945 verhaftet wurde. Ein Militärtribunal in Dresden verurteilte ihn am 26. April 1946 wegen Kriegsverbrechen auf dem Gebiet der okkupierten UdSSR zum Tode. Das Urteil wurde am 21. Mai 1946 vollstreckt.[42]

Sein Schicksal und das der westerzgebirgischen Stadt bewegen sich seit fast achtzig Jahren zwischen Wahrheit und Dichtung. Am Bild vom Mythos des vermeintlich demokratisch selbstverwalteten und aus eigener Kraft vom Nationalsozialismus befreiten Gebiets wirkte u. a. der Schriftsteller Stefan Heym mit. 1984 veröffentlichte er in der BRD seinen Roman „Schwarzenberg". In ihm nehmen Antifaschist:innen die auf der Straße liegende Macht in ihre Hände und verhaften den ehemaligen NS-Bürgermeister namens Pietzsch (die sprachliche Nähe zum realen Oberbürgermeister Ernst Rietzsch ist nicht zu übersehen). Das Experiment einer sozialistisch verfassten „Republik Schwarzenberg" scheitert schließlich an der zunehmenden Intervention der sowjetischen Besatzungsmacht im nahe gelegenen Annaberg.[43] Bereits einige Jahre vor Heym nahm sich der Schriftsteller Johannes Arnold der Thematik an. Von ihm erschienen 1964 in der DDR die Heftromane „Die letzten Stunden des Dr. Rietzsch" und „Hauptquartier Höllental" sowie fünf Jahre später das Buch „Aufstand der Totgesagten", das Arnold für eine Neuauflage noch einmal überarbeitete.[44] Beiden Autoren gemein ist die negative Zeichnung des Schwarzenberger Stadtoberhauptes, das in der Haft „alle möglichen Leute belastete in der Hoffnung, sich Vergünstigungen zu verschaffen [...]".[45] Den Mythos Schwarzenberg befeuerte Heyms Roman in der unmittelbaren Umbruchzeit 1989/90, als das Buch nun auch in der DDR erscheinen konnte.[46]

Gleichzeitig wurde damit begonnen, die Zeit nach Kriegsende und die Geschichte sowjetischer Verhaftungen aufzuarbeiten bzw. neu auszuleuchten.[47] Bereits im Mai 1990 entstand im nahe gelegenen Johanngeorgenstadt eines der ersten Erinnerungszeichen für Stalinismus-Opfer.[48] Es dauerte noch knapp 13 Jahre, bis am

12. April 2003 auf Initiative der Vereinigung der Opfer des Stalinismus e. V. (VOS) im Park des Schwarzenberger Schlosses ein Gedenkstein eingeweiht wurde.[49] Die Wahl des Ortes erfolgte nicht zufällig: Vor und nach 1945 wurden Teile des Schlosses als Gefängnis genutzt. Zu den Gefangenen zählte auch Ernst Rietzsch. Im Gebäude selbst erinnerte bereits im November 1997 eine temporäre Ausstellung an verschiedene Gefangenenschicksale, 2006 folgte eine kleine Dauerausstellung.[50] Seit der Renovierung des Schlosses und der Umwandlung in das Erlebnismuseum „Perla Castrum" wird die Thematik im Ausstellungsabschnitt zur Stadtgeschichte und im Schlossturm behandelt – jedoch ohne näher auf die Biografien der Verhafteten einzugehen.

Seit den 1990er Jahren gibt es wiederholt Bestrebungen, die Haft des ehemaligen Oberbürgermeisters Rietzsch allein als Revanche für Auseinandersetzungen mit örtlichen kommunistischen Funktionären in den 1920er Jahren zu erklären.[51] Die sowjetischen Gerichtsunterlagen und neuere Forschungen verweisen dagegen auf sein Agieren in der Militärverwaltung während des Zweiten Weltkriegs. Trotz der offensichtlichen Beteiligung an Kriegsverbrechen wurde Rietzsch 1994 von der Russischen Militärhauptstaatsanwaltschaft rehabilitiert. Über seine Rolle als Oberbürgermeister äußerte sich die heutige sächsische Landesbeauftragte zur Aufarbeitung der SED-Diktatur Nancy Aris nach intensiven Recherchen im Jahr 2005:

> Diese Zusammenschau der Dokumente zeigt einen Bürgermeister, der sich mit den Nationalsozialisten arrangiert hatte, um seine Position zu halten, der sich in dieser Hinsicht aktiv einbrachte und nicht abseits der Entscheidungsprozesse stand oder gar als Widerständler in Erscheinung trat.[52]

Die Biografie von Ernst Rietzsch ist nicht die einzige Personalie in Schwarzenberg, die für Aufregung sorgt. Stärker noch wird über den ehemaligen Speziallagerhäftling Friedrich Emil Krauß (1895–1977) diskutiert, dessen Wirken als Industrieller und Förderer erzgebirgischer Volkskunst während der NS-Zeit polarisiert. Während Krauß einerseits bis heute mit technischen Innovationen, der sozialen Fürsorge für Teile seiner Belegschaft und der Kulturförderung in Verbindung gebracht wird, kritisieren andere seine Nähe zu ranghohen NS-Funktionär:innen und die Beschäftigung von mehr als 300 Zwangsarbeiter:innen während des Krieges in seinem Betrieb.[53] Als seine Erben einen Entschädigungsantrag für das nach 1945 enteignete Eigentum stellten, kam die Landesdirektion Sachsen 2019 zu dem Schluss, dass Krauß – trotz der aufgeführten Verstrickungen in das NS-Regime und der Zwangsarbeit in seinem Unternehmen – nicht gegen die Grundsätze der Menschlichkeit und Rechtsstaatlichkeit verstoßen habe. Er hätte sich vielmehr im Rahmen des Möglichen gegen die NS-Gewaltherrschaft gestellt.[54]

Eine schleppende Auseinandersetzung mit den nationalsozialistischen Verbrechen, jahrzehntelanges Schweigen über die Verhafteten der unmittelbaren Nachkriegszeit und die umfangreiche Legendenbildung über das unbesetzte Gebiet erweisen sich vor Ort als schwere Hypothek. Der Mythos ist nicht aus der Welt und seine unterschiedlichen Lesarten von links bis rechts ermöglichen es jeder:jedem, sich auch in Zukunft die passende Erzählung über „die letzten Stunden des Dr. Rietzsch" herauszusuchen.

Bürgermeister der „ersten Stunden": Zum Beispiel Rudolstadt, Aschersleben und Zeitz

Die sowjetische Besatzungsmacht verhaftete jedoch nicht nur Bürgermeister, die während des Nationalsozialismus amtierten. Auch Personen, die diese Funktion erst nach Kriegsende übernahmen, konnten in das Visier des NKVD geraten. Die Verhaftungen erfolgten aus unterschiedlichen Gründen: Diese konnten in der NS-Zeit zu finden sein, wie beispielsweise eine (vermeintliche) Spitzeltätigkeit für die Gestapo oder die Beschäftigung von (sowjetischen) Zwangsarbeitern im eigenen Betrieb. Andere Bürgermeister wurden aufgrund ihrer politischen Haltung und der daraus gefolgerten Gegnerschaft zur neuen gesellschaftlichen Ordnung inhaftiert. Im Folgenden sollen drei Fälle aufgezeigt werden.

Sozialdemokrat hinter Gittern: Gustav Hartmann (1916–1950)

1947 wurde Gustav Hartmann zum Oberbürgermeister von Rudolstadt ernannt. Geboren 1916, engagierte er sich während der Zwischenkriegszeit in der Sozialistischen Arbeiter-Jugend, absolvierte 1936 sein Abitur und wurde nach seiner Lehre zum Verwaltungsangestellten zur Wehrmacht eingezogen.[55] Nach dem Zweiten Weltkrieg setzte sich Hartmann für die Wiedergründung der SPD ein und wurde 1946 Mitglied der SED. Die Situation innerhalb der Partei kritisierte er intern und sprach sich gegen die zunehmende Stalinisierung der SED und die Verfolgung von Sozialdemokrat:innen in der SBZ aus. Gemeinsam mit Gleichgesinnten hielt er Kontakte nach Berlin und gab Informationen über Repressionen weiter, die an verschiedene Stellen im Westen weitergeleitet wurden – so u. a. an den US-amerikanischen Sender RIAS und die Presse.[56] Im Februar 1949 verhaftete die sowjetische Besatzungsmacht einige Personen aus diesem Kreis, darunter auch Hartmann. Ein Militärtribunal verurteilte ihn in Weimar wegen „Spionage", „antisowjetischer Propaganda" und „illegaler Gruppenarbeit" zu 25 Jahren Haft. In der Haftanstalt Bautzen I, umgangssprachlich „Gelbes Elend" genannt, verstarb er schließlich am 25. Juli 1950 aufgrund einer unbehandelten Rippenfellentzündung.

Bis 1989 verschwand Gustav Hartmann aus dem offiziellen Erinnerungskanon. Auch der ehemalige SPD-Kreisvorsitzende Karl Langebach (nun SED) ließ den früheren Parteigenossen fallen und stieg auf der Karriereleiter beständig empor: Zwischen 1957 und 1969 übte er selbst das Amt des Rudolstädter Oberbürgermeisters aus. Erst mit dem Ende der DDR konnte das Schicksal Hartmanns öffentlich thematisiert und seiner gedacht werden.[57] Im November 1998 protestierte die damalige CDU-Bundestagsabgeordnete Vera Lengsfeld gemeinsam mit örtlichen Christdemokraten auf eine ungewöhnliche Art für eine öffentliche Ehrung des ehemaligen Oberbürgermeisters. In einem Rudolstädter Neubaugebiet „benannten" sie kurzerhand die dortige Karl-Langebach-Straße, wo zudem Hartmanns

Witwe lebte, in Gustav-Hartmann-Straße um. Die Initiator:innen der Umbenennung wollten auf die – in ihren Augen – schleppende Umbenennung öffentlicher Straßen und Plätze in der Saalestadt aufmerksam machen.[58] Auf einem Flugblatt sprachen sie sich „gegen das Vergessen" aus und unterstrichen die Bedeutung der in ihren Augen notwendigen Änderung: „Straßenschilder sind kein bedeutungsloses Blech, sondern lassen Rückschlüsse zu auf den Geist einer Stadt und auf ihre Bindung an die Geschichte."[59] Es war der Höhepunkt einer bereits seit längerer Zeit schwelenden Auseinandersetzung um DDR-Straßenbenennungen, an der auch Hermann Kreutzer (SPD) maßgeblich beteiligt war, der als Hartmanns Vertrauter ebenfalls 1949 verhaftet worden war und mehrere Jahre in der Haftanstalt Bautzen I verbracht hatte.[60] Kreutzer, ehemals als Ministerialdirektor im Bundesministerium für innerdeutsche Beziehungen aktiv, unterstützte die CDU-Aktivist:innen und fragte wenige Tage vor der Aktion mit Rückgriff auf die Straßenumbenennungen nach dem Ende des Dritten Reiches und die missliche Situation nach 1989/90 provokativ: „Warum gibt es in Weimar keine Fritz-Sauckel-Straße?" Die Aufarbeitung der zweiten deutschen Diktatur sei bisher nicht zuletzt an den Straßenschildern des Landes gescheitert.[61]

Allerdings teilten diese Sicht nicht alle in der Saalestadt, wie am Tag nach der Aktion in der Regionalpresse zu lesen war: „Die Anwohner haben mit Desinteresse bis Gereiztheit gezeigt, was sie vom Namensstreit halten. Und so blieb die gestrige Aktion der Jungen Union das, was sie vermutlich auch gedacht war: ein Medienspektakel im kühlen Rudolstadt im Jahre Neun

CDU-Protestaktion zur Erinnerung an den Nachkriegs-Oberbürgermeister Gustav Hartmann in Rudolstadt, 5. November 1998. Unter den Teilnehmenden der Guerilla-Aktion befanden sich u. a. die damalige Bundestagsabgeordnete Vera Lengsfeld (rechts) und das Landtagsmitglied Gert Wunderlich (Mitte). Ostthüringer Zeitung, Fotograf: Thomas Spanier.

nach dem Mauerfall."[62] Wenige Jahre zuvor bewies der Stadtrat Rückgrat, als nach einem Neonazi-Aufmarsch der „Bahnhofsplatz" jenen Namen zurückerhielt, den er noch wenige Monate zuvor trug: Platz der Opfer des Faschismus.[63] Diese doppelte Umbenennung und der medienwirksame Auftritt von Vera Lengsfeld zugunsten Gustav Hartmanns animierten das Nachrichtenmagazin „Der Spiegel" schließlich im Januar 1999 zur Posse „Das Blech von Rudolstadt".[64] Die russische Hauptmilitärstaatsanwaltschaft rehabilitierte Gustav Hartmann kurze Zeit später.[65] Am 25. Juli 1999 erinnerte Rudolstadt mit einem Gedenkakt an den 49. Todestag ihres einstigen Stadtoberhauptes. Sein Porträt hängt seitdem unweit seines früheren Büros im Rathaus.[66] Auf einer kleinen Tafel unter dem Bild heißt es: „Dem Toten zur

Ehre – den Lebenden zur Mahnung" – ein Verweis auf das Mahnmal an eben jenem zweifach umbenannten OdF-Platz, für dessen Realisierung sich Hartmann als Oberbürgermeister einst einsetzte.[67]

Zweifache Hafterfahrung: Otto Gehler (1894–1958)

Ähnlich – wenn auch etwas verworrener – gestaltete sich die Situation in Aschersleben. Unter US-amerikanischer Besatzung übernahm Otto Gehler im Mai 1945 zunächst das Amt des Polizeichefs und kurze Zeit später die Funktion des Oberbürgermeisters. Gehler entstammte einer Arbeiterfamilie, war 1917 der USPD beigetreten und hatte im Januar 1919 die Spartakusgruppe Aschersleben gegründet, aus der kurze Zeit später die KPD hervorging.[68] Zwischen 1928 und 1933 saß er für die KPD im Stadtrat. Die Nationalsozialist:innen verhafteten ihn 1933, zwei Jahre später wurde Gehler wegen Hochverrats verurteilt und in das Gefängnis Celle überstellt. Weitere Stationen seiner Haft waren das KZ Buchenwald (1939–1943) und das KZ Herzogenbusch in den besetzten Niederlanden. Nach dem Tod seines Sohnes wurde er 1943 entlassen und arbeitete bis Kriegsende als Sanitäter in einem Fremdarbeiterlager der Junkerswerke Aschersleben.[69]

Mit seiner Biografie schien Gehler in den Augen der US-amerikanischen Besatzungsmacht vermutlich geradezu prädestiniert für die Funktion des Stadtoberhaupts zu sein – wenngleich er die Neuorganisation der örtlichen KPD zunächst noch ohne Genehmigung vorantreiben musste. Als Oberbürgermeister blieb er nur kurz im Amt, bereits am 22. Oktober 1945 verhaftete ihn der sowjetische Geheimdienst NKVD als vermeintlichen „Agenten der Gestapo". Über das Speziallager Nr. 1 Mühlberg/Elbe kam Gehler 1948 nach Buchenwald und wurde zwei Jahre später den DDR-Behörden übergeben.[70] In den Waldheimer Prozessen verurteilt, endete seine Haft-Odyssee erst mit der vorfristigen Entlassung 1952. Im Gegensatz zu anderen wurde er 1956 rehabilitiert, auch die SED – als Nachfolgerin der KPD – nahm ihn wieder in ihre Reihen auf. Kurz vor seinem Tod 1958 warb die Staatssicherheit Otto Gehler als Geheimen Mitarbeiter an.[71]

Trotz seiner Speziallagerinternierung vergaß die Stadt ihren prominenten Sohn in den Folgejahren nicht. Gehler wurde in die offizielle Erinnerungskultur zur lokalen Arbeiterbewegung integriert. Auf dem 1974 neugestalteten Denkmal für die Märzgefallenen und Opfer des Faschismus findet sich bis heute sein Name, zudem wurde die Aschersleber Kuntzestraße 1981 nach ihm umbenannt.[72] Über seine Verhaftung und Internierung durch die sowjetische Besatzungsmacht schwieg sich der offizielle Gedenkkanon allerdings bis 1989 aus. Anhand dieser biografischen Verkürzung verwundert es nicht, dass die Otto-Gehler-Straße im April 1991 wieder rückbenannt wurde.[73] Die Stadt sah ihren ehemaligen Oberbürgermeister hier nun weniger als Opfer stalinistischer Repression denn als belasteten KPD-/SED-Kader, dessen Wirken in der örtlichen kommunistischen Bewegung – und als vermeintlicher Stasi-Spitzel – eine Ehrung dieser Art ausschloss. Auch sein Status als Opfer des NS-Regimes konnte daran nichts ändern.

Zeitzer Gloriole: Arthur Jubelt (1894–1947)

Zu den durch die US-amerikanische Besatzungsmacht eingesetzten Oberbürgermeistern gehörte auch Arthur Jubelt (1894–1947) in Zeitz. Er wuchs in einem kaisertreuen Elternhaus auf. Sein Militärdienst an der Ostfront während des Ersten Weltkriegs, die Oktoberrevolution und das Ende des Kaiserreichs ließen Jubelt nicht von seinem Glauben an die Monarchie abrücken. Nach einem Studium der Rechtswissenschaft und Kunstgeschichte in Tübingen und München stieg er in den elterlichen Verlag Reinhold Jubelt ein, den er 1934 übernahm und in dem er bis 1943 die „Zeitzer Neuesten Nachrichten" herausgab. Die US-amerikanische Besatzungsmacht setzte ihn am 25. April 1945 als ersten Zeitzer Oberbürgermeister nach dem Krieg ein, der er zunächst auch noch nach dem Besatzungswechsel blieb. Der Amtsenthebung am 17. Juli 1945 folgte wenig später die Verhaftung durch die Zeitzer NKVD-Operativgruppe unter dem Vorwurf „Zeitungsredakteur". Jubelt wurde in das Speziallager Nr. 2 Buchenwald gebracht. Dort verstarb er an den Folgen der desaströsen Lebensbedingungen am 6. Dezember 1947.

Seit seiner Verhaftung durch die sowjetische Besatzungsmacht und vor allem seit dem Bekanntwerden seines Todes hält sich das Bild Arthur Jubelts als „Naziverächter"[74]. Es wird versucht, seine Biografie in die Geschichte des Widerstands gegen den Nationalsozialismus einzuschreiben. Infolge seiner tödlich endenden Speziallagerinternierung gilt er nach dieser Lesart als Opfer *zweier* diktatorischer Systeme. Im Jahr 2000 ehrte die Stadt Zeitz Arthur Jubelt mit einem Eintrag im Goldenen Buch der Stadt. An seinem Wohnhaus in der Brüderstraße 14/16 wurde eine Gedenktafel angebracht, die die Inschrift trägt: „Hier lebte und wirkte / ARTHUR JUBELT / * 31.1.1894 in Zeitz / † 6.12.1947 in Buchenwald / Kunsthistoriker und Verleger / Erster Kommissarischer / Oberbürgermeister / der Stadt Zeitz nach 1945 / STADT ZEITZ". Hans-Joachim Richter zeichnet in seiner Jubelt-Biografie „Passion Zeitz" von 2015 das oben genannte Opfer-Bild, nicht ohne die repressive NS-Diktatur durch Rückgriff auf Jubelts Einzelschicksal zu verharmlosen:

> Die Aura seiner [Jubelts, Anm. d. Aut.] Person war zu stark, als daß er sich als parteiloser Verleger aus den ihm lästigen politischen Streitsphären hätte heraushalten können. Er geriet unweigerlich zwischen die Fronten, umstellt von politisch Andersdenkenden. [...] Um überleben zu können, mußte er sich politisch intelligent zur Wehr setzen, *wobei er unter den Nazis nicht um sein Leben fürchten mußte. Dieses verlor er erst in Friedenszeiten, unter den Verhältnissen des stalinistischen Terrors.*[75]

Jubelts Internierung ohne rechtsstaatliche Grundlage, sein Tod und das würdelose Verscharren seiner sterblichen Überreste in einem Massengrab auf dem Ettersberg geben dieser Sicht auf seine Person seit dem Ende der DDR zunehmend Auftrieb. Es ist unbestreitbar, dass Jubelt zum „Opfer der Internierungspolitik der sowjetischen Besatzungsmacht" geworden ist.[76] Gleichfalls darf jedoch seine Unterstützung propagandistischer Großveranstaltungen in Zeitz (etwa beim Besuch des Generals von Mackensen 1936 und für den NS-Marinegautag 1938) nicht vergessen werden, die seine „aktive Mitträgerschaft der nationalsozialistischen Diktatur" deutlich machen.⁷⁷

Dass die kritische Auseinandersetzung mit Jubelts Biografie und seinem journalistischen Schaffen nach wie vor notwendig, ja überfällig ist, zeigt eine jüngste Tafelsetzung in Zeitz. Die deutsche Sektion der Menschenrechtsorganisation Memorial unterstützte im Rahmen des Projekts „Letzte Adresse" (russ. „Poslednij adres") eine öffentliche Ehrung Arthur Jubelts. Bereits seit 2013 werden in Russland – aber auch in anderen Staaten – Tafeln an den letzten Wohnorten von Personen angebracht, „die von 1918 bis 1991 im Rahmen politischer Verfolgung durch sowjetische Behörden schuldlos ihr Leben verloren".⁷⁸ Das Konzept orientiert sich an den seit den 1990er Jahren verlegten „Stolpersteinen" für die Opfer des Nationalsozialismus. Das Projekt „Letzte Adresse" wurde 2019 auch nach Deutschland übertragen. Stärker noch als in den Nachfolgestaaten der UdSSR, wo ebenfalls „Letzte Adressen" *und* „Stolpersteine" eingeweiht werden, gerät das Vorhaben hier durch die äußere Gestaltung und die Auswahl der Biografien⁷⁹ in das problematische Fahrwasser einer totalitarismustheoretischen Nivellierung beider deutscher Diktaturen und einer Wahrnehmung der Erinnerungszeichen als „Stolpersteine 2.0". Bis Oktober 2023 weihte Memorial Deutschland in der Bundesrepublik neun Erinnerungszeichen ein.⁸⁰ Mit Arthur Jubelt wählte die Menschenrechtsorganisation erstmals eine Person aus, die nicht durch ein SMT verurteilt und zur Erschießung bzw. Strafverbüßung in die Sowjetunion überstellt wurde.⁸¹ Die Gedenkstätte Buchenwald meldete im Mai 2023 Bedenken gegen eine Tafelsetzung für Arthur Jubelt an.⁸² Stiftungsdirektor Dr. Jens-Christian Wagner verwies auf

„Letzte Adresse" für den ehemaligen Oberbürgermeister Arthur Jubelt in Zeitz, Mai 2023. Gedenkstätte Buchenwald, Fotografin: Natal'ja Barišnikova.

das völkisch-antisemitische Portfolio des Verlags Reinhold Jubelt. Kritik äußerte er auch gegenüber der lautstark propagierten Darstellung Jubelts als NS-Gegner und seiner Unterstützung für rassistisch bzw. politisch Verfolgte.⁸³ Die Gefahren der entstandenen „Gloriole" um den Geehrten für die erinnerungskulturelle Praxis benannte Wagner deutlich:

Form und Inhalt der geplanten Gedenkplatte stehen einer differenzierten Auseinandersetzung mit der Biographie Arthur Jubelts entgegen, vielmehr ist zu befürchten, dass diese Denkmalsetzung vor allem denjenigen nützt, die eine antidemokratische, relativierende Geschichtspolitik befürworten.⁸⁴

Dessen ungeachtet wurde die „Letzte Adresse" für Arthur Jubelt am 26. Mai 2023 in der Zeitzer Brüderstraße 14/16 neben der bereits bestehenden Gedenktafel eingeweiht. Die neue Tafel trägt die Inschrift: „Hier lebte / Arthur Jubelt / Kunsthistoriker, Verleger / Geboren 1894 / Verhaftet 05.09.1945 / Im Speziallager Buchenwald / gestorben 06.12.1947".[85] Es bleibt zu hoffen, dass sie zu einer kritischen öffentlichen Auseinandersetzung um seine Person anregt, die neue Forschungsergebnisse zeitigt.

Fazit

Die (Ober-)Bürgermeister galten – neben den lokalen NSDAP-Parteigrößen – als sichtbarste Vertreter des NS-Staats vor Ort. Sie nahmen an propagandistischen Aufmärschen teil, eröffneten Schwimmbäder und übergaben Wohnhäuser an die „Volksgemeinschaft". Auf der anderen Seite beteiligten sie sich – in unterschiedlichem Maße – an der Verfolgung von politischen Gegner:innen des Nationalsozialismus, wirkten an der Entrechtung und Ausgrenzung der jüdischen Einwohner:innen mit. Nach dem Krieg waren sie selbst von Verhaftungen betroffen. Ihre Namen verschwanden aus den Rathäusern, allerdings nicht aus den Köpfen vieler Einwohner:innen. Die Tabuisierung sowjetischer Verhaftungen in den folgenden Jahrzehnten und die fehlende gesellschaftsgeschichtliche Auseinandersetzung mit den NS-Verbrechen und der eigenen Schuld wirkten im Zusammenspiel fatal: Nach 1989/90 war es möglich, dass ehemalige NS-Bürgermeister für ihren persönlichen Einsatz bei der kampflosen Übergabe der Ortschaften an die Besatzungstruppen im Jahr 1945 zu Ehren kommen konnten – vor allem, wenn sie anschließend durch die sowjetische Besatzungsmacht verhaftet wurden. Dass die Verhaftungen dabei auch vor jenen Bürgermeistern nicht haltmachten, die nach Kriegsende eingesetzt wurden, beweisen die ausgewählten Beispiele aus Aschersleben, Rudolstadt und Zeitz. Angehörige, die über vier Jahrzehnte keinen angemessenen Raum für ihre Trauer fanden, setzten sich nach dem Ende der DDR für die öffentliche Erinnerung an die ehemaligen Stadtoberhäupter ein und fanden vielerorts regen Zuspruch von Heimatforscher:innen und Politiker:innen. Die Renaissance der Totalitarismustheorie in den 1990er Jahren förderte die Wahrnehmung vieler NS-Bürgermeister als „Opfer des Stalinismus" – die sie zweifelsohne, aber eben nicht nur waren und deren Platz in der lokalen Erinnerungskultur es nun zu bestimmen galt. Es hing und hängt von der Zivilgesellschaft und den Politiker:innen vor Ort ab, ihre Biografien kritisch nachzuverfolgen, örtliche Archive und externe Wissenschaftler:innen zu kontaktieren und mögliche Ehrungen – etwa durch Straßenbenennungen und Erinnerungszeichen – zu hinterfragen. Und auch die vollzogene Setzung eines Erinnerungszeichens sollte nicht der Schlusspunkt der Auseinandersetzung mit einer Biografie oder dem geschilderten Fall sein, sondern vielmehr Anregung für weitere, auch über den regionalen Raum hinausgehende Recherchen geben, um eigenwilligen Analogien und der Verklärung zu begegnen.

Christina Ramsch/Franz Waurig

Anmerkungen

1. Deutschland ist so groß und schön. Reise nach Wurzen, Regie: Günter Jordan, Erstsendung: Deutscher Fernsehfunk-Länderkette, 7. Februar 1991, Deutsches Rundfunkarchiv, Produktionsnummer: 041184.
2. Im Folgenden wird der besseren Lesbarkeit wegen für das Amt im Allgemeinen nur der Begriff „Bürgermeister" benutzt, der auch die Oberbürgermeister einschließt. Bei Einzelbeispielen wird die korrekte Bezeichnung verwendet. Laut „Deutscher Gemeindeordnung" von 1935 führte „der Bürgermeister [...] in Stadtkreisen die Amtsbezeichnung Oberbürgermeister". Siehe: Die Deutsche Gemeindeordnung, in: Reichsgesetzblatt I, Nr. 6, 30. Januar 1935, S. 49–64, hier 53.
3. Ebd., S. 49.
4. Zur Forschung über die Bürgermeister und Stadtverwaltungen im Nationalsozialismus siehe u. a. Buddrus, Michael/Fritzlar, Sigrid: Die Städte Mecklenburgs im Dritten Reich. Ein Handbuch zur Stadtentwicklung im Nationalsozialismus, ergänzt durch ein biographisches Lexikon der Bürgermeister, Stadträte und Ratsherren, Bremen 2011; Leitzgen, Franziska: Die Rolle der Trierer Oberbürgermeister im Nationalsozialismus: Ludwig Christ (1933/34–38) und Dr. Konrad Gorges (1938–45). Ein Gutachten, Trier 2020 (= Publikationen aus dem Stadtarchiv Trier 8); Weil, Francesca: Entmachtung im Amt. Bürgermeister und Landräte im Kreis Annaberg 1930–1961, Köln/Weimar/Wien 2004 (= Geschichte und Politik in Sachsen 21). Zu Bürgermeistern, die seitens der sowjetischen Besatzungsmacht Repressionen erfuhren, siehe auch Düsing, Michael: „Denkbar beste Zusammenarbeit" – Wie ein Oberbürgermeister und seine Verwaltungselite „kritische Zeiten meisterte", in: Mitteilungen des Freiberger Altertumsvereins (2016) 109/110, S. 311–393; Schmeitzner, Mike/Woyke, Meik: Oberbürgermeister auf Bewährung. Der Fall Albert Schulz, in: Hilger, Andreas/Schmeitzner, Mike/Schmidt, Ute (Hg.): Sowjetische Militärtribunale. Bd. 2: Die Verurteilung deutscher Zivilisten 1945–1955, Köln/Weimar/Wien 2003, S. 519–536.
5. Befehl des Volkskommissars für Inneres Nr. 16 „Über Maßnahmen zur Säuberung des Hinterlandes der Roten Armee von feindlichen Elementen", 11. Januar 1945, in: Mironenko, Sergej u. a. (Hg.): Sowjetische Speziallager in Deutschland 1945 bis 1950. Bd. 2: Sowjetische Dokumente zur Lagerpolitik, Berlin 1998, S. 142–146, hier S. 144; Befehl des Volkskommissars für Inneres Nr. 00101 „Über ergänzende Maßnahmen zu den Befehlen des NKVD der UdSSR Nr. 0016 vom 11. Januar und Nr. 0061 vom 6. Februar 1945", 22. Februar 1945, in: ebd., S. 157–159, hier S. 158.
6. Befehl des Volkskommissars für Inneres Nr. 00315 „Zur teilweisen Abänderung des Befehls des NKVD der UdSSR Nr. 0016 vom 11. Januar 1945", 18. April 1945, in: ebd., S. 178–180, hier S. 178–179.
7. Vgl. Information des Leiters der Abt. Speziallager „Über das vorhandene Spezkontingent in den MVD-Speziallagern auf dem Territorium Deutschlands", 30. Oktober 1946, in: ebd., S. 247–248, hier S. 247.
8. Alliierter Kontrollrat, Direktive Nr. 38 vom 12. Oktober 1946, in: Regierungsblatt für das Land Thüringen, Teil III: Gesetze und Befehle des Alliierten Kontrollrats und Befehle der Sowjetischen Militär-Administration, Weimar, 7. Februar 1947, S. 2.
9. Schreiben des SMAD-Chefs Sokolovskij und des MVD-Bevollmächtigten Serov an Stalin und Berija mit Vorschlägen zur Entlassung von 35.000 Personen aus den Speziallagern, 4. Dezember 1946, in: Mironenko u. a. (Hg.): Sowjetische Speziallager, Bd. 2, S. 264–266, hier S. 266.
10. So finden sich bspw. bei dem ehemaligen Weimarer Oberbürgermeister und Speziallagerinternierten Otto Koch die Eintragungen „Bürgermeister von Weimar" (Transportliste) und „SA-Mitglied" (Lagerjournal). Siehe Transportliste, 31. Mai 1946, Hauptstaatsarchiv der Russländischen Föderation, [GA RF] Moskau, f. 9409, op. 1, d. 495, l. 257; Lagerjournal, GA RF, f. 9409, op. 1s, d. 10, l. 132.
11. In Ausnahmefällen haben Angehörige die Registraturakten der Internierten, einschließlich Verhörprotokollen, beim Föderalen Sicherheitsdienst der Russischen Föderation in Omsk angefordert und der Gedenkstätte Buchenwald zugänglich gemacht.
12. Bei den beiden nach Kriegsende eingesetzten Bürgermeis-

tern handelt es sich um Dr. jur. Ernst Flechtheim (1910–1945, 2. Bürgermeister von Berlin-Zehlendorf) und Emil Gebhardt (1887–1947, Bürgermeister von Pödelist). Gebhardt wurde gemeinsam mit seinem Vorgänger Willi Hofmann (?–1947, NSDAP, bis Juni 1945 Bürgermeister) und anderen wegen „Mordes an einem Fremdarbeiter" verurteilt und hingerichtet. Vgl. Weigelt, Andreas u. a. (Hg.): Todesurteile sowjetischer Militärtribunale gegen Deutsche (1944–1947). Kurzbiographien, Göttingen 2015, S. 20, 28, 29, 39, 74, 119, 144, 147, 149, 159, 162, 166, 190, 195, 199, 210, 213, 218, 273, 285, 304, 322, 361, 372, 430, 454, 469, 482, 514, 518, 559, 562, 584, 613, 623, 626, 632, 635, 644, 661, 677, 701, 710, 720, 730, 734, 742 (= Schriften des HAIT 56).

13 Arno Methefessel (1901–1946?) wurde unter dem Vorwurf einer Tätigkeit als „Bürgermeister von Apolda" 1946 in Weimar zum Tode verurteilt und vermutlich auch dort hingerichtet. Allerdings gibt es keinen Nachweis, dass Methefessel als Bürgermeister tätig war. Vgl. ebd., S. 454; Auskunft des Stadtarchivs Apolda an die Autor:innen, 30. Mai 2023.

14 Es handelt sich um Horst Gaede (1921–1951, Bürgermeister von Lychen/Kreis Templin), Erwin Köhler (1901–1951, Bürgermeister von Potsdam), Johannes Manzel (1894–1951, Bürgermeister von Langenhagen/Eichsfeld) und Wilhelm Schultz (1914–1952, Bürgermeister von Sellin). Vgl. Roginskij, Arsenij u. a. (Hg.): „Erschossen in Moskau …". Die deutschen Opfer des Stalinismus auf dem Moskauer Friedhof Donskoje 1950–1953, Berlin ³2008, S. 191–192, 266, 299, 399.

15 Vgl. Erlaß des Reichsführers SS, in: Reichenbacher Tageblatt und Anzeiger, 12. April 1945.

16 So formuliert auf einer Widmungsinschrift auf einem Gedenkkreuz auf dem individuellen Trauerplatz für den im Speziallager Nr. 2 Buchenwald verstorbenen Weimarer NS-Bürgermeister Otto Koch. Die Gedenkstätte Buchenwald ließ die Plakette mit der Inschrift 1995 entfernen und gab sie den Angehörigen zurück.

17 Siehe Autorenkollektiv (unter Leitung von Wolfgang Schumann/Olaf Groehler): Deutschland im zweiten Weltkrieg, Bd. 6, Berlin (Ost) 1985, S. 659–674, zitiert nach S. 659.

18 1962 begann die DDR-Wochenzeitung in loser Folge mit der „Veröffentlichung einer Reihe fast unbekannter Begebenheiten aus den letzten Tagen des Faschismus". Die gedruckten Artikel und weitere Beiträge erschienen 1966 in Buchform. Vgl. „Oberst Petri sagte ‚nein'", in: Wochenpost, 25. August 1962, später erschienen in: Höntsch, Ursula/Hüttner, Hannes: Die Stunde Null. Tatsachenberichte über Erlebnisse aus den letzten Tagen des zweiten Weltkrieges, Berlin (Ost) 1966, S. 17–21 (Beitrag über Gustav Petri); Harendt, Alfred: Parlamentäre kehren nicht zurück, in: ebd., S. 99–113 (Beitrag über Joseph von Gadolla).

19 Vgl. Harendt, Alfred: Es geschah vor Greifswald, in: ebd., S. 93–98. Der „Verlag der Nation", Parteiverlag der Nationaldemokratischen Partei Deutschlands (NDPD), gab den Roman bis 1988 in 23 Auflagen heraus. 1961 wurde er durch das DDR-Fernsehen als Miniserie verfilmt. Vgl. Petershagen, Rudolf: Gewissen in Aufruhr, Berlin (Ost) 1957, ²³1988; Adam, Christian: Der Traum vom Jahre Null. Autoren, Bestseller, Leser: Die Neuordnung der Bücherwelt in Ost und West nach 1945, Berlin 2016, S. 195–203; Gewissen in Aufruhr, fünf Teile, Regie: Hans-Joachim Kasprzik, Günter Reisch, Erstsendung: Deutscher Fernsehfunk, 5./7./10./12./14. September 1961.

20 Vgl. Bevölkerung in Vorpommern litt schwer nach der Besetzung, in: Ostsee-Zeitung (Greifswald), 1. August 2022; Sprecherrat der Arbeitsgemeinschaft Fünfeichen: Die Opfer von Fünfeichen. Gedanken und Erinnerungen, Bozen 2000, S. 199.

21 Vgl. Schreiben von Oberbürgermeister Dr. Otto Schreiber an den Kreishauptmann zu Zwickau über die Veräußerung jüdischer Gewerbebetriebe, 29. August 1938, Stadtarchiv Reichenbach/Vogtland, Bestand Sicherheitspolizei, Sign. XI L 44, Judensachen, Bd. 2, 1938–1940, unpag.

22 Vgl. Personalakte Dr. Otto Schreiber, Stadtarchiv Reichenbach/Vogtland, o. Sign., Bl. 47, 54, 69, 70, 144a.

23 Vgl. Nitzschke, Werner: Am 17. April 1945 war für Reichenbach der Zweite Weltkrieg zu Ende, in: Reichenbacher Kalender 38 (2005), S. 92–96; Zabel, Ariane: Christine Liszewski, geb. Schneider – „Unser Leben hätte anders verlaufen können", in: dies.: „Man will es vergessen und vergisst keinen Tag." Erinnerungen an politische Gefangenschaft, Dresden 2016, S. 13–21; Viebahn, Wolfgang (Hg.): Das Kriegsende im

24 Bomber über Reichenbach, in: Wochenpost, 6. März 1965; siehe auch: Buchstäblich in letzter Minute, in: Freie Presse (Reichenbach), 19. April 1958.
25 Vgl. Tochter kämpft für Vaters Ehre, in: Freie Presse (Plauen), 19. April 2010; „Er hat ein Denkmal in Reichenbach verdient", in: Freie Presse (Reichenbach), 11. September 2010.
26 Vgl. u. a. FDP-Stadtrat unterstützt Bestrebungen für Gedenktafel, in: Freie Presse (Reichenbach), 15. September 2010; „Bin gegen Gedenktafel", in: Freie Presse (Reichenbach), 21. September 2010; Kriegsende treibt Stadt weiter um, in: Freie Presse (Reichenbach), 14. Oktober 2010; Linke will Diskussion zu „Ehrentafel" verhindern, in: Freie Presse (Reichenbach), 18. Oktober 2010; „Respekt vor Schreiber", in: Freie Presse (Reichenbach), 28. Oktober 2010; „Schreiber war direkt beteiligt", in: Freie Presse (Reichenbach), 29. Oktober 2010; Mehrheit stimmt für Namenlos-Variante, in: Freie Presse (Reichenbach), 3. November 2010; Lehrstück für kommende Generationen, in: Freie Presse (Reichenbach), 9. Dezember 2010; Ehre des Vaters endlich wieder hergestellt, in: Freie Presse (Reichenbach), 10. März 2011.
27 Vgl. Gegen das Vergessen: Gedenktafel am Rathaus, in: Freie Presse (Reichenbach), 2. Mai 2003; Was zur Reichskristallnacht in Reichenbach geschah, in: Freie Presse (Reichenbach), 8. November 2003.
28 Vgl. Vorstoß: Otto Schreiber soll auf die Tafel, in: Freie Presse (Reichenbach), 27. Juli 2019; Tauziehen um Tafel-Text: Linke fürchtet Aufwertung von Nazi-OB, in: Freie Presse (Reichenbach), 28. Januar 2020; Tafel-Text: FDP-Rat greift alten Vorschlag auf, in: Freie Presse (Reichenbach), 30. Januar 2020; Tafel-Text sorgt für Mahnwache, in: Freie Presse (Reichenbach), 4. Februar 2020; Schlagabtausch um Tafel-Text geht weiter, in: Freie Presse (Reichenbach), 6. Februar 2020.
29 Vgl. Offener Brief spricht von „Lügentafel", in: Freie Presse (Reichenbach), 9. August 2023; Zeitzeugin: Haben vor Freude geweint, in: Freie Presse (Reichenbach), 19. August 2023; Was wusste Nazi-OB Schreiber von Krankenmorden?, in: Freie Presse (Reichenbach), 14. Oktober 2023.
30 Auszugsweise Abschrift aus einem Schreiben des Rechtsanwalts Koch, Ingolstadt v. 1.7.1937, BArch, ZA 561, Obj. 9.
31 Vgl. Schreiben von Oberbürgermeister Otto Koch an Paul Friebel, Kreisamtsleiter der Nationalsozialistischen Volkswohlfahrt (NSV) in Weimar, 4. Juli 1941, Stadtarchiv Weimar, HpA 102-03-18.
32 Vgl. Jansohn, Christa/Wahl, Volker (Hg.): Kriegsende in Weimar 1945. Die thüringische Landeshauptstadt während der amerikanischen Besetzung im April/Mai 1945. Dokumente und Berichte, Jena 2020, S. 84–106.
33 Ebd., S. 93, 95.
34 Briefkorrespondenz OK Blatt 9, Stadtarchiv Weimar. Siehe zur Lager-Begriffsgeschichte auch den Beitrag von Dorothee Riese und Franz Waurig im vorliegenden Band.
35 Vgl. Brief E. Koch an Dr. V. Knigge, Gedenkstätte Buchenwald, 29. September 1995, Archiv Gedenkstätte Buchenwald, Slg. Ritscher, Bürgermeister.
36 Vgl. Fotografie des individuellen Trauerplatzes auf dem Gräberfeld I, 1990, Fotograf: Bernd Schmidt, Buchenwaldarchiv, o. Sign.
37 Vgl. Günther, Gitta/Wallraf, Lothar: Geschichte der Stadt Weimar, Weimar 1975, S. 632–633.
38 Vgl. Kriegsende in Weimar: 12.4.1945, Niederschrift des OB Otto Koch, in: Thüringer Tageblatt, 6. April 1991; „Sein Bild gehört ins Rathaus", in: Thüringer Landeszeitung, 5. Februar 1994.
39 Vgl. u. a. Schley, Jens: Nachbar Buchenwald. Die Stadt Weimar und ihr Konzentrationslager 1937–1945, Köln/Weimar/Wien 1999; Knigge, Volkhard/Baumann, Imanuel: „... mitten im deutschen Volke". Buchenwald, Weimar und die nationalsozialistische Volksgemeinschaft, Göttingen 2008.
40 Aus der zahlreichen Forschungsliteratur zum Thema seien an dieser Stelle genannt: Lobeck, Lenore: Die Schwarzenberg-Utopie. Geschichte und Legende im „Niemandsland", Leipzig 2004, später erweitert erschienen als Dies.: Die Schwarzenberg-Legende. Geschichte und Mythos im Niemandsland, Leipzig ⁷2020; Pritchard, Gareth: Niemandsland: A History of Unoccupied Germany, 1944–1945,

Cambridge 2012; Ders.: Niemandsland. Das unbesetzte Territorium im Westerzgebirge April bis Juli 1945, in: Schmeitzner, Mike/Vollnhals, Clemens/Weil, Francesca (Hg.): Von Stalingrad zur SBZ. Sachsen 1943 bis 1949, Göttingen 2016, S. 205–222 (= Schriften des HAIT 60); Ulbricht, Justus H.: Vom „Niemandsland" zur „Freien Republik Schwarzenberg". Geschichte, Mythos und Erinnerung eines historischen Zufalls, in: Sächsische Heimatblätter 59 (2013) 3, S. 182–187.

41 Aris, Nancy: Rechercheberichtzur Tätigkeit von Dr. Ernst Albrecht Rietzsch während der NS-Zeit, in: 13. Tätigkeitsbericht 2004/2005 des Sächsischen Landesbeauftragten für die Unterlagen des Staatssicherheitsdienstes der ehemaligen DDR, Dresden 2005, S. 66–77, hier S. 69–76.

42 Vgl. Weigelt u. a. (Hg.): Todesurteile sowjetischer Militärtribunale. Kurzbiographien, S. 559–560; Lobeck: Die Schwarzenberg-Legende, S. 106–108.

43 Zum Roman siehe u. a.: Hutchinson, Peter: Stefan Heym – Dissident auf Lebenszeit, Würzburg 1999, S. 188–193; Tait, Meg: Taking Sides. Stefan Heym's Historical Fiction, Oxford [u. a.] 2001, S. 123–167 (= British and Irish Studies in German Language and Literature 22).

44 Arnold, Johannes: Die letzten Stunden des Dr. Rietzsch, Berlin (Ost) 1964 (= Tatsachen 32); ders.: Hauptquartier Höllental, Berlin (Ost) 1964 (= Tatsachen 36); ders.: Aufstand der Totgesagten, Halle (Saale) 1969, ⁵1987.

45 Heym, Stefan: Schwarzenberg, Berlin (Ost) 1990, S. 135.

46 Die CDU-Zeitung „Neue Zeit" druckte Heyms „Schwarzenberg" zwischen Mai und September 1990 als Fortsetzungsroman. Kurz vor dem 45. Jahrestag des Kriegsendes las Stefan Heym am 26. April 1990 in Schwarzenberg aus seinem Buch. Vgl. „Schwarzenberg" in Schwarzenberg, in: Neues Deutschland, 30. April 1990; Schwarzenberg (92 Folgen), in: Neue Zeit, 25. Mai 1990 – 11. September 1990.

47 Eine wichtige Grundlagenforschung zu den sowjetischen Verhaftungen im Gebiet Schwarzenberg leistete Lenore Lobeck. Vgl. Lobeck, Lenore: Zum Beispiel Schwarzenberg. Verhaftungen im Landkreis Schwarzenberg im Zeitraum 1945–1950, in: Zeitschrift des Forschungsverbundes SED-Staat 18 (2013) 34, S. 34–51; Dies.: Die Schwarzenberg-Legende, S. 71–77.

48 Vgl. Enthüllung eines Mahnmals für Opfer des Stalinismus, in: Freie Presse (Schwarzenberg), 19. Mai 1990.

49 Vgl. Ihr Schicksal darf sich nicht wiederholen, in: Schwarzenberger Amtsblatt, 24. April 2003, S. 1–2; Gedenkstein, in: Freiheitsglocke 53 (2003) 604, S. 6.

50 Vgl. Aufarbeitung eines dunklen Kapitels, in: Freie Presse (Schwarzenberg), 6./7. Dezember 1997; Museum erinnert auch künftig an Schicksale von Gefangenen, in: Freie Presse (Schwarzenberg), 26. April 2014.

51 Siehe Lobeck: Die Schwarzenberg-Legende, S. 78–82, 95–98, 160.

52 Aris: Recherchebericht, S. 69.

53 1995 und 2004 wurden in Schwarzenberg Ausstellungen über Krauß gezeigt, die teilweise heftige Reaktionen hervorriefen. Die „Interessensgemeinschaft Krausswerke Schwarzenberg" vertrieb 2020 eine Laterne, die sein Porträt und den Schriftzug „Schwarzenberg / sagt / DANKE / Friedrich Emil / Krauß" trug. Vgl. Kein Reinwaschen, sondern vielmehr ins Reine kommen mit F. E. Krauß, in: Freie Presse (Schwarzenberg), 30./31. Oktober 2004; Mehlhorn, Erich: Schwarzenbergs Gloriole um Friedrich Emil Krauß, in: Kinner, Klaus: 1945 – Wege in die Zukunft. Regionales – Nationales – Internationales, Leipzig 2006, S. 141–169; Lobeck, Lenore: Friedrich Emil Krauß (1895–1977). Ein Unternehmer aus dem Erzgebirge, in: Zeitschrift des Forschungsverbundes SED-Staat 20 (2015) 37, S. 35–61.

54 Vgl. Beschluss der Landesdirektion Sachsen zu den Krauss-Werken in Schwarzenberg, 27. November 2019, S. 9–13.

55 Schmeitzner, Mike: Rednerisch begabt, ehrlich und sozialistisch erzogen: Gustav Hartmann, in: Geipel, Ines/Petersen, Andreas: Black Box DDR. Unerzählte Leben unterm SED-Regime, Berlin 2009, S. 39–47, hier 40–41.

56 Ebd., S. 47.

57 Ein Opfer des Stalinismus, in: Ostthüringer Zeitung (Rudolstadt), 21. August 1991; SPD will den Ex-Bürgermeister von Rudolstadt zu Ehrenbürger machen, in: Ostthüringer Zeitung (Rudolstadt), 4. Juli 1996.

58 Disput um Straßennamen in Rudolstadt neu entfacht, in: Ostthüringer Zeitung (Rudolstadt), 6. November 1998; Streicht Pieck und Grotewohl endlich von Straßenschil-

59 dern!, in: BILD Thüringen, 23. Oktober 1998; Schmeitzner: Rednerisch begabt, ehrlich und sozialistisch erzogen, S. 47.
59 Flugblatt „Straßennamen ändern!", 1998, Stadtarchiv Rudolstadt, IV/544a, unpag.
60 Hermann Kreutzer wandte sich in der Sache mehrfach an die Stadt Rudolstadt. Siehe u. a. Schreiben von Hermann Kreutzer an den Stellvertretenden Bürgermeister von Rudolstadt Frank Krätzschmar, 2. November 1994, Stadtarchiv Rudolstadt, IV/544a, unpag.; Schreiben von Hermann Kreutzer an die Fraktionen der SPD und der CDU in der Stadtratsversammlung von Rudolstadt, 22. Oktober 1998, Stadtarchiv Rudolstadt, IV/544a, unpag.
61 Thüringen heute. Guten Morgen!, in: BILD Thüringen, 22. Oktober 1998; siehe auch Brief des Kurt-Schumacher-Kreises der SPD Berlin an die Lokalredaktion Rudolstadt der Ostthüringer Zeitung, 3. Dezember 1998, Stadtarchiv Rudolstadt, IV/544a, unpag.
62 Spektakel für Medien, in: Ostthüringer Zeitung (Rudolstadt), 6. November 1998.
63 Vgl. Abgeordnete mit Sondersitzung, in: Ostthüringer Zeitung (Rudolstadt), 28. August 1992; Dieses Schild ist zu einem befristeten Dasein verurteilt... [Bildbericht], in: Ostthüringer Zeitung (Rudolstadt), 16. September 1992.
64 „Das Blech von Rudolstadt", in: Der Spiegel, 3. Januar 1999.
65 Rehabilitierungsbescheid der Hauptmilitärstaatsanwaltschaft der Russländischen Föderation, 10. März 1999, online: https://stsg.rz-wysys.de/PersData/ShowDokument/83bb4411566f3c0ece390dacce7fb3eed0da15e20ee305955f7c8a3ce5463bf6, letzter Zugriff: 12. Januar 2024.
66 Vgl. Bähring, Gisela: Bürgermeister Gustav Hartmann (1916–1950), in: Informationshefte Rudolstadt (2016) 29, S. 9–10, hier S. 10.
67 Vgl. https://www.rudolstadt.de/stadt/stadtrat/historisches/der-buergermeister-gustav-hartmann, letzter Zugriff: 26. Juni 2023.
68 Lebenslauf und Kurzbiographie von Otto Gehler, 4. April 1956, in: Personalakte des Ministeriums für Staatssicherheit zu Otto Gehler, BArch, MfS BV Halle, AIM 174/59, Bl. 9–12; Schreiben der MfS-Kreisdienststelle Aschersleben über den Vorschlag zur Werbung des Gehler, Otto als Deckadresse, 27. Mai 1958, ebd., Bl. 15–18.
69 Häftlingspersonalkarte zu Otto Gehler, 1943, ITS Digital Archive, Arolsen Archives, Signatur: 01011202 018.412.
70 Vgl. Transportliste, GA RF, f. 9409, op. 1, d. 504, l. 116; Kommissionsliste, GA RF, f. 9409, op. 1, d. 171, l. 7; Fippel, Günther: Antifaschisten in „antifaschistischer" Gewalt. Mittel- und ostdeutsche Schicksale in den Auseinandersetzungen zwischen Demokratie und Diktatur (1945 bis 1961), Guben 2003, S. 194.
71 Schreiben der MfS-Kreisdienststelle Aschersleben über den Vorschlag zur Werbung des Gehler, Otto als Deckadresse, 27. Mai 1958, MfS BV Halle, AIM 174/59, Bl. 15–18; Bericht der MfS-Kreisdienststelle Aschersleben über die durchgeführte Werbung des Gehler, Otto als Deckadresse, 30. Mai 1958, ebd., Bl. 19–20; Verpflichtung von Otto Gehler, 30. Mai 1958, ebd., Bl. 21–22.
72 Vgl. Genossen gaben Straßen den Namen, in: Freiheit (Aschersleben), 15. September 1981; Herlemann, Beatrix: Sachsen-Anhalt, in: Puvogel, Ulrike: Gedenkstätten für die Opfer des Nationalsozialismus. Eine Dokumentation. Bd. II: Neue Bundesländer, Bonn 1999, S. 497–606, hier S. 510.
73 Vgl. Neue Straßennamen für eine alte Stadt sind vorgestern beschlossen worden, in: Mitteldeutsche Zeitung (Aschersleben), 12. April 1991.
74 So Peter Merseburger in seinen Erinnerungen. Gleichzeitig erwähnt er, dass „Jubelt von Hause aus gewiss kein geborener oder überzeugter Demokrat [war], im Gegenteil – der ehemalige kaiserliche Oberleutnant [...] war ein Nationalkonservativer par excellence, ein geradezu glühender Monarchist und alles andere als ein Freund der Weimarer Republik." Siehe: Merseburger, Peter: Aufbruch ins Ungewisse. Erinnerungen eines politischen Zeitgenossen, München 2021, S. 41.
75 Richter, Hans-Joachim: Passion Zeitz. Arthur Jubelt. Vision und Wirklichkeit, Leipzig/Zeitz 2015, S. 243, Hervorhebung der Autor:innen; siehe auch ders.: Arthur Jubelt – ein Streiter gegen ideologische Zensur in zwei Diktaturen, in: Wiemers, Gerald (Hg.): Erinnern als Verpflichtung. Generalarzt a. D. Dr. med. Horst Hennig zum 85. Geburtstag, Leipzig

2011, S. 163–179; Ders.: Arthur Jubelt – ein Zeitzer Mythos, in: Schmidt, Oskar (Hg.): Zeitzer Schicksale. Über Oskar Brüsewitz, Arthur Jubelt, Martin Meißner und andere Opfer kommunistischer Gewaltherrschaft im Kreis Zeitz 1945–1989, o. O. 2022, S. 332–384.

76 Brief des Direktors der Stiftung Gedenkstätten Buchenwald und Mittelbau-Dora Dr. Jens-Christian Wagner an Memorial Deutschland e. V., 9. Mai 2023, Gedenkstätte Buchenwald.

77 Ebd.

78 https://www.letzteadresse.de/ueber-das-projekt/, letzter Zugriff: 25. Mai 2023, 13.00 Uhr.

79 Neben Arthur Jubelt erweist sich auch die Auswahl Helmut Sonnenscheins (1906–1951), dem 2020 eine „Letzte Adresse" in Naumburg gesetzt wurde, als problematisch. In einer Kurzbiografie des Sammelbandes „Erschossen in Moskau ..." von 2008 heißt es über ihn: „Als Offizier der Wehrmacht, zuletzt im Rang eines Oberleutnants, war Sonnenschein am V-Waffen-Projekt beteiligt. Im Auftrag des Heereswaffenamtes wirkte er bei der Entwicklung von Schall- und Lichtmessgeräten in Hillersleben mit und leitete vor Kriegsende den Artillerieschießplatz Dolle/Krs. Wolmirstedt." Siehe: Roginskij u. a. (Hg.): „Erschossen in Moskau...", S. 414.

80 Es handelt sich ohne die Tafel für Arthur Jubelt um folgende acht Setzungen: Erinnerungszeichen für Heinz Baumbach (1926–1952) in Treffurt, Bergstraße 40, am 30. August 2019; für Helmut Sonnenschein (1906–1951) in Naumburg, Kösener Straße 7, am 17. Juli 2020; für Ludwig Kracke (1884–1952) in Dahme, Jüterboger Straße 16, am 18. September 2020; für Fritz Storch (1899–1951) in Berlin-Treptow, Mengerzeile 8, am 8. Juli 2022; für Horst Avemann (1924–1950) in Elbe-Parey, Ernst-Thälmann-Straße 15, am 24. Januar 2023; für Wolfgang Waterstraat (1920–1952) in Berlin-Neukölln, Karl-Marx-Straße 196, am 18. August 2023; für Edmund Hunger (1904–1948) in Mulda, Hauptstraße 89, am 16. September 2023 sowie für Johannes Stabenau (1893–1952) in Berlin-Schöneberg, Grunewaldstraße 53, am 30. Oktober 2023. Die Tafel für Wolfgang Waterstraat wurde bereits kurz nach ihrer Setzung von Unbekannten entwendet. Laut Memorial Deutschland befindet sich eine weitere Tafel für Wolf Utecht (1929–1953) an seinem letzten Wohnort in Berlin-Charlottenburg, Giesebrechtstraße 19, in Bearbeitung. Alle – mit Ausnahme Jubelts – wurden seit den 1990er Jahren durch die Hauptmilitärstaatsanwalt schafft der Russischen Föderation rehabilitiert. Zu den Biografien der genannten Personen – bis auf Edmund Hunger und Arthur Jubelt, die im Speziallager Nr. 2 Buchenwald verstarben – siehe: Roginskij u. a. (Hg.): „Erschossen in Moskau...", S. 123, 129, 414, 416, 419, 439–440; siehe zudem die Übersicht der angebrachten und geplanten Tafeln auf der Internetpräsenz von Memorial Deutschland: https://www.letzteadresse.de/angebrachte-tafeln/, letzter Zugriff: 4. Januar 2024.

81 Die Todesurteile der vor Arthur Jubelt mit einer „Letzten Adresse" geehrten Heinz Baumbach, Helmut Sonnenschein, Fritz Storch und Horst Avemann wurden in Moskau vollstreckt. Ludwig Krackes Urteil lautete auf 25 Jahre Lagerhaft; er verstarb 1952 in einem sowjetischen Haftkrankenhaus.

82 Brief des Direktors der Stiftung Gedenkstätten Buchenwald und Mittelbau-Dora Dr. Jens-Christian Wagner an Memorial Deutschland e. V., 9. Mai 2023, Gedenkstätte Buchenwald.

83 Vgl. u. a. Merseburger: Aufbruch ins Ungewisse, S. 39–41; Richter: Passion Zeitz, S. 105–120, besonders S. 113–120. Gerald Wiemers, selbst an der Mythisierung Jubelts beteiligt, schrieb 2016 in einer Rezension zu Richters Buch: „Für jeden Bücherfreund dürfte dieser Band, der Zeit zur ,Passion' werden lässt, ein Ereignis sein." Siehe: Passion Zeitz [Rezension], in: Neues Archiv für sächsische Geschichte (2016) 87, S. 408–409, hier S. 409.

84 Brief des Direktors der Stiftung Gedenkstätten Buchenwald und Mittelbau-Dora Dr. Jens-Christian Wagner an Memorial Deutschland e. V., 9. Mai 2023, Gedenkstätte Buchenwald, S. 2, 3.

85 Ehre einem Denunzierten, in: Mitteldeutsche Zeitung (Zeitz), 27./28. Mai 2023.

Denkmalsdokumentation

VOS-Erinnerungszeichen in der Erfurter Andreasstraße, Juli 2021. Gedenkstätte Buchenwald, Fotograf: Franz Waurig.

Jörg Ganzenmüller

HISTORISCHE SINNSTIFTUNG UND GESCHICHTSPOLITISCHE INTERESSENVERTRETUNG
Zwei Gedenktafeln zur politischen Haft in Erfurt

In Erfurt erinnern zwei Gedenktafeln an politische Inhaftierungen in den Jahren 1945 bis 1989. Sie sind an unterschiedlichen Orten angebracht und haben einen ähnlichen Wortlaut. Die eine Tafel befindet sich an der Außenmauer der ehemaligen Haftanstalt in der Andreasstraße 37, die zweite an einem Wohnhaus in der Alfred-Hess-Straße 24a.[1] In beiden Fällen hat die „Vereinigung der Opfer des Stalinismus e. V." (VOS) die Anfertigung und das Anbringen der Gedenktafeln initiiert. Die VOS war 1950 von ehemaligen Insassen des Speziallagers in Sachsenhausen gegründet worden und hatte fortan vor allem die SMT-Verurteilten und Speziallagerinsassen vertreten. Die politischen Häftlinge aus DDR-Gefängnissen waren vor 1990 in der Minderheit. Erst mit der deutschen Einheit und der Aufnahme neuer Mitglieder aus Ostdeutschland kamen nun verstärkt Personen in den Verein, die in der DDR eine Haftstrafe hatten verbüßen müssen. Mit der größeren Heterogenität ihrer Mitglieder nahmen die Konflikte innerhalb der Vereinigung zu, die auch um die Frage kreisten, wer das größere Opfer gebracht habe: diejenigen, die die alte Heimat verlassen, oder diejenigen, die in der Diktatur weiterleben mussten.[2]

Am 28. September 1991 wurden beide Gedenktafeln im Rahmen des 6. Deutschlandtreffens der VOS in Erfurt in einer provisorischen Form und Gestaltung eingeweiht.[3] Zweimal, im Dezember 1992 und im Oktober 1993, wurde die Gedenktafel an der Andreasstraße durch Unbekannte entfernt, beide Male tauchte sie wieder auf.[4] In der Folgezeit wandten sich Vertreter der VOS wiederholt an die Stadt Erfurt und deren Oberbürgermeister mit der Bitte, die Provisorien durch Bronzetafeln zu ersetzen. Der Oberbürgermeister unterstützte das Vorhaben zwar ideell, sah aber keine Möglichkeit der Finanzierung.[5] Schließlich beteiligte sich die Thüringer Staatskanzlei mit 1000 DM an den Kosten, und am 17. Juni 1994 wurden die provisorischen Gedenktafeln durch Bronzetafeln ersetzt.[6]

Im Zuge der Einrichtung einer Gedenkstätte in der Andreasstraße erfolgten weitreichende Umbaumaßnahmen, in deren Zuge die Gedenktafel auf Initiative des heutigen Gedenkstättenleiters versetzt wurde. Sie befindet sich nun im neu gestalteten Eingangsbereich und wurde anlässlich der Eröffnung der Gedenk- und Bildungsstätte Andreasstraße am 4. Dezember 2012 ein weiteres Mal enthüllt. Das Gedenkzeichen in der Alfred-Hess-Straße wurde wiederum im Zuge der Sanierung des Gebäudes zwischen 2018 und 2021 kurzzeitig abgenommen, inzwischen ist es leicht versetzt wieder angebracht.[7] Im Folgenden wird die Entstehungsgeschichte der beiden Erfurter Gedenkzeichen als ein lokales Beispiel für die Transformation von historischem Erinnern im Zuge der deutschen Einheit nachgezeichnet und nach Gründen für die gewählte Form des Gedenkens gefragt. Dazu werden zunächst die historischen Orte, an denen sich die Gedenktafeln befinden, kurz vorgestellt, anschließend die Form des Gedenkens auf Einseitigkeiten und Ausblendungen hin befragt und schließlich die Gründe für diese spezifische Art und Weise des Gedenkens analysiert.

Historische Orte: Das Gefängnis in der Andreasstraße und der „GPU-Keller" in der Alfred-Hess-Straße

Das Gefängnisgebäude in der Andreasstraße stammt aus dem Kaiserreich und wurde seit 1878 als Gerichtsgefängnis genutzt. Bereits während der nationalsozialistischen Herrschaft wurden hier politische Gefangene inhaftiert: zunächst vor allem Gegner der Nationalsozialisten, ab 1936 vorwiegend Menschen, die aus der „Volksgemeinschaft" ausgegrenzt wurden, und schließlich gegen Kriegsende zunehmend widerständige Personen, die „Feindsender" hörten oder sich auf andere Weise dem Zugriff des Regimes im „Endkampf" entzogen.[8] Nach dem Krieg war das Gebäude zunächst als Materiallager der sowjetischen Militäradministration in Gebrauch. Zeitzeugenberichten und den spärlichen Archivinformationen nach zu schließen, nutzte die sowjetische Besatzungsmacht das Gefängnisgebäude (Andreasstraße 37) sowie das angrenzende Verwaltungsgebäude der Justiz (Andreasstraße 38) und überstellte von dort Inhaftierte in das Speziallager Nr. 2 in Buchenwald.[9] 1948 übernahm die Thüringer Justizverwaltung den Gefängnisbau und nutzte ihn sowohl für die Untersuchungshaft als auch für den Strafvollzug. Im Herbst 1950 erlaubte die Justizverwaltung der Volkspolizei, Teile des Gebäudes als Polizeigefängnis zu nutzen. 1952 bezog zudem das Ministerium für Staatssicherheit (MfS) die Andreasstraße und richtete darüber hinaus die zentrale Untersuchungshaftanstalt des neugegründeten Bezirks Erfurt ein. Bald darauf wurde das Gebäude der Justizverwaltung entzogen, sodass sich fortan Volkspolizei und MfS das Gefängnis teilten. Während die Haftgründe bei der Volkspolizei vor allem „Wirtschaftsverbrechen" waren, worunter Schwarzmarktgeschäfte oder Diebstahl fielen, saßen beim MfS von Beginn an politische Häftlinge ein.[10]

Über das Haus in der Alfred-Hess-Straße, die damals Straße der Einheit hieß, ist vergleichsweise wenig bekannt. Vieles spricht dafür, dass sich in dem Gebäude an der Ecke zum Gothaer Platz ein damals so bezeichneter „GPU-Keller" befand. Sowohl bauliche Spuren wie vergitterte Fenster als auch Zeitzeugenberichte lassen darauf schließen, dass der sowjetische Geheimdienst

NKVD dieses Gebäude bis 1949 als Haftort nutzte. Über die Inhaftierten und deren Schicksal ist nichts bekannt." Allerdings wissen wir, dass in „GPU-Kellern" deutsche Staatsangehörige interniert und verhört wurden. Zumeist wurden sie nach relativ kurzer Zeit an andere Haftorte verbracht, seien es Gefängnisse oder Speziallager. Die provisorischen Zellen befanden sich in der Regel in beschlagnahmten Wohnhäusern oder Verwaltungsgebäuden. Die damals verbreitete Bezeichnung „GPU-Keller" entstammte dem antisowjetischen Propagandafilm „G.P.U." aus dem Jahr 1942.¹²

Einweihung der Gedenktafel in der Andreasstraße am 17. Juni 1994 (v. l. n. r.: Oberbürgermeister Manfred Ruge, VOS-Bundesvorsitzender Klaus Schmidt). Stadtarchiv Erfurt, 6_2_L_K06-012/1 [7], Fotograf: Schetzkens.

„Sie wollten Freiheit und Menschenwürde": Verengtes Opfergedenken als Einschreiben in die deutsche Demokratiegeschichte

Die Gedenktafel an der Außenmauer der Andreasstraße enthält folgende Inschrift:

ZUM GEDENKEN AN DIE POLITISCHEN HÄFTLINGE / DIE IN DIESEM GEFÄNGNIS IN DEN JAHREN 1945 BIS 1989 GELITTEN HABEN. / SIE WOLLTEN FREIHEIT UND MENSCHENWÜRDE! / VOS / GEMEINSCHAFT EHEMALIGER / POLITISCHER HÄFTLINGE / Vereinigung der Opfer des Stalinismus e. V. / DER RAT UND DIE BÜRGER / DER STADT ERFURT

Ursprünglich war eine andere Inschrift vorgesehen, die ein Redaktionsausschuss erarbeitet hatte. Dem Vorstand der VOS erschien sie jedoch als „zu bombastisch und pathetisch", sodass man sich auf diese Fassung einigte, die „allen dort eingesessen habenden ehemaligen politischen Häftlingen am ehesten gerecht wird". Dem Bundesvorsitzenden der VOS Richard Knöchel zufolge werde damit „die ganze Bandbreite der politisch Verfolgten des Kommunismus erfaßt und bedacht".¹³

Die Inschrift auf der Gedenktafel in der Alfred-Hess-Straße 24a ist eine Variation dieser Tafel. Sie lautet:

In diesem Anwesen haben politische Häftlinge / von 1945 bis 1951 unter dem Terror des NKWD / und des Staatssicherheitsdienstes der DDR / gelebt und gelitten. / SIE WOLLTEN FREIHEIT UND / MENSCHENWÜRDE / VOS / Gemeinschaft ehemaliger politischer Häftlinge / Vereinigung der Opfer des Stalinismus e. V. / Der Rat und die Bürger / der Stadt Erfurt

Jörg Ganzenmüller

VOS-Erinnerungszeichen in der Erfurter Alfred-Hess-Straße, Juli 2021. Gedenkstätte Buchenwald, Fotograf: Franz Waurig.

Auch hier war der ursprüngliche Textentwurf drastischer. Er betonte, dass politische Häftlinge hier gequält worden seien und ihr Kampf für Freiheit und Menschenwürde Auftrag und Vermächtnis bleibe. Außerdem war der Zeitraum zunächst auf 1946 bis 1951 datiert.[14] Die Schwierigkeit der richtigen Datierung der Ereignisse weist bereits darauf hin, dass kein gesichertes Wissen über die Vergangenheit dieser beiden Haftorte vorlag. Beide vorgenommenen Datierungen sind außerdem falsch. Der „GPU-Keller" in der Alfred-Hess-Straße bestand nach heutigem Wissen nicht länger als bis 1949. Die Andreasstraße wurde zwischen August 1945 und Anfang 1946 offenbar von der sowjetischen Besatzungsmacht genutzt und diente den deutschen Behörden vermutlich ab 1948 wieder als Gefängnis. Es ist allerdings zweifelhaft, ob zu diesem Zeitpunkt bereits politische Häftlinge einsaßen, dies war wohl erst mit dem Einzug des MfS im Jahr 1952 der Fall. Die Erfurter Polizeigefangenen in der unmittelbaren Nachkriegszeit waren hingegen wie bereits erwähnt vorwiegend wegen „Wirtschaftsverbrechen", zu denen Diebstahl ebenso wie Schwarzmarktgeschäfte gehörten, aber auch wegen „Geschlechtskrankheiten" oder „Herumtreiberei" inhaftiert worden.[15] Gerade die letzten beiden Haftgründe deuten auf Kontinuitäten von gesellschaftspolitischen Vorstellungen bei der deutschen Polizei und weniger auf die Verfolgung von politisch Andersdenkenden hin. Auch wenn es sich nicht mehr rekonstruieren lässt, wie es zu der fehlerhaften Datierung auf den beiden Gedenktafeln kam, so lässt sich doch festhalten, dass das Bedürfnis eines Gedenkzeichens nicht mit gesichertem Wissen zu den historischen Orten einherging.

Abgesehen von der fehlerhaften Datierung ist zudem die Charakterisierung der Inhaftierten in ihrer Eindeutigkeit problematisch. Auf beiden Gedenktafeln heißt es: „Sie wollten Freiheit und Menschenwürde." Damit werden sämtliche politischen Häftlinge zu demokratischen Vorkämpfern erklärt. Noch deutlicher formulierte dies der Bundesvorsitzende der VOS 1991 in seinem Antrag auf eine Erinnerungstafel beim Erfurter Denkmalschutz: „In der Andreasstraße haben ‚gefolterte, gequälte, gefangen gehaltene Regimegegner und sonstige rechtschaffene Demokraten' eingesessen."[16] Diese Vorstellung gepaart mit fehlendem Wissen führte mitunter zu Spekulationen, die sich als falsch herausstellten. Gerd-Peter Leube, Vorsitzender der VOS-Bezirksgruppe Erfurt, warb 1994 bei den Parteien des Erfurter Stadtrats mit einem prominenten Häftling, der für Demokraten eine lokale Identifikationsfigur war, tatsächlich jedoch gar nicht in der Andreasstraße eingesessen hatte:

> Vielleicht sollte daran erinnert werden, dass nach dem Zusammenbruch der Hitler-Diktatur aus der ersten und letzten demokratischen Wahl in der SBZ und der DDR im September 1946 der Erfurter Liberale Paul Hach als neuer Oberbürgermeister hervorging. Er wurde unter einem Vorwand verhaftet und gerade vielleicht hinter den Mauern der Erfurter Andreasstraße drangsaliert.[17]

Paul Hach wurde zwar aus politischen Gründen verhaftet, jedoch im Polizeigefängnis Weimar und nicht in Erfurt inhaftiert.

Diese Versuche des Einschreibens in eine deutsche Demokratiegeschichte sind in den Jahren des politischen Umbruchs der frühen 1990er Jahre wenig überraschend und auch nachvollziehbar. Mit der politischen Sinnstiftung von Häftlingsbiografien ging jedoch eine Vereindeutigung einher, welche die Inhaftierungspraxis der sowjetischen Sicherheitsorgane und des MfS eher verschleiert als erklärt. Erstens war nicht jeder Inhaftierte ein „rechtsschaffender Demokrat". Gerade in der unmittelbaren Nachkriegszeit wurden auch NS-Funktionäre und Kriegsverbrecher festgesetzt. In der Andreasstraße saßen in den 1960er Jahren mit Josef Blösche[18] und Hans Anhalt[19] zwei vergleichsweise bekannte Nationalsozialisten ein, die beide maßgeblich an der Judenvernichtung beteiligt waren. Zweitens war auch nicht jeder Inhaftierte ein Regimegegner. Zwar wurden politische Gegnerschaft zur SED-Diktatur und seit dem Mauerbau auch zunehmend Fluchtversuche durchaus mit Haftstrafen geahndet, und auf diese Haftgründe trifft die Widmung der Gedenktafel zweifelsfrei zu. Das MfS ahndete darüber hinaus jedoch auch missliebiges soziales Verhalten, indem es dieses als „Rowdytum" charakterisierte, oder bauschte das Erzählen eines politischen Witzes zu „staatsfeindlicher Hetze" auf. Indem das MfS jegliche Form von Nonkonformität als politische Gegnerschaft stigmatisierte, wurden Menschen zu Regimefeinden erklärt, die sich selbst gar nicht als solche empfanden. Ein Gedenken, das alle Häftlinge als politische Gegner der DDR vereinnahmt, schreibt diese Politisierung von eigensinnigem Verhalten unfreiwillig fort.

„Wie Altes nahtlos in Neues übergehen kann": Das Einschreiben in einen „antitotalitären Konsens"

Das Einschreiben in eine deutsche Demokratiegeschichte erfolgte nicht nur mittels einer demokratischen Vereinnahmung der Inhaftierten. Ein zweites Element dieser Vereindeutigungsstrategie war das Herstellen von Bezügen zum Nationalsozialismus. Die permanente Anmahnung eines antitotalitären Konsenses ging mit der Gleichsetzung von SED-Diktatur und nationalsozialistischer Herrschaft, abstrusen Kontinuitätsbehauptungen und schiefen Vergleichen einher. So warb der Bundesvorsitzende der VOS, Richard Knöchel, in seinem Antrag für die beiden Gedenktafeln beim Erfurter Denkmalschutz, diese sollen „künftigen Generationen davon künden, daß die Überwindung eines Unrechts (Nazizeit) nicht automatisch Abschaffung von Unrecht bedeutet, ja, wie die beiden Anstalten zeigen, Altes nahtlos in Neues übergehen kann".[20] Und an anderer Stelle bezeichnete Richard Knöchel Erich Honecker als „den nach Hitler größten deutschen Politverbrecher".[21] Auch die gerade begonnene Aufarbeitung der SED-Diktatur wurde am Umgang mit der nationalsozialistischen Vergangenheit gemessen. So führte der stellvertretende „Welt"-Chefredakteur Enno von Loewenstern in seiner Rede auf dem Deutschlandtreffen der VOS in Erfurt, zu dessen Anlass die beiden Gedenktafeln enthüllt worden waren, aus:

> Und nun erleben wir ein neues Phänomen: Dieselben Leute, die uns vier Jahrzehnte und mehr eingehämmert haben, daß man auch mit dem letzten kleinen Handlanger des Nazi-Regimes abrechnen müsse, um die Vergangenheit angemessen zu bewältigen, dieselben Leute erklären heute plötzlich, man dürfe die SED-Mörder nicht verfolgen, insbesondere nicht den armen alten bemitleidenswerten Honecker, denn die Rechtslage sei doch höchst zweifelhaft.[22]

Eine Nivellierung der Unterschiede von politischer Haft in der SBZ/DDR und im Nationalsozialismus ist allerdings keine Besonderheit der Debatten um die Erfurter Andreasstraße. Beides findet sich auch an anderen ehemaligen Haftorten, deren Geschichte ab 1990 aufgearbeitet wurde.[23] Darüber hinaus finden sich derartige Vergleiche und Gleichsetzungen seit den 1950er Jahren regelmäßig im Publikationsorgan der VOS, der „Freiheitsglocke". Die dabei gezeichneten Geschichtsbilder sind insofern irreführend, als sie entweder zu einer Monumentalisierung der SED-Diktatur oder zu einer Verharmlosung der nationalsozialistischen Verbrechen neigen.[24] Volkhard Knigge hat gefragt, weshalb das Hervorheben des inhärenten Unrechts und der inhärenten Menschenverachtung sowjetischer Unterdrückungsmaßnahmen nach Kriegsende nur unter Ausblendung oder Marginalisierung der nationalsozialistischen Vorgeschichte der Internierten möglich sein sollte. Ebenso wenig sei eine Gleichsetzung von stalinistischer und nationalsozialistischer Gewalt nötig, um den Unrechtscharakter der sowjetischen Verhaftungspraxis klar zu benennen. Andernfalls schreibe man sich mit falschen Analogien in eine Argumentation ein, die in den ersten Jahrzehnten nach Kriegsende zur Abwehr von gesellschaftlicher Verantwortung am Nationalsozialismus gängig war.[25] Von dieser doppelten Fehlstellung sind auch die Erfurter Gedenktafeln und die Debatten um ihre Anbringung geprägt. Und noch 30 Jahre später wirken diese Weichenstellungen nach. So findet jedes Jahr am 17. Juni eine Gedenkveranstaltung der VOS an der Gedenk- und Bildungsstätte Andreasstraße statt, die an den Aufstand gegen die SED-Herrschaft erinnert. Tatsächlich gibt es Beispiele von Aufständischen, die anschließend in der Andreasstraße inhaftiert wurden, sodass es durchaus Bezüge zwischen dem historischen Ereignis und dem historischen Ort gibt. Aber auch wenn „Freiheit" und „Menschenwürde" zentrale Anliegen des Volksaufstands waren, geht dessen Geschichte nicht in diesen Forderungen auf. Eine auf Differenzierung setzende Form der Erinnerung, die der Komplexität des historischen Ereignisses Rechnung trägt, ist somit bis heute noch nicht gefunden.

„Alle Opfer angemessen entschädigen": Die Forderung nach Rehabilitation und Entschädigung

Das Gedenken der frühen 1990er Jahre an politische Haft in der DDR lässt sich nicht von der Entschädigungsdebatte trennen, die zur gleichen Zeit stattfand. Im Gegenteil: Erst wenn man das Bemühen der Opferverbände um öffentliche und juristische Anerkennung zusammen sieht, wird deutlich, dass es nicht allein um Deutungskämpfe ging, sondern auch um Geschichtspolitik. Geschichtspolitik wird dabei als ein „Handlungs- und Politikfeld" verstanden, „auf dem verschiedene Akteure Geschichte mit ihren spezifischen Interessen befrachten und politisch zu nutzen suchen. Sie zielt auf die Öffentlichkeit und trachtet nach legitimierenden, mobilisierenden, politisierenden, skandalisierenden, diffamierenden u. a. Wirkungen in der politischen Auseinandersetzung."[26]

Das erste Gesetz zur Bereinigung von SED-Unrecht von 1992 regelte die Rehabilitation politisch Verfolger. Demnach begründete die Rehabilitation einen Anspruch auf soziale Ausgleichsleistungen und war somit Voraussetzung für eine materielle Entschädigung. Diese materielle Entschädigung betrug 300 DM für jeden angefangenen Monat in Haft. Für diejenigen, die bis zum 9. November 1989 ihren ständigen Wohnsitz im „Beitrittsgebiet" hatten, war die Entschädigung höher und betrug 550 DM für jeden angefangenen Monat in Haft. Ausdrücklich ausgenommen von Entschädigungszahlungen waren Personen, die gegen die Grundsätze der Menschlichkeit oder Rechtsstaatlichkeit verstoßen oder in schwerwiegendem Maße ihre Stellung zum eigenen Vorteil oder zum Nachteil anderer missbraucht hatten.[27] Damit waren erstens SED-Funktionsträger, die zu einem späteren Zeitpunkt politisch verfolgt wurden, zwar nicht von einer rechtlichen Rehabilitierung, jedoch von einer Entschädigung ausgeschlossen. Zweitens ließ sich dieser Passus auf NS-Funktionsträger anwenden, die in der SBZ bzw. der DDR kein rechtsstaatliches Verfahren bekommen hatten: Auch sie waren zu rehabilitieren, doch konnte ihnen eine materielle Entschädigung vorenthalten werden.

Die Debatte um die beiden Erfurter Gedenktafeln fiel in die Zeit des Gesetzgebungsprozesses. Wiederholt wurde auf das geplante Gesetz Bezug genommen. Der VOS als Interessenvertreterin der politisch Verfolgten ging es nicht zuletzt darum, aus ihrer Sicht angemessene Entschädigungszahlungen für alle politisch Verfolgten zu erwirken. Konkret forderte die VOS, dass pro Hafttag 30 DM Entschädigung gezahlt werden sollen, was die geplante Summe des Gesetzentwurfs von nur 20 DM sowie des verabschiedeten Gesetzes überstieg.[28] Der angeblich fehlende Wille des Gesetzgebers, „**alle** Opfer politisch motivierter Strafmaßnahmen zu rehabilitieren und **angemessen zu entschädigen** [Hervorhebungen im Original]", führte bereits im Juli 1991 dazu, dass die VOS in ihrem Verbandsorgan „Freiheitsglocke" zu einem Schweigemarsch im

Rahmen ihres 6. Deutschlandtreffens in Erfurt aufrief, denn man habe „das kleinkarierte Feilschen um den DM-Wert unseres Schicksals satt!"²⁹ Vor dem Hintergrund dieser Debatte wird deutlich, dass das Einschreiben in eine deutsche Demokratiegeschichte auch eine geschichtspolitische Dimension hatte, denn natürlich erhöhten sich die Erfolgsaussichten auf Rehabilitation und Entschädigung, wenn man die Opfer als Vorkämpfer für Demokratie und Freiheit darstellte und damit an den aktuellen Wertekanon der Bundesrepublik anknüpfte.

Fazit

Mit dem Ende der SED-Herrschaft wurde in Ostdeutschland ein Gedenken an die politische Haft in der SBZ und der DDR möglich. Ein Tabu wurde gebrochen, und es begann nach 40 Jahren Schweigen eine öffentliche Debatte, die naturgemäß zunächst kontrovers war. Gerade in politischen Umbruchzeiten versuchen politische Eliten neue Traditionen zu stiften, Erinnerungen zu gestalten und Identitäten zu konstruieren. Dabei bedienen sie sich verschiedener Erinnerungsstrategien, zu denen auch neue Denkmalsetzungen und die Etablierung neuer Gedenkrituale gehören.³⁰ Folglich war die Aktivität der bis 1989 „zwangsverstummten Opfer" der SBZ/DDR in den Jahren zwischen 1990 und 1992 besonders groß und stand dabei ganz in der Tradition der bundesrepublikanischen Gedenkkultur. Ihre Fixierung auf die staatlichen Verbrechen trug allerdings auch dazu bei, dass sie in einer Transformationsgesellschaft, die vor einschneidenden ökonomischen und sozialen Alltagsproblemen stand, zunehmend an Gehör verloren.³¹ Diese Transformationserfahrung, als Opfer der untergegangenen SED-Diktatur politisch marginalisiert statt angemessen gewürdigt zu werden, verstärkte die Tendenz, sich über das Einschreiben in die deutsche Demokratiegeschichte und das Anrufen eines antitotalitären Konsenses Gehör zu verschaffen. Diese moralisierenden und emotionalisierenden Formen der Vergangenheitsaufarbeitung durch ehemalige Häftlinge und deren Interessenvertretungen haben letztlich aber eher das Gegenteil bewirkt und zu weiteren „Ermüdungserscheinungen" in der Mehrheitsgesellschaft beigetragen.³²

30 Jahre nach diesen Ereignissen ist es Zeit, diese frühen Formen der Gedenkkultur zu historisieren. Dafür sind zum einen die Kontinuitäten zu den 1950er Jahren und den geschichtspolitischen Auseinandersetzungen in der alten Bundesrepublik zu beleuchten, zum anderen ist aber auch nach dem Zusammenhang mit der

politischen, gesellschaftlichen und kulturellen Transformation Ostdeutschlands zu fragen. Auf diese Weise werden sowohl die fortwirkenden Deutungskämpfe des Kalten Krieges, die politischen Interessenlagen und die Besonderheiten einer Transformationsgesellschaft sichtbar. Das Ausloten des Zusammenspiels dieser unterschiedlichen Faktoren bietet wiederum vielfältige Ansatzpunkte für eine Bildungsarbeit, die sich dem forschenden Lernen in lokalen Kontexten verpflichtet sieht.

Jörg Ganzenmüller

Anmerkungen

1 Siehe Gedenk- und Bildungsstätte Andreasstraße, in: Kaminsky, Anna (Hg.): Orte des Erinnerns. Gedenkzeichen, Gedenkstätten und Museen zur Diktatur in SBZ und DDR, Berlin ³2016, S. 542–544; Gedenktafel für die Opfer des NKWD, in: ebd., S. 544–545 (hier ist die Hausnummer fälschlicherweise mit 45a angegeben).
2 Vgl. Siegmund, Jörg: Opfer ohne Lobby? Ziele, Strukturen und Arbeitsweise der Verbände der Opfer des DDR-Unrechts, Berlin ²2003, S. 49–55, 60–66.
3 Unser Deutschlandtreffen in Erfurt, in: Freiheitsglocke 41 (1991) 478, S. 5; Reese, Eberhard: Deutschlandtreffen in Erfurt, in: Freiheitsglocke 41 (1991) 479/480, S. 6–7. Das Stadtarchiv Erfurt besitzt eine fotografische Dokumentation der Einweihung; siehe StadtA Erfurt, 6_2_L_K01_058_6 [26] und 6_2_L_K01_058_6 [24]. Siehe auch die Presseberichterstattung: In der Andreasstraße: Gedenken an die Opfer, in: Thüringische Landeszeitung (Weimar), 30. September 1991; Gedenktafel enthüllt, in: Thüringer Tageblatt (Weimar), 30. September 1991.
4 Knöchel, Richard: Denkmalschändung, in: Freiheitsglocke 43 (1993) 498, S. 8. Siehe auch die öffentliche Erklärung des Vorsitzenden der VOS-Bezirksgruppe Erfurt Gerd-Peter Leube vom 13. Juni 1993, in: StadtA Erfurt, 5/783A-19, unpag.
5 Siehe die öffentliche Erklärung des Vorsitzenden der VOS-Bezirksgruppe Erfurt Gerd-Peter Leube vom 13. Juni 1993, in: StadtA Erfurt, 5/783A-19, unpag.; Schreiben des VOS-Bundesvorsitzenden Richard Knöchel an den Oberbürgermeister der Stadt Erfurt Manfred Ruge vom 5. September 1993, in: StadtA Erfurt, 5/783A-19, unpag.; Schreiben des Persönlichen Referenten des Erfurter Oberbürgermeisters, Klemens Kestel, an den VOS-Bundesvorsitzenden Richard Knöchel vom 22. Oktober 1993, in: StadtA Erfurt, 5/783A-19, unpag.; Schreiben des VOS-Bundesvorsitzenden Richard Knöchel an den Erfurter Polizeipräsidenten Ehrenberg vom 2. November 1993, in: StadtA Erfurt, 5/783A-19, unpag.
6 Mahnung an der Andreasstraße, in: Thüringer Landeszeitung (Erfurt), 18. Juni 1994; Gedenktafel am Gefängnis, in: Thüringer Allgemeine (Erfurt), 18. Juni 1994. Das Stadtarchiv Erfurt besitzt auch von dieser Einweihung eine fotografische Dokumentation; siehe StadtA Erfurt, 6_2_L_K06_012_1 [6], 6_2_L_K06_012_1 [7] und 6_2_L_K06_012_1 [9].
7 Siehe Drucksache 0180/19 zur Stadtratssitzung am 6. Februar 2019, Anfrage von Prof. Dr. Alexander Thumfart, Fraktion BÜNDNIS 90/DIE GRÜNEN im Stadtrat Erfurt, in: https://buergerinfo.erfurt.de/bi/to0050.php?__ktonr=383469, letzter Zugriff: 16. Februar 2023; Leserbrief „Für Freiheit und Menschenwürde", in: Thüringische Landeszeitung (Weimar), 27. April 2021.
8 Einen Überblick zur Geschichte des Gefängnisses in der Andreasstraße bietet: Voit, Jochen: Gedenkstätte Andreasstraße. Haft, Diktatur und Revolution in Erfurt, Berlin 2016.
9 Vgl. Herz, Andrea/Fiege, Wolfgang: Haft und politische Polizei in Thüringen 1945–1952. Zur Vorgeschichte der MfS-Haftanstalt Erfurt-Andreasstraße, Erfurt 2002, S. 42–44. S. auch u. a. Überstellungsliste aus dem Gefängnis Erfurt in das Speziallager Nr. 2, 12. Oktober 1945, GA RF, f. 9409, op. 1, d. 490, l. 160–161.
10 Voit: Gedenkstätte Andreasstraße, S. 24–29; Herz/Fiege: Haft und politische Polizei, S. 76, 240, 260–273.
11 Herz/Fiege: Haft und politische Polizei, S. 43–44.
12 Erler, Peter: Zur Geschichte und Topographie der „GPU-Keller". Arrestlokale und Untersuchungsgefängnisse sowjetischer Geheimdienste in Berlin (1945 bis 1949/50), in: Zeitschrift des Forschungsverbundes SED-Staat 17 (2005), S. 79–94, hier S. 79–80.
13 Alle Zitate stammen aus dem Schreiben des VOS-Bundesvorsitzenden Richard Knöchel an den Baudezernenten Dr. Saitz beim Denkmalschutzamt der Stadt Erfurt vom 17. August 1991, Archiv Bürgerbewegung Leipzig, vorl. Z05/3, unpag.
14 Schreiben des VOS-Bundesvorsitzenden Richard Knöchel an den Amtsleiter des Denkmalschutzamtes der Stadt Erfurt, Bernd Schöller/z. Hd. Baudezernent Herrn Dr. Saitz vom 7. August 1991, in: StadtA Erfurt, 5/783A-2, unpag.
15 Vgl. Herz/Fiege: Haft und politische Polizei, S. 106–107.
16 Schreiben des VOS-Bundesvorsitzenden Richard Knöchel

16 an den Amtsleiter des Denkmalschutzamtes der Stadt Erfurt, Bernd Schöller/z. Hd. Baudezernent Herrn Dr. Saitz vom 7. August 1991, in: StadtA Erfurt, 5/783A-2, unpag.
17 Offener Brief von Gerd-Peter Leube an die Parteien des Erfurter Stadtparlaments vom 13. März 1994, in: Archiv Bürgerbewegung Leipzig, VOS 03.03.148, Bl. 114.
18 Vgl. Voit: Gedenkstätte Andreasstraße, S. 36.
19 Der Fall ist dargestellt in Andreasstraße digital, https://www.andreasstrasse.de/erfurt/geschichten/ns-verbrecher, letzter Zugriff: 13. Mai 2023.
20 Schreiben des VOS-Bundesvorsitzenden Richard Knöchel an den Amtsleiter des Denkmalschutzamtes der Stadt Erfurt, Bernd Schöller/z. Hd. Baudezernent Herrn Dr. Saitz vom 7. August 1991, in: StadtA Erfurt, 5/783A-2, unpag.
21 Schreiben vom Bundesvorsitzenden der VOS, Richard Knöchel, an die VOS-Bezirksgruppe Erfurt vom 22. März 1993, in: StadtA Erfurt, 5/783A-19, unpag.
22 Es war „Versöhnung" mit den Schindern, in: Freiheitsglocke 41 (1991) 479/480, S. 9–11, hier S. 11.
23 Siehe zu den Debatten um Bautzen und Höhenschönhausen: Rudnick, Carola S.: Die andere Hälfte der Erinnerung. Die DDR in der deutschen Geschichtspolitik nach 1989, Bielefeld 2011, S. 224, 329.
24 Siehe die Auswertung von Autoren und Inhalten der „Freiheitsglocke" bei: Heitzer, Enrico: Rechte Tendenzen in der Aufarbeitung von SBZ und DDR. Ein unvollständiger Überblick, in: Bästlein, Klaus/Heitzer, Enrico/Kahane, Annetta (Hg.): Der rechte Rand der DDR-Aufarbeitung, Berlin 2022, S. 23–44, hier S. 26–32.
25 Knigge, Volkhard: Zweifacher Schmerz. Speziallagererinnerung jenseits falscher Analogien und Retrodebatten, in: Haustein, Petra/Kaminsky, Annette/Knigge, Volkhard/Ritscher, Bodo (Hg.): Instrumentalisierung, Verdrängung, Aufarbeitung. Die sowjetischen Speziallager in der gesellschaftlichen Wahrnehmung 1945 bis heute, Göttingen 2006, S. 250–264, hier S. 261–262.
26 Wolfrum, Edgar: Geschichtspolitik in der Bundesrepublik Deutschland. Der Weg zur bundesrepublikanischen Erinnerung 1948–1990, Darmstadt 1999, S. 25–26.
27 Erstes Gesetz zur Bereinigung von SED-Unrecht vom 29. Oktober 1992, in: Bundesgesetzblatt (1992) Teil I, 3. November 1992, S. 1814–1819.
28 Die Opfer der SED-Justiz verlangen Entschädigung, in: Thüringer Allgemeine (Weimar), 30. September 1991.
29 Wir treffen uns in Erfurt! Aufruf des VOS-Bundesvorstandes zum 6. Deutschlandtreffen, in: Freiheitsglocke 41 (1991) 476, S. 1.
30 Zu dieser Funktion von Geschichtspolitik siehe Wolfrum: Geschichtspolitik in der Bundesrepublik, S. 2.
31 Boll, Friedhelm: Thesen zur Wahrnehmung der politischen Repression in der SBZ/DDR seit der Wende, in: ders./Bouvier, Beatrix/Mühlen, Patrik von zur (Hg.): Politische Repression in der SBZ/DDR und ihre Wahrnehmung in der Bundesrepublik, Bonn 1999, S. 24.
32 Rudnick: Die andere Hälfte der Erinnerung, S. 37.

Umfeld des Erinnerungszeichens „DEN UNSCHULDIGEN / OPFERN / DES STALINISTISCHEN / TERRORS" in Weimar, September 2022. Gedenkstätte Buchenwald, Fotografin: Pia Heine.

Franz Waurig

ZWEIFACHER ERINNERUNGSORT
Die Gedenktafeln am Weimarer Amtsgerichtsgebäude*

„WIR GEDENKEN DER OPFER / DES STALINISMUS". In weißen Buchenstaben auf dunklem Stoff geschrieben, umrahmte der Spruch die improvisierte Tribüne am Platz der Demokratie. Die neunte Weimarer Dienstagsdemonstration am 19. Dezember 1989 war im Gegensatz zu den vorherigen Kundgebungen eine weitgehend stille Versammlung. Dem Leipziger Vorbild folgend zogen die Teilnehmer:innen mit einem Schweigemarsch durch die Stadt. Sie passierten dabei auch das damalige Volkspolizeikreisamt im Amtsgerichtsgebäude an der Carl-von-Ossietzky-Straße.[1] Am Eingang wies zu diesem Zeitpunkt eine Tafel mit knappen Worten auf die Nutzung des Gebäudes als Fallbeilhinrichtungsstätte während der nationalsozialistischen Gewaltherrschaft hin. Über die Geschichte des Ortes nach 1945 waren Gerüchte bekannt, Erzählungen, die – wenn überhaupt – nur im engsten Familienkreis weitergegeben wurden.

Nach langem Schweigen endlich sprechen – das war seit dem Herbst 1989 möglich. Zuerst zögerlich, meldeten sich im Laufe des letzten Jahres der DDR immer mehr Personen zu Wort, die über ihre Verhaftung durch die sowjetische Besatzungsmacht oder die Internierung von Angehörigen berichten wollten. In den Medien fanden sie erstmals Gehör, an den Orten ehemaliger Speziallager konnten sie der Verstorbenen gedenken und Erinnerungszeichen setzen. Seit Ende Januar 1990 richtete sich die Aufmerksamkeit in Thüringen besonders auf die Nationale Mahn- und Gedenkstätte Buchenwald, nachdem auf dem Gelände anonyme Gräber gefunden worden waren, die der Zeit des sowjetischen Speziallagers zugeordnet wurden. Am Nordhang des ehemaligen Lagergeländes entstand ein individueller Trauerplatz, eine eigene Arbeitsstelle zur Erforschung der Thematik wurde gebildet und eine erste kleine „Materialsammlung" präsentiert.[2] Aber auch fernab des Ettersberges setzten sich ehemalige Verhaftete und Speziallagerinsassen dafür ein, frühere Haftorte in der Öffentlichkeit zu thematisieren und an ihren Orten Tafeln und Gedenksteine für die „Opfer des Stalinismus" zu setzen. Der vorliegende Artikel ist ein Resultat der Vorarbeiten für einen Stadtrundgang zur sowjetischen Besatzungszeit in Weimar, den die Gedenkstätte Buchenwald 2021 konzipierte. Wir stellten damals fest, dass fast niemand, mit dem:der wir sprachen, etwas über die Gedenktafeln für die „Opfer des Stalinismus" am Amtsgerichtsgebäude mitteilen oder die Erinnerungszeichen verorten konnte. Diese „Leerstelle" der Weimarer Stadtgeschichte regte zum Nachforschen an. Der Beitrag befasst sich nicht allein mit der Historie des Gebäudes und der Stadt selbst. Er gibt Querverweise auf viele andere Orte – denn: Das Amtsgerichtsgebäude besitzt als Gerichts- und Haftgebäude sowie als Erinnerungsort überregionale Bedeutung. Allein die im Folgenden angedeuteten Verbindungen reichen nach Altenburg, Eisenach und auch weit darüber hinaus bis nach Moskau. Diese Spuren gilt es nachzuverfolgen. Daneben beschäftigt sich der Beitrag mit den in- und externen Akteuren, die die Setzung der unterschiedlichen Erinnerungszeichen initiierten und auch inhaltlich prägen. Streit um die Deutungshoheit über die Geschichte des Ortes und die thematisierten Opfergruppen blieb dabei in den letzten dreißig Jahren nicht aus.

Die Formulierung „Opfer des Stalinismus"

Der Begriff „Opfer des Stalinismus" (OdS) verdankt seine Verbreitung in der westlichen Öffentlichkeit vor allem dem heißer werdenden „Kalten Krieg" der frühen 1950er Jahre. Seit Beginn stand er dabei – nicht unbeabsichtigt – in direkter Konkurrenz zu den „Opfern des Faschismus". Während die postfaschistische deutsche Öffentlichkeit ihre vielfältigen Verstrickungen in die nationalsozialistischen Gewaltverbrechen leugnete und NS-Opfer oft um ihre Anerkennung kämpfen mussten, bestand in der Bundesrepublik ein breiter Konsens über die stalinistische Diktatur in der Sowjetunion und ihren Satellitenstaaten, deren Opfer es zu unterstützen galt. Die sowjetischen Speziallager waren noch nicht vollständig aufgelöst, als ehemalige Gefangene und Internierte Anfang Februar 1950 in West-Berlin die Vereinigung der Opfer des Stalinismus (VOS) gründeten. Einer breiteren Öffentlichkeit bekannt wurde der „OdS"-Begriff im November 1951, als der Verband am Steinplatz in Charlottenburg einen umstrittenen Gedenkstein mit der Inschrift „DEN OPFERN / DES / STALINISMUS" setzte. Als Gegenpol erfolgte zwei Jahre später durch den „Bund der Verfolgten des Naziregimes" in unmittelbarer Nähe die Einweihung des Denkmals für die „Opfer des Faschismus".[3] Markierten die 1950er Jahre einen Höhepunkt, so geriet der „OdS"-Begriff bereits im Folgejahrzehnt mit der Neuausrichtung der bundesdeutschen Ostpolitik in den Hintergrund und fristete bald ein Nischendasein.

In der öffentlichen Berichterstattung der DDR wurde die Formulierung „Opfer des Stalinismus" vor dem Herbst 1989 nur sehr selten benutzt; erklärbar ist das u. a. durch die Abwehr einer Auseinandersetzung mit dem Begriff „Stalinismus" im Rahmen der mehr als halbherzigen Entstalinisierung. Die DDR-Medien verwendeten den „OdS"-Begriff zumeist während der 1950er Jahre und im Zusammenhang mit den als „Agenten- und Terrororganisationen" diffamierten bundesdeutschen Häftlingsverbänden.[4] Das änderte sich erst mit der Systemerosion im Oktober 1989. Zunächst bezog er sich nun vor allem auf SED-Parteimitglieder, die in den 1950er Jahren Repressalien erlitten hatten, so etwa Walter Janka und Gustav Just. Teile von Justs Buchmanuskript „Zeuge in eigener Sache"[5] wurden am 5. Dezember 1989 im Rahmen eines „Sonderkonzertes für die Opfer des Stalinismus" im Ost-Berliner Schauspielhaus gelesen.[6] Wissenschaftliche Institutionen in der DDR gingen unmittelbar nach dem Mauerfall daran, sich mit den „Opfern des Stalinismus" auseinanderzusetzen. An der Wilhelm-Pieck-Universität Rostock bildete sich am 15. November 1989 eine Arbeitsgruppe „Opfer des Stalinismus".[7] Das Ost-Berliner Institut für Geschichte der Arbeiterbewegung (IfGA, ehemals Institut für Marxismus-Leninismus beim ZK der SED) folgte einen Monat später.[8]

Spätestens seit Januar/Februar 1990 wurde der „OdS"-Begriff zunehmend inflationär genutzt, was aufgrund der damaligen gesellschaftlichen Situation nicht verwundert: Immer mehr Betroffene meldeten sich in dieser Zeit öffentlich zu Wort und berichteten über unterschiedlichste Formen staatlicher Repressionen in der Sowjetischen Besatzungszone (SBZ) und in der DDR. Sie forderten ihre Rehabilitierung und Anerkennung, darüber hinaus einen Bruch mit der „stalinistischen Vergangenheit".[9] Zuvor noch weitgehend unberücksichtigt, spielten die sowjetischen Verhaftungen und Speziallager ab Frühjahr 1990 eine immer größer werdende Rolle im gesellschaftlichen Diskurs. Die bundesdeutschen Opferverbände, allen voran die VOS, unterstützten diese Entwicklung. Sie wurden nun auch auf dem Gebiet der DDR öffentlichkeitswirksam aktiv.[10] Eine zentrale Rolle kam dabei Thüringen zu. Die VOS trat am 3. März 1990 in Erfurt erstmals mit einem Infostand in Erscheinung und wählte die Stadt auch für ihr erstes großes „Deutschlandtreffen" nach der Vereinigung, das im September 1991 stattfand.[11]

Problematisch bleibt neben der sprachlichen Nähe des „OdS"-Begriffs zu den „Opfern des Faschismus" die inhaltliche Unschärfe. Bis heute gibt es unterschiedliche Definitionen, was unter der Bezeichnung „Stalinismus" genau zu verstehen ist, welchen Zeitraum er umfasst und wer zu seinen Opfern gehört. Die unterschiedlichen Datierungen schöpfen für die SBZ/DDR den gesamten Zeitraum von 1945 bis 1989/90 aus, wobei sich die größten Diskussionen um das zeitliche Ende drehen. Wegmarken setzen dabei u. a. die Auflösung der noch verbliebenen Speziallager 1950 und der Tod des Diktators 1953, ferner der XX. Parteitag der KPdSU 1956 und die finale Krise des SED-Regimes 1989. So gab es beispielsweise 1993 um die Gedenktafel für die in den Haftanstalten Waldheim und Hoheneck verstorbenen Häftlinge auf dem Zentralfriedhof in Chemnitz erbitterten Streit, da die Inschrift auf die Opfer der Jahre 1950 bis 1956 verwies. Der VOS-Bundesvorsitzende Richard Knöchel monierte, „daß der kommunistische Terror in Hoheneck erst 1989 zu Ende ging", sah gar eine „Verharmlosung durch Verschweigen der Fakten".[12] Der Text wurde in der Folgezeit nicht verändert, sondern 2019 sogar durch eine weitere Tafel unterstrichen.[13]

Ein Beispiel totalitarismustheoretischer Vermengung der Faschismus- und Stalinismus-Opfer stellte nicht zuletzt die erste VOS-Gedenkveranstaltung in Buchenwald „für die Opfer 58jähriger [sic!] Diktatur in

Deutschland"[14] am 5. Mai 1990 dar.[15] Letztere Formulierung zeigt die besonders seit 1989/90 vermehrt auftretenden Variationen an „Opfer"-Bezeichnungen, wie wir sie in den Inschriften vieler Erinnerungszeichen finden. Sie reichen von den „unschuldigen Opfern stalinistisch-kommunistischer Gewaltherrschaft" auf dem Beamtenfriedhof Waldheim über jene „des Faschismus, Stalinismus und anderer Gewaltherrschaft" auf dem Friedhof in Bad Langensalza bis zu den „unschuldigen Opfern des stalinistischen Terrors" am Amtsgericht in Weimar.[16]

Das Amtsgerichtsgebäude – Überblick

Das Weimarer Amtsgerichtsgebäude wurde zwischen 1913 und 1916 an der Ecke Watzdorfstraße/Bahnhofstraße[17] nach Entwürfen des Architekten und späteren Weimarer Oberbaudirektors Jakob Schrammen (1871–1944) im Stil des Neobarock errichtet und im August 1917 bezogen. Das Haus vereinte Amts- und Landgericht, die Staatsanwaltschaft und für einige Zeit auch die Thüringer Landeswetterwarte.[18] Im nördlichen Teil des Gebäudekomplexes schließt sich eine kleine Haftanstalt für maximal 150 Häftlinge an, die in Einzel- und Mehrpersonenzellen untergebracht werden können. Zwischen 1917 und 2014 wurde das Gebäude für Haft- und Arrestzwecke genutzt:

a. 1917–1945 als Gerichtsgefängnis,
b. 1945–1950 als Operativgefängnis der sowjetischen Besatzungsmacht,
c. 1950–1990 als Untersuchungshaftanstalt des Ministeriums des Innern der DDR,
d. 1990–1992 als eigenständige Justizvollzugsanstalt (JVA),
e. 1992–2001 als Zweiganstalt der JVA Erfurt,
f. 2001–2011 als Zweiganstalt der Jugendstrafanstalt Ichtershausen sowie
g. 1999–2014 zudem als Jugendarrestanstalt.[19]

Im südlichen Teil befand sich ab 1952 das Volkspolizeikreisamt, von 1990 bis 2007 die Polizeidirektion Weimar. Seit der Verlegung der Jugendarrestanstalt nach Arnstadt 2014 diskutiert die Stadt über eine zukünftige Nutzung des Areals, etwa durch freie Kunst- und Kulturschaffende oder – wie 2021 vorgebracht – als Ausstellungsort der Klassik-Stiftung Weimar.[20]

Nutzung des Gerichtsgebäudes im Nationalsozialismus

Während der Zeit des Nationalsozialismus befand sich im Amtsgerichtsgebäude das sogenannte Sondergericht Weimar[21] für den Oberlandesgerichtsbezirk Jena. Die Nationalsozialisten installierten diese Gerichte seit März 1933 zur „beschleunigten Aburteilung politischer Straftaten".[22] Die verhandelten Vorwürfe reichten von „Führerbeleidigung", „Heimtücke" (bezogen auf die „Heimtückeverordnung" von 1934 zur Einschränkung politischer Meinungsfreiheit), „Verbotenem Umgang mit Kriegsgefangenen oder Zwangsarbeitern" bis zur „Wehrkraftzersetzung". Die Sondergerichte waren gefürchtet, sie sprachen nicht selten selbst bei Bagatellen die Todesstrafe aus.[23] Im Innenhof des Gerichtsgebäudes befand sich zur Vollstreckung eine Fallbeilhinrichtungsstätte. Dort wurden zudem Urteile anderer Gerichte vollzogen, so etwa des Sondergerichts in Erfurt sowie der Landgerichte in Erfurt, Nordhausen, Naumburg, Halle und Dessau.[24] Bis 1943 wurden 100 Hinrichtungen durchgeführt, bis zum Ende der NS-Herrschaft sollten es 197 sein. Der zuständige Oberstaatsanwalt Dr. Heinrich Seesemann vermerkte 1940, dass „das Gerichtsgefängnis Weimar ständig dadurch besonders belastet [ist], dass ohne Unterbrechung zum Tode Verurteilte einsitzen. [...] Mit einer Abnahme ist kaum zu rechnen."[25] Im Januar 1945 wurden neun Mitglieder einer Suhler Widerstandsgruppe im Halbminutentakt hingerichtet. Bis zum Kriegsende blieben die Todeszellen im Weimarer Gefängnis mit Verurteilten besetzt, noch am 4. April 1945 wurden zehn weitere Häftlinge von der Gestapo geholt und im Webicht erschossen.[26]

Ernst Reindel (1899–1945/46), der als Scharfrichter bis 1943 Hinrichtungen im Weimarer Gerichtsgebäude durchführte, und sein Gehilfe Rochus Geng (1890–1945/46) wurden im Sommer 1945 verhaftet und durch das Sowjetische Militärtribunal (SMT)[27] der 77. Gardeschützendivision verurteilt, allerdings nicht in Weimar. Gemeinsam mit weiteren Scharfrichtern, die ursprünglich aus dem Ort Gommern stammten, und anderen wurden sie in die Sowjetunion verbracht und dort hingerichtet.[28]

Das Justizgebäude in der sowjetischen Besatzungszeit

Nach dem Zweiten Weltkrieg nutzte die sowjetische Besatzungsmacht das Justizgebäude und die angrenzenden Häuser. Um das Areal ließ sie einen großen Bretterzaun ziehen, wodurch Unbefugten der Zutritt verwehrt wurde. Sowjetische Militärtribunale beanspruchten Räume des Gebäudes für Verhandlungen und Verurteilungen, die Haftäume dienten dem Geheimdienst NKVD[29] als Operativgefängnis. Als Ersatz für das von der Besatzungsmacht beanspruchte Amtsgerichtsgebäude nutzten deutsche Stellen bis 1950 Zellenräume im Marstall, in denen etwa 50 Personen untergebracht werden konnten. Ursprünglich war dafür das Militärgefängnis in der Wilhelmallee (heute Leibnizallee) vorgesehen.[30]

Das Amtsgerichtsgebäude fungierte als Bindeglied zwischen der Stadt Weimar und dem sowjetischen Speziallager Nr. 2. Zum einen wurden nichtverurteilte Personen aus den Haftzellen in das Speziallager auf dem Ettersberg überstellt. Zum anderen ließen die Geheimdienstmitarbeiter Internierte aus dem Lager nach Weimar bringen und dort verurteilen. Für die Zeit bis 1947 sind mehrere SMT nachgewiesen, die in Weimar – womöglich an unterschiedlichen Orten[31] – verhandelten und Urteile aussprachen, so das Militärtribunal der 11. (Garde-)Panzerdivision, jenes der 8. Gardearmee und das SMT des Landes Thüringen.[32] Nach Gründung der DDR sprachen hier auch die SMT der Truppenteile 48240 und 07335 hohe Haftstrafen und Todesurteile aus.

In Berichten von Zeitzeug:innen finden sich wieder-

Franz Waurig

Eingezäuntes Amtsgericht – Sitz eines Sowjetischen Militärtribunals, 1945/46. Stadtarchiv Weimar, 60 10-5/26, Fotograf unbekannt, Repro.

holt Äußerungen zu den schlechten Haftbedingungen im Gefängnis Weimar. Überbelegungen, Kälte, harte Verhörmethoden und die Isolation von der Außenwelt kennzeichneten den Haftalltag. Franz Höncher, Jahrgang 1905, während des Nationalsozialismus politischer Leiter in Ramsla und NSDAP-Zellenleiter in Schwerstedt, wurde im September 1945 vom sowjetischen Geheimdienst verhaftet und über das Weimarer Gefängnis in das Speziallager Nr. 2 Buchenwald überstellt, von wo er 1948 entlassen wurde. Über seinen Aufenthalt berichtete er rückblickend:

> Erst einmal schafften sie uns nach Weimar ins Amtsgericht. In eine kleine Zelle, vielleicht gerade mal groß genug für zwei – wir aber belegten sie mit vierzehn Mann. Belegen ist schon richtig, alle vierzehn nebeneinander auf dem nackten Beton – wie Sprotten in der Dose. Weimar war ein verdammt erbärmliches Gefängnis. Vom Essen will ich gar nicht erst sprechen [...].[33]

Harry Ulrich, Jahrgang 1911, als Blockleiter der NSDAP verhaftet, gab 1990 zu Protokoll:

> Ohne Essen und Trinken landeten wir im Amtsgericht [...]. Hier wurden wir in Einzelzellen gesperrt und fast immer nachts bei grellem Licht von einem russischen Offizier und einer ukrainischen Dolmetscherin verhört. [...] Bewegung war fast jeden Tag eine Stunde im Gefängnishof unter einer scharfen Bewachung. Es durfte nicht gesprochen werden.[34]

Ulrich kam im September 1945 in das Speziallager Nr. 2 auf dem Ettersberg, 1947 wurde er zum Arbeitseinsatz nach Karaganda in der kasachischen Steppe überstellt.

Auch der damals knapp 20-jährige Wismut-Arbeiter und spätere Pfarrer Erich Kranz geriet 1950 ins Visier der sowjetischen Sicherheitsorgane. Wegen des versuchten Schmuggels von Pechblende nach West-Berlin verhaftet, wurde er aus Gotha in das Weimarer Amtsgerichtsgefängnis überstellt und am 12. Mai 1950 vom Militärtribunal 07335 zu einer 25-jährigen Haftstrafe verurteilt. Sieben Jahre verbrachte er in der Haftanstalt Bautzen I, dem ehemaligen Speziallager Nr. 4/3, ehe er 1957 entlassen wurde.[35] Über seine Untersuchungshaft in Weimar schrieb Erich Kranz rückblickend:

> Nach einer viel zu kurzen Fahrt hielt das Auto vor einem großen Gebäude, dem Untersuchungsgefängnis von Weimar. Es war ziemlich kalt draußen und ich war froh,

dass sie mich in einen geheizten Raum brachten. Mein unmittelbarer Begleiter kettete mich mit den Handschellen an die Heizung. Mir war das recht, denn von hier aus konnte ich in Ruhe die Umgebung betrachten. [...] Ungefähr nach einer Stunde kam ein sowjetischer Soldat und brachte mich in eine sogenannte Einzelzelle. Als die schwere Tür ins Schloss fiel, wurde mir zum ersten Mal bewusst, in welch schwieriger Lage ich mich befand. Mein Blick fiel auf das vergitterte Fenster. Draußen wurde es schon dunkel. Vor der Tür hörte ich die sowjetischen Bewacher reden. In diesem Loch hauste ich dann bis zu meiner Verurteilung. Aber das war noch ein weiter Weg.[36]

Der Fall der „Eisenacher Jugendlichen" 1945/46

Besonders hart traf es im Herbst 1945 eine Gruppe von 33 Eisenacher Kindern und Jugendlichen. Unter dem Vorwurf der Zugehörigkeit zur NS-Partisanenorganisation Werwolf wurden sie verhaftet und über das Eisenacher Justizgebäude nach Weimar gebracht. Es folgten gewaltsame Verhöre, anschließend sprach das Militärtribunal der 11. (Garde-)Panzerdivision im Januar 1946 zunächst gegen alle Verhafteten Todesurteile aus. Monate später erfuhren 24 der Verurteilten eine Begnadigung zu hohen Lagerstrafen. Sie kamen in die Speziallager Torgau, Sachsenhausen und Bautzen, wo einige von ihnen aufgrund der schlechten Lebensumstände verstarben. Neun Todesurteile wurden im Amtsgerichtsgebäude vollstreckt. Der genaue Ort ist unbekannt. Zeitzeugen und Journalisten berichteten in den 1990er Jahren von möglichen Erschießungen im Keller des Gebäudes.[37] Während die SPD den Fall in der Bundesrepublik bereits Anfang der 1950er Jahre publik machte, mussten Betroffene und Angehörige in der DDR bis 1989 schweigen.[38] Nach dem Mauerfall meldeten sie sich in den Medien und Häftlingsverbänden zu Wort. Sie berichteten ausführlich über den Fall der „Eisenacher Jugendlichen". Bereits im April 1990 druckte die neugegründete „Südthüringer Zeitung" in sechs Artikeln einen Erinnerungsbericht von Helmut Braun, dessen Todesurteil in zehn Jahre Lagerhaft umgeändert worden war.[39] Im Mai 1990 folgte sein Mitgefangener Günter Salm mit einem Beitrag in der bundesdeutschen VOS-Zeitung „Freiheitsglocke".[40] Mit ideeller und finanzieller Unterstützung weiterer ehemaliger Häftlinge, der VOS Eisenach und des Landes Thüringen initiierten beide die Setzung einer Gedenktafel am Eingang des Weimarer Gefängnisses in der Ernst-Thälmann-Straße.[41] In Weimar trieb Erich Kranz das Vorhaben voran. Seine eigene Verbindung zum Haftort, sein Amt als Pfarrer der Jakobskirche, die – nicht unumstrittene – Tätigkeit im örtlichen „außerparlamentarischen Untersuchungsausschuss zur Aufdeckung von Amtsmissbrauch und Korruption" (1989–1991) sowie die Verleihung der Weimarer Ehrenbürgerwürde 1991 gaben ihm die dafür notwendige Autorität. Seit 1990 war er zudem als Gefängnisseelsorger tätig und wirkte auch an Speziallager-Gedenkveranstaltungen in Buchenwald mit.[42] Folgerichtig hielt Kranz bei der Enthüllung der Tafel am 9. Oktober 1992 auch eine Rede.[43]

Die Einweihungsveranstaltung fand zu einer Zeit statt, die vor allem in Ostdeutschland von eskalierenden

Franz Waurig

Der Weimarer Pfarrer Erich Kranz während der Einweihung der Gedenktafel an der Außenmauer des Gefängnisses in der Ernst-Thälmann-Straße, 9. Oktober 1992. Mediengruppe Thüringen Verlag GmbH, Fotograf: Philipp Wiegandt.

Normbrüchen und einer wirtschaftlichen Schockkrise geprägt war. Besonders ausländerfeindliche Gewaltakte, die – wie im Fall von Rostock-Lichtenhagen – bis zum Pogrom führten und von Teilen der Bevölkerung offen gutgeheißen wurden, erreichten im Sommer und Herbst 1992 einen traurigen Höhepunkt.[44] Neonazistische Angriffe auf Gedenkstätten und offen rechtsradikale Demonstrationen reihen sich in diese Spirale verbaler und physischer Gewalt ein. Beispiele dafür sind etwa die Kundgebung von knapp 2000 Neonazis aus dem gesamten Bundesgebiet zum Todestag von Rudolf Heß am 15. August 1992 in Rudolstadt und der Brandanschlag auf die jüdischen Baracken in der Gedenkstätte Sachsenhausen Ende September 1992.[45] Auch in den SBZ-/DDR-Opferverbänden führten die Ereignisse zu erregten Diskussionen über das Ausmaß gesellschaftlicher Verrohung nach der Vereinigung beider deutscher Staaten.[46] In diesen geschichtspolitischen Kontext fiel die Einweihung zahlreicher Erinnerungszeichen für die Opfer sowjetischer Inhaftnahmen – auch wenn für die Initiator:innen der Weimarer Gedenktafel andere Ereignisse wie beispielsweise der Beschluss des 1. SED-Unrechtsbereinigungsgesetzes im September 1992 vermutlich von zentralerer, da ihre Lebenswelt stärker tangierender Bedeutung waren.[47]

Obwohl als eines der ersten Erinnerungszeichen für die Stalinismus-Opfer in Weimar gesetzt, fristet die Tafel am Eingang des Weimarer Gefängnisses seit Jahren ein Schattendasein. Im näheren Umfeld fehlen weitere Erklärungen zur Inschrift, die schlicht lautet: „Den Unschuldigen / Opfern / des stalinistischen / Terrors". Diese allgemeine Formulierung, die je nach Interpretation alle Verhafteten und Repressalien Unterworfenen der Jahre 1945 bis 1989 einschließen kann, gibt keine zusätzlichen Informationen zu den oben erwähnten Eisenacher SMT-Verurteilten, aus deren Mitte die Initiative für die Tafel kam. Der Weimarer Stadtgesellschaft ist das Erinnerungszeichen wenig bekannt, und auch in der Forschungsliteratur taucht es bisher nicht auf.[48] Die Boulevardzeitung „Bild Thüringen" nahm die Geschichte der „Eisenacher Jugendlichen" zur Grundlage für eine neunteilige Serie unter dem reißerischen Titel „Der Tod in Weimar".[49] 1994/98 rehabilitierte die Russische Militärhauptstaatsanwaltschaft mindestens die Hälfte der ehemaligen Verhafteten aus Eisenach.[50]

Öffentliches Erinnern an die 33 Jugendlichen in Eisenach

In Eisenach hängt die Entstehung eines Erinnerungszeichens für die 33 verhafteten Jugendlichen mit dem öffentlich reaktivierten Kriegstotengedenken nach dem Ende der DDR zusammen. 1995 wurde an der zentral gelegenen Georgenkirche unterhalb der Gedenktafel für die Gefallenen des Ersten Weltkriegs eine weitere mit der Inschrift „1939–1945 / DEN OPFERN VON KRIEG UND GEWALT" eingeweiht. Im Rahmen dieser Setzung wurde der Vereinigung der Opfer des Stalinismus nach eigener Angabe die Anbringung eines Gedenkzeichens für die 1945 verhafteten 33 Eisenacher Jugendlichen in Aussicht gestellt.[51] Unterstützung erfuhr der Opferverband für sein Vorhaben seitens der Eisenacher SPD. Das Justizgebäude am Theaterplatz als ehemaliger Sitz der sowjetischen Kommandantur und Haftort schied jedoch für die Anbringung aus, da „das Gebäude nach wie vor als Gericht genutzt wird."[52]

Schließlich wurde auf das nebenstehende Gebäude[53] des Ernst-Abbe-Gymnasiums ausgewichen. Die Schule selbst beteiligte sich 1996 mit einem Projekt an der Aufarbeitung der Verhaftungen und Verurteilungen, in dem auch Zeitzeug:innen befragt wurden.[54] Am 11. Mai 1998 weihten der Thüringer Ministerpräsident Bernhard Vogel (CDU), der Eisenacher Oberbürgermeister Hans-Peter Brodhun (CDU) und der VOS-Bezirksgruppenvorsitzende Joachim Kleemann im Beisein von mehreren Betroffenen eine Gedenktafel ein.[55] Sie trägt folgende neunteilige Inschrift:

Gedenktafel am Eisenacher Theaterplatz für die verhafteten 33 Jugendlichen, August 2021. Gedenkstätte Buchenwald, Fotograf: Franz Waurig.

Im Gedenken an die Opfer / von Gewalt und Unrecht / 1945–1989 / In Erinnerung an / 33 Eisenacher Jugendliche / im Alter von 13 – 21 Jahren / 1945 verhaftet, 1946 verurteilt / und 9 von ihnen hingerichtet / Ihr seid unvergessen

Im Rahmen der Einweihung wurden im Eisenacher Rathaus eine Präsentation zu den verhafteten Jugendlichen und im Bürgerhaus der Dokumentarfilm „Wir dachten, der Krieg ist vorbei" gezeigt, im Mai 1999 schließlich die Ausstellung „Todesurteile gegen Kinder" der Konrad-Adenauer-Stiftung im Elisabeth-Gymnasium der Stadt.[56] 1998 gaben die VOS-Bezirksgruppe Eisenach und der Thüringer Landesbeauftragte für die Unterlagen des Staatssicherheitsdienstes der ehemaligen DDR zudem eine Broschüre über die Eisenacher Verhaftun-

Franz Waurig

gen heraus.⁵⁷ Auf dem Eisenacher Theaterplatz finden bis heute jährlich am 17. Juni (Volksaufstand von 1953) und am 13. August (Schließung der DDR-Staatsgrenze 1961) Kranzniederlegungen statt, die von den demokratischen Parteien und der Stadtverwaltung organisiert werden.⁵⁸

Weitere Gedenktafeln am Amtsgerichtsgebäude in Weimar

Seit Ende der 1980er Jahre entstanden im Umfeld des Eingangs zum Amtsgericht Weimar drei weitere Erinnerungszeichen. Am 7. Mai 1987, unmittelbar vor dem „Jahrestag der Befreiung vom Faschismus", wurde durch das Komitee der Antifaschistischen Widerstandskämpfer bei der SED-Kreisleitung Weimar die bereits eingangs genannte Gedenktafel aus Sandstein für die Opfer der Fallbeilhinrichtungsstätte eingeweiht.⁵⁹ Die Steintafel trug die zwölfzeilige Inschrift:

HIER BEFAND SICH / IM HOF DES / LANDGERICHTSGEBÄUDES / 1933–1945 / DIE HINRICHTUNGSSTÄTTE / DER FASCHISTISCHEN / TERRORJUSTIZ / IM LAND THÜRINGEN / UNVERGESSEN / DIE KÄMPFER / DIE IHR LEBEN / FÜR UNS GABEN.⁶⁰

Neben dem Marstall, wo drei Jahre zuvor eine Tafel am Haupttor gesetzt worden war,⁶¹ erinnerte nun ein weiteres Zeichen an nationalsozialistische Justiz und Haft in Weimar. Über die spätere Nutzung durch die sowjetische Besatzungsmacht erfuhren Interessierte an beiden Orten bis zum Ende der DDR jedoch nichts.

Im Juni 1996 – zeitgleich mit der Installierung einer Gedenktafel für den SMT-Verurteilten Alfred Diener am Amtsgerichtsgebäude – polemisierte der Weimarer Journalist Bernhard Hecker gegen das alte Erinnerungszeichen von 1987. Groll hatte in ihm die Reinigung der inzwischen verwitterten Tafel hervorgerufen. Er sah in ihr ein im „SED-Pathos" verfasstes Relikt, das einer Ehrung nicht gerecht werde: „Denn hier", so Hecker, „gaben keine ‚Kämpfer ihr Leben für uns', hier wurden nicht einmal politische Gegner umgebracht, hier starben ‚arme Schweine', die in die Mühlen der Nazijustiz geraten waren."⁶² Heckers verbaler Ausfall gegen die sehr wohl auch aus politischen Gründen verurteilten und hingerichteten Personen ist ein typisches Beispiel für den Umgang mit DDR-Erinnerungszeichen für NS-Opfer nach 1989/90. Als steinerne Beispiele des ‚verordneten Antifaschismus' wurden sie nicht selten aus Unwissenheit entfernt oder umgestaltet, was auch mit ihren oft pathetischen, jedoch nichtssagenden Inschriften zusammenhing. Eine tiefgreifende Auseinandersetzung mit den Denkmälern und den historischen Hintergründen ihrer Setzungen gab es selten.⁶³ Stärker noch als die Diskussion um den Text machte das schlechte Material in den 2000er Jahren eine Überarbeitung der Tafel am Amtsgerichtsgebäude nötig. Diese schloss eine Veränderung der ursprünglichen Inschrift und Erweiterung des darin angesprochenen Personenkreises um die bisher marginalisierten Opfer der NS-Militärjustiz ein.⁶⁴ Am 9. Mai 2015 konnte die überarbeitete Fassung der Gedenktafel durch das „Bürgerbündnis gegen Rechts" (BgR) eingeweiht werden. Sie trägt seither die Inschrift:

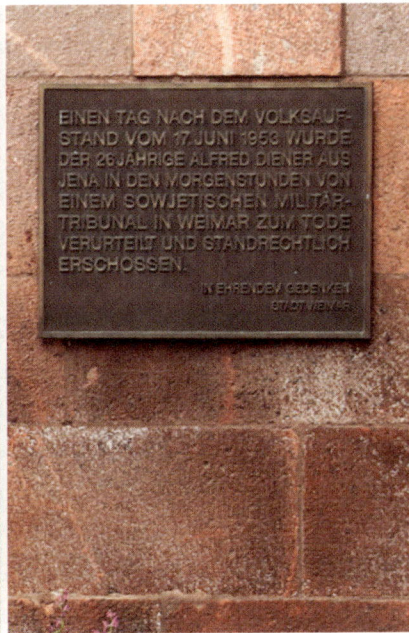

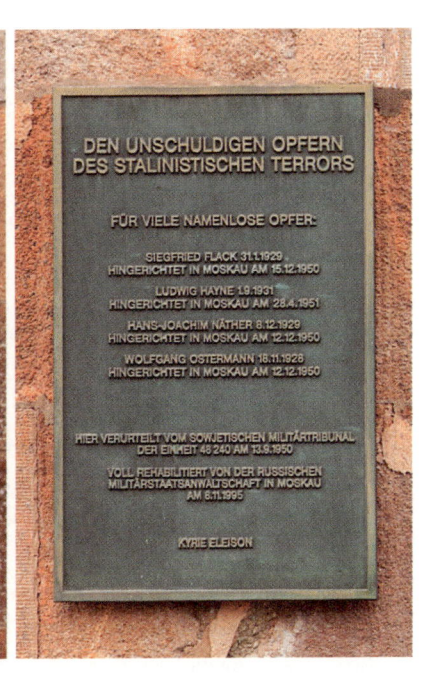

Weitere Erinnerungszeichen im Eingangsbereich des Amtsgerichtes, Juli 2020. V. l. n. r.: Tafel für die Opfer der NS-Fallbeilhinrichtungsstätte (eingeweiht 1987, erneuert 2015), Tafel für den verurteilten Arbeiter Alfred Diener (eingeweiht 1996) und Tafel für den Altenburger Jugendwiderstand (eingeweiht 1998). Gedenkstätte Buchenwald, Fotograf: Franz Waurig.

Fallbeil- / Hinrichtungsstätte / 1937–1945 / Im Gedenken / an die ermordeten / Widerstandskämpfer, / Deserteure / und Opfer der / NS-Sonderjustiz.[65]

Neben der bereits erwähnten „OdS"-Tafel von 1992 finden sich am Gebäude zwei weitere Erinnerungszeichen, die mit sowjetischen Verhaftungen und Verurteilungen in Beziehung stehen. Seit dem 18. Juni 1996 erinnert eine Bronzetafel links des Eingangs an Alfred Diener.

Diener wurde am 17. Juni 1953 als vermeintlicher „Rädelsführer" des Volksaufstands von Jena nach Weimar gebracht. Das Militärtribunal des Truppenteils 07335 verurteilte ihn zum Tode und ließ das Urteil umgehend vollstrecken.[66] Die Gedenktafel geht zurück auf die Initiative des Weimarers Gerhard Rose, der sich u. a. 1994 in einer Petition an den Bundestag für die Ehrung des Jenaers eingesetzt hatte.[67]

Der barrierefreie Umbau im Eingangsbereich des Amtsgerichts beeinträchtigt seit einiger Zeit das unmittelbare Umfeld dieser Gedenktafel. Die neuinstallierte Rollstuhlrampe lässt nur wenig Platz zur Ablage von Blumenschmuck oder Kränzen. Die Tafel wurde vom Weimarer Künstler Klaus Fleischmann gestaltet und trägt die Inschrift:

EINEN TAG NACH DEM VOLKSAUF- / STAND VOM 17. JUNI 1953 WURDE / DER 26JÄHRIGE ALFRED DIENER AUS / JENA IN DEN MORGENSTUNDEN VON / EINEM SOWJETISCHEN MILITÄR- / TRIBUNAL IN WEIMAR ZUM TODE / VERURTEILT UND STANDRECHTLICH / ERSCHOSSEN / IN EHRENDEM GEDENKEN / STADT WEIMAR.

In seiner Heimatstadt Jena verweisen mehrere Erinnerungszeichen auf Alfred Diener, so eine 1993 eingeweihte Straße im Neubaugebiet Jena-Lobeda, eine 2002 gesetzte Tafel am Löbdergraben und eine Inschrift auf dem 2010 eingeweihten, von den Weimarer Künstler:innen Sibylle Mania und Martin Neubert geschaffenen Denkmal „Zum Gedenken an die politisch Verfolgten in der sowjetischen Besatzungszone und in der DDR zwischen 1945 und 1989".[68] Zu Ehren Walter Schelers, der mit Alfred Diener verhaftet und durch das SMT in Weimar zu 25 Jahren Haft verurteilt wurde, lobt die Geschichtswerkstatt Jena e. V. seit 2009 den Walter-Scheler-Preis aus.[69]

Die dritte Tafel verweist auf den Jugendwiderstand in Ostthüringen. Mehrere Altenburger Schüler störten im Dezember 1949 eine Rundfunkrede zu Stalins 70. Geburtstag. Sie kennzeichneten verschiedene Punkte der Stadt mit dem Buchstaben „F" (Freiheit) und fertigten Flugblätter an. Nach einer großen Verhaftungsaktion im März/April 1950 wurden mehrere Jugendliche und Lehrer – aber auch ein Fuhrgeschäftsbesitzer – nach Weimar gebracht, wo das Militärtribunal des Truppenteils 48420 gegen sie verhandelte. Vier Personen im Alter von 19 bis 21 wurden zum Tode verurteilt, nach Moskau überstellt und dort hingerichtet.[70] Vierzehn weitere erhielten teilweise hohe Haftstrafen und kamen in DDR-Gefängnisse oder Lager in der Sowjetunion. Als Letzter kehrte 1957 Ulf Uhlig zurück, der zu 25 Jahren Besserungsarbeitslager verurteilt worden war. Die ebenfalls von Klaus Fleischmann geschaffene Gedenktafel wurde der Öffentlichkeit am 13. September 1998 – auf den Tag 48 Jahre nach den Urteilssprüchen des Militärtribunals – übergeben.[71] Sie befindet sich linker Hand der gleich großen Tafel für die Opfer der Fallbeilhinrichtungsstätte. Ihre Inschrift lautet:

DEN UNSCHULDIGEN OPFERN DES STALINISTISCHEN TERRORS / FÜR VIELE NAMENLOSE OPFER: / SIEGFRIED FLACK 31.1.1929 / HINGERICHTET IN MOSKAU AM 15.12.1950 / LUDWIG HAYNE 1.9.1931 / HINGERICHTET IN MOSKAU AM 28.4.1951 / HANS-JOACHIM NÄTHER 8.12.1929 / HINGERICHTET IN MOSKAU AM 12.12.1950 / WOLFGANG OSTERMANN 18.11.1928 / HINGERICHTET IN MOSKAU AM 12.12.1950 / HIER VERURTEILT VOM SOWJETISCHEN MILITÄRTRIBUNAL / DER EINHEIT 48 240 AM 13.9.1950 / VOLL REHABILITIERT VON DER RUSSISCHEN / MILITÄRSTAATSANWALTSCHAFT IN MOSKAU / AM 8.11.1995 / KYRIE ELEISON.

Die deckungsgleiche Überschrift „Den unschuldigen Opfern des stalinistischen Terrors" setzt sie in Bezug zu der bereits 1992 am Eingang zur Haftanstalt an der Ernst-Thälmann-Straße eingeweihten, jedoch nur selten wahrgenommenen Gedenktafel.[72] An der Einweihungsveranstaltung nahmen ehemalige Verurteilte und Gulag-Häftlinge teil. Die „Lagergemeinschaft Workuta/GULag Sowjetunion" legte dabei auch einen Kranz vor der Gedenktafel für die Opfer der NS-Fallbeilhinrichtungsstätte ab. Seine Schleife trug den Text „Ehre den Opfern des nationalsozialistischen Terrors".[73]

Auch in Altenburg und Meuselwitz finden sich Erinnerungszeichen für den Jugendwiderstand. Im Neubaugebiet Altenburg-Nord wurden zum 1. Januar 1991 die vormals nach dem SED-Politiker Heinrich Rau und der Funktionärin und zweiten Frau Erich Honeckers Edith Baumann benannten Straßen in *Siegfried-Flack-Straße* und die *Ludwig-Hayne-Straße* umbenannt. Sie gehören in Thüringen zu den ersten Erinnerungszeichen, die sowjetische Verhaftungen thematisieren.[74] Im Foyer des Altenburger Friedrichgymnasiums, ihrer früheren Schule, befindet sich seit 1995 eine hölzerne Gedenktafel „zum Gedenken an die Opfer des Stalinismus", am Hospitalplatz wurde 2003 ein Gedenkstein gesetzt.[75] In Meuselwitz erfolgte am 8. September 2001 die Übergabe eines Erinnerungszeichens „zum Gedenken an die Opfer der kommunistischen Diktatur und an den Widerstand an unserer Schule [...]" vor dem heutigen Veit-Ludwig-von Seckendorff-Gymnasium.[76]

Schlussbetrachtung

Der im Winter 1989/90 in Gang gesetzte Prozess öffentlicher Aufarbeitung der Geschichte sowjetischer Verhaftungen und Speziallager in der (ehemaligen) DDR geht auch nach 30 Jahren weiter. Fragestellungen, die in den ersten Jahren vor allem auf die Klärung individueller Schicksale und die Zusammensetzung der Verhafteten-/Häftlingsgesellschaft zielten, sind noch immer wichtig, werden jedoch um andere Themenkomplexe erweitert. Die Aufarbeitung und Erinnerung selbst sind mittlerweile – mit dem notwendigen zeitlichen Abstand einer Generation – zum Gegenstand wissenschaftlicher Untersuchung geworden. Im Mittelpunkt stand und steht dabei – neben Sachsenhausen – besonders die Gedenkstätte Buchenwald, die seit dem letzten Jahr der DDR an die zweifache Geschichte des Ortes als Haft- und Leidensstätte erinnert. Erste Holzkreuze auf den Grablagen am Nordhang verwiesen Anfang der 1990er Jahre teilweise auf Personen, die von der sowjetischen Besatzungsmacht gar nicht nach Buchenwald verbracht wurden. Die Spur der Vermissten verliert sich an anderen Orten, der Verbleib ist teilweise bis heute nicht rekonstruierbar. Wenn etwas sinnbildlich für die jahrzehntelange Nichtinformation auch der nächsten Angehörigen dieser Verhafteten steht, dann vielleicht jene frühen Erinnerungszeichen.

Während diese großen Gedenkstätten im kollektiven Gedächtnis einen wichtigen Platz einnehmen, haben es viele kleinere Haft- und heutige Erinnerungsorte schwerer. So auch das Amtsgerichtsgebäude in Weimar: Obwohl ein zentraler Ort der nationalsozialistischen

Terrorjustiz und nach Kriegsende der sowjetischen Verurteilungen in Thüringen, ist das Wissen über ihn marginal. In zwei unterschiedlichen politischen Systemen entstanden im Laufe von elf Jahren vier Erinnerungszeichen für die Opfer verschiedener – von einigen mit Vorsatz gleichgesetzter – Diktaturen. Die Auseinandersetzung mit ihnen, der Blick auf die (Nicht-)Diskussion um das steingewordene Gedenken zeigt beispielhaft die Entwicklung der Erinnerungskultur im vereinten Deutschland.

Anmerkungen

*   Es handelt sich beim vorliegenden Beitrag um die leicht veränderte Fassung eines Artikels für die Jahresschrift 2023 des Vereins der Freunde und Förderer des Stadtmuseums Weimar im Bertuchhaus e. V.; siehe Waurig, Franz: Erinnerung an die „Opfer des Stalinismus" in Weimar. Die Gedenktafeln am Amtsgerichtsgebäude, in: Beiträge zur Weimarer Geschichte 4 (2023), S. 71–86.

1   Ähnliche Gedenkkundgebungen für die „Opfer des Stalinismus" fanden auch an anderen Orten der DDR statt, u. a. am 21. Dezember 1989 in Erfurt. Vgl. Gedenken an Opfer des Stalinismus, in: Thüringische Landeszeitung (Weimar), 19. Dezember 1989; Letzte 89er Demo bei Glockengeläut, in: Thüringer Neueste Nachrichten (Weimar), 21. Dezember 1989; Schweigemarsch für die Opfer des Stalinismus, in: Das Volk (Weimar), 22. Dezember 1989.

2   Die Speziallager-Arbeitsgruppe bildete sich Ende Februar 1990, die erste Ausstellung wurde am 14. September 1990 im ehemaligen Kammergebäude eröffnet und dort bis zum 18. September 1994 gezeigt. Vgl. Buchenwald 1945 bis 1950 – Recht oder Rache? Aus Briefen von Betroffenen, in: Thüringer Allgemeine (Weimar), 2. März 1990; Ausstellung über Nachkriegslager, in: Thüringer Allgemeine (Weimar), 15. September 1990; Last der Erinnerung, in: Thüringische Landeszeitung (Weimar), 26. September 1990; Der Weg ist frei für die Neugestaltung, in: Thüringische Landeszeitung (Weimar), 20. September 1994.

3   Das Denkmal war das erste seiner Art im Westen der geteilten Stadt. Vgl. Endlich, Stefanie: Berlin, in: Dies. u. a.: Gedenkstätten für die Opfer des Nationalsozialismus. Eine Dokumentation, Bd. II, Bonn 1999, S. 27–227, hier S. 40; Kaminsky, Anna (Hg.): Orte des Erinnerns. Gedenkzeichen, Gedenkstätten und Museen zur Diktatur in SBZ und DDR, Berlin ³2016, S. 58.

4   Siehe u. a. Westberliner Terrorbanden arbeiten mit Adenauer zusammen, in: Neues Deutschland, 17. Mai 1952; Geheimdienste bespitzeln sich gegenseitig, in: Neues Deutschland,

22. August 1954; Agentenbrut unter Gehlens Fittichen, in: Neues Deutschland, 14. Februar 1957.

5   Das Buch erschien 1990 schließlich im Ost-Berliner Buchverlag Der Morgen. Siehe Just, Gustav: Zeuge in eigener Sache. Die fünfziger Jahre, Berlin (Ost) 1990.

6   Sonderkonzert für die Opfer des Stalinismus, in: Neues Deutschland, 30. November 1989.

7   Vgl. Jahnke, Karl Heinz: Aus der Tätigkeit der Arbeitsgruppe „Opfer des Stalinismus" in Rostock, in: Beiträge zur Geschichte der Arbeiterbewegung 32 (1990) 3, S. 410–414, hier S. 410.

8   Vgl. Protokollnotiz zur Beratung über die Erfassung stalinistischer Repressionen im IfGA, 15. Dezember 1989, Bundesarchiv (BArch) Berlin, Bestand DY30/37889, unpag.

9   Selbst die zentrale SED-Zeitung „Neues Deutschland" meldete im Dezember 1989: Sonderparteitag vollzog den endgültigen Bruch mit der stalinistischen Vergangenheit, in: Neues Deutschland, 9./10. Dezember 1989.

10 Die erste VOS-Gruppe der DDR bildete sich im Februar 1990 in Oranienburg. Unmittelbar nach ihrer Gründung besuchte sie die Nationale Mahn- und Gedenkstätte Sachsenhausen, um an die Toten des Speziallagers Nr. 7/1 zu erinnern. Vgl. Neue Bezirksgruppe, in: Freiheitsglocke 40 (1990) 460, S. 10.

11 Vgl. Vereinigung der Opfer des Stalinismus stellte sich vor, in: Thüringer Neueste Nachrichten (Weimar), 5. März 1990, S. 2; Wir treffen uns in Erfurt!, in: Freiheitsglocke 41 (1991) 476, S. 1; Unser Deutschlandtreffen in Erfurt, in: Freiheitsglocke 41 (1991) 478, S. 5; Deutschlandtreffen in Erfurt. Wiedersehen und Demonstration, in: Freiheitsglocke 41 (1991) 479/480, S. 6–7. Siehe hierzu auch den Beitrag von Jörg Ganzenmüller im vorliegenden Band.

12 Chemnitz „vergaß" roten Terror von 1956–1989, In: Freiheitsglocke 43 (1993) 504, S. 6.

13 Vgl. „Und jeder sah und las die Namen", in: Der Stacheldraht (2019) 4, S. 12; Pressemitteilung der Stiftung Sächsische Gedenkstätten, 28. Februar 2019, online: https://www.stsg.de/cms/stsg/aktuelles/einweihung-einer-namenstafel-chemnitz-fuer-waldheim-und-hoheneck-verstorbene, letzter Zugriff: 27. März 2022.

14 Vgl. VOS-Flugblatt zur Veranstaltung in der Nationalen Mahn- und Gedenkstätte Buchenwald, in: Freiheitsglocke 40 (1990), Sonderausgabe, o. S. (Einleger).

15 Vgl. Gedenken an Opfer der Diktaturen, in: Junge Welt, 7. Mai 1990; Kein Pardon den Schuldigen, in: Thüringer Allgemeine (Weimar), 8. Mai 1990; Gedenken für die Opfer, in: Freiheitsglocke 40 (1990) 463, S. 9; Nationale Mahn- und Gedenkstätte Buchenwald (Hg.): Jahresinformation 1990, [Weimar-Buchenwald 1991], S. 7.

16 Vgl. Kaminsky (Hg.): Orte des Erinnerns, S. 455, 532.

17 Heute Carl-von-Ossietzky-Straße/Ernst-Thälmann-Straße.

18 Vgl. Müller, Rainer (Bearbeiter): Stadt Weimar. Stadterweiterung und Ortsteile, Altenburg 2009, S. 684–686 (= Denkmaltopographie Bundesrepublik Deutschland. Kulturdenkmale in Thüringen 4.2); Günther, Gitta u. a. (Hg.), Weimar. Lexikon zur Stadtgeschichte, Weimar 1998, S. 237.

19 Vgl. Geschichte der JVA Weimar in Wort und Bild, undatiert. Der historische Abriss wurde von Mitarbeiter:innen der Jugendarrestanstalt Weimar erstellt und seinerzeit auf der Internetpräsenz der Einrichtung veröffentlicht, jedoch nicht anderweitig publiziert. Es handelt sich – nach Kenntnis des Autors – um die bisher einzige Übersicht zum Strafvollzug im Weimarer Amtsgericht von 1917 bis zur Schließung 2011/2014.

20 Vgl. Wo befindet sich in Weimar ...?, in: Das Volk (Weimar), 25. September 1952; Ex-Gefängnis als Ausstellungshaus, in: Thüringische Landeszeitung (Weimar), 13. August 2021.

21 Zum Sondergericht Weimar siehe Kurth, Grit: Das Sondergericht Weimar, in: Beger, Katrin u. a. (Hg.): „Ältestes bewahrt mit Treue, freundlich aufgefaßtes Neue". Festschrift für Volker Wahl zum 65. Geburtstag, Rudolstadt 2008, S. 523–542.

22 Schmitz-Berning, Cornelia: Vokabular des Nationalsozialismus, Berlin [u. a.] 1998, S. 587.

23 Vgl. Kurth: Das Sondergericht Weimar, S. 527–528.

24 Vgl. ebd., S. 539–540.

25 Schreiben des Oberstaatsanwalts Dr. Heinrich Seesemann an den Jenaer Generalstaatsanwalt Dr. Werner Wurmstich, 11. Dezember 1940, LATh – HStA Weimar, Thüringischer Generalstaatsanwalt Jena, Nr. 605, Bl. 82r, hier zitiert nach Kurth: Das Sondergericht Weimar, S. 541.

26 Vgl. Abschlussbericht des Landeskriminalamts zu den Morden im Webicht, 15. April 1948, LATh – HStA Weimar, NS-Archiv des MfS, ZR 915, Akte 7, Bl. 16–18r, hier zitiert nach Gräfe, Marlis u. a. (Hg.): Die Geheime Staatspolizei im NS-Gau Thüringen 1933–1945, II. Halbband, Erfurt 2004, S. 477–481 (= Quellen zur Geschichte Thüringens 24/II); „Wir sterben unschuldig", in: Thüringische Landeszeitung (Weimar), 4. Januar 2020, S. 17.

27 Sowjetische Militärtribunale waren Militärgerichte in Einheiten der sowjetischen Armee, des Innenministeriums (NKVD/MVD) und der Staatssicherheit (NKGB/MGB). Als Grundlage der Verfahren in der SBZ/DDR dienten die alliierten Beschlüsse zur Verfolgung von NS-Verbrechen, aber auch das sowjetische Strafrecht – wenn es etwa um die Ahndung von Kriegsverbrechen, aber auch um Opposition gegen die Besatzungsmacht ging. Verurteilungen von Deutschen nahmen SMT in der DDR bis 1955 vor.

28 Vgl. Weigelt, Andreas u. a. (Hg.): Todesurteile sowjetischer Militärtribunale gegen Deutsche (1944–1947). Eine historisch-biographische Studie. Kurzbiographien, Göttingen 2015, S. 136, 315, 348, 508, 545–546, 701 (= Schriften des HAIT 56); Geschichten zwischen Elbe und Fläming: Der Scharfrichter aus Gommern, in: Genthiner Volksstimme, 9. Dezember 2016.

29 Narodnyj komissariat vnutrennych del (Volkskommissariat für innere Angelegenheiten der UdSSR, 1934–1946), ab 1946 Ministerstvo vnutrennych del (Innenministerium).

30 Vgl. Reisebericht über die Besichtigungsfahrt der Abteilung IV A durch die Anstalten der Landesjustizverwaltung in Thüringen in der Zeit vom 17.–21. Juni 1946, undatiert, LATh – HStA Weimar, MdI, 110/1, Bl. 2, 4.

31 Nach Aussage des ehemaligen Spezialagerinternierten Rudolf Haupt befand sich 1946 das Militärtribunal der 8. Gardearmee in der „Villa Dürckheim", Cranachstraße 47. Das Gebäude wurde während dieser Zeit vom sowjetischen Geheimdienst genutzt. Vgl. Interview mit Rudolf Haupt, 11. September 1996, Buchenwaldarchiv, BwA-V-007, Timecode: 00:31:07–00:32:00.

32 Dies ergibt die Auswertung des Biografienteils der Forschungsarbeit „Todesurteile sowjetischer Militärtribunale gegen Deutsche (1944–1947)" aus dem Jahr 2016.

33 Franz Höncher: Die Russen waren besser als die Deutschen …, in: Müller, Hanno (Hg.): Recht oder Rache? Buchenwald 1945–1950. Betroffene erinnern sich, Frankfurt (Main) 1991, S. 61–66, hier S. 61–62.

34 Bericht von Harry Ulrich, [Februar] 1990, Buchenwaldarchiv, BwA S-B-149, Bl. 2.

35 Vgl. Kranz, Erich: Als Pfarrer in Weimar. Ein Fragment, in: Victor, Christoph (Hg.): Der Mut zum aufrechten Gang. Erinnerungen an den Weimarer Pfarrer und Ehrenbürger Erich Kranz, Weimar 2013, S. 14–34, hier S. 32–34; Voigt, Heinz: Motto '89: „Suchet der Stadt Bestes …", in: Horch und Guck 8 (1999) 25, S. 20–21, hier S. 21; Generalstaatsanwaltschaft der Russischen Föderation, Militärhauptstaatsanwaltschaft, Rehabilitierungsbescheinigung, 13. Juli 1998, online: https://www.stsg.de/cms/dokstelle/rehabilitierung/datenbank-rehabilitierte-verurteilte?page=19&suchwort=K, letzter Zugriff: 8. Dezember 2023.

36 Kranz: Als Pfarrer in Weimar, S. 32–33.

37 Vgl. u. a. Erste Erschießungen – und Stalins Gnade, in: BILD Thüringen, 10. April 1993 (5. Folge der Serie „Der Tod in Weimar", für weitere Informationen siehe Anm. 49); „Ich vergebe dem Mann, der mich gefoltert hat", in: BILD Thüringen, 16. April 1993 (9. Folge der Serie „Der Tod in Weimar").

38 Vgl. Vorstand der SPD (Hg.): Die Einen sind im Dunkeln … Jugend hinter Stacheldraht, Mainz [1950], S. 6–9.

39 Vgl. Ein ehemaliger Eisenacher berichtet über die schwersten Jahre seines Lebens. Als 16-jähriger interniert, in: Südthüringer Zeitung, 21.–27. April 1990.

40 Vgl. Vergessen können wir niemals, in: Freiheitsglocke 40 (1990) 462, S. 5–6.

41 Die Bezirksgruppe Eisenach der VOS bildete sich am 11. Mai 1991. Helmut Braun und Günter Salm gehörten dem Verband an, Letzterer übernahm 1992 die Leitung in Eisenach. Vgl. Pressemitteilung der VOS, 11. Mai 1991, Stadtarchiv Erfurt, Bestand 5/783A-20, unpag.; Protokoll der Versammlung der VOS-Bezirksgruppe Eisenach, 19. September 1992, ebd., unpag.; Protokoll der Versammlung der VOS-Bezirksgruppe Eisenach, 12. Dezember 1992, ebd., unpag.

42 Vgl. Ehrenbürgerschaft für Erich Kranz, in: Thüringer Allgemeine (Weimar), 4. Oktober 1991; Gefordert: Mahnmal für die Opfer des Stalinismus, in: Thüringische Landeszeitung (Weimar), 28. September 1992; Ein Seelsorger und Ehrenbürger, in: Thüringische Landeszeitung (Weimar), 19. März 1994 (TLZ Treffpunkt); Kranz, Erich: Der außerparlamentarische Untersuchungsausschuß zur Aufdeckung von Amtsmißbrauch und Korruption, in: Victor, Christoph: Oktoberfrühling. Die Wende in Weimar, Weimar ²2009, S. 90–101 (= Weimarer Schriften 49).

43 Vgl. Gedenktafel für die Opfer, in: Freiheitsglocke 42 (1992) 493, S. 10; Gedenktafel für Stalin-Opfer, in: Thüringer Allgemeine (Weimar), 8. Oktober 1992; „Den unschuldigen Opfern des stalinistischen Terrors", in: Thüringische Landeszeitung (Weimar), 10. Oktober 1992; Mitteldeutscher Rundfunk, Video MDR 9283101009. Kristin Zehentner: Gedenktafelenthüllung in Weimar, in: Thüringenjournal 92/197, 9. Oktober 1992.

44 Vgl. Frei, Norbert u. a.: Zur rechten Zeit. Wider die Rückkehr des Nationalismus, Berlin ²2019, S. 161–181, hier besonders S. 164–172.

45 Vgl. Zwischenfälle zum Heß-Todestag, in: Ostthüringer Zeitung (Rudolstadt), 17. August 1992; Blumen und Erschütterung vor Baracke 38 / Bubis: Rechts wählen ist heute schon Gesinnung, in: Berliner Zeitung, 30. September 1992.

46 Nach dem Pogrom von Rostock-Lichtenhagen 1992 polemisierte der ehemalige Workuta-Häftling und „Freiheitsglocke"-Redakteur Sigurd Binski (alias Eberhard Reese) in einem Leitartikel gegen schutzbedürftige Asylsuchende und legitimierte faktisch die euphemistisch als „Selbsthilfe" bezeichneten Ausschreitungen. Der VOS-Bundesvorsitzende Richard Knöchel sah sich daraufhin zu einer Stellungnahme im folgenden Heft genötigt. Binskis Artikel reihte sich in eine längere Folge von tendenziösen Artikeln zur „Asyldebatte" ein, die seit den 1980er Jahren in der „Freiheitsglocke" erschienen. Vgl. Weder „Haß" noch „Feindlichkeit", in: Freiheitsglocke 42 (1992) 493, S. 1; Dann stünde es wahrhaft schlimm um Deutschland …, in: Freiheitsglocke 43 (1993) 494, S. 1–2.

47 Vgl. Verfolgung politisch Andersdenkender soll nicht verjähren, in: Berliner Zeitung, 25. September 1992.

48 So fehlt ein Eintrag in dem seit 2004 mehrfach aufgelegten Kompendium „Orte des Erinnerns" der Bundesstiftung Aufarbeitung. Die Gedenktafel für den Altenburger Jugendwiderstand wird dagegen aufgeführt. Vgl.: Kaminsky (Hg.): Orte des Erinnerns, S. 600–601.

49 Vgl. Serie „Der Tod in Weimar", in: BILD Thüringen, 5.–16. April 1993. Die Titel der einzelnen Folgen geben bereits Rückschluss auf die tendenziöse inhaltliche Gestaltung der Beiträge, die durch Stereotypisierungen der sowjetischen Besatzungsmacht und eine totalitarismustheoretische Diktion gekennzeichnet sind, so u. a. „Immer wieder sind diese Teufel über die junge Frau hergefallen" (2. Folge, 6. April 1993), Der Weg in die Hölle – mit verbundenen Augen (3. Folge, 7. April 1993), Sachsenhausen 1947. Nazis haben schon alles im Griff (6. Folge, 13. April 1993), „Schlagt sie tot – zuerst die Jungs!" (7. Folge, 14. April 1993). Die Veröffentlichung erfolgte zeitgleich mit dem Verweis auf die Auswertung russischer Speziallager-Archivmaterialien in der Gedenkstätte Buchenwald. So platzierte die Zeitung den Einspalter „Sowjet-KZ Buchenwald. 24 000 Namen, 7113 Tote" am 7. April 1993 neben dem dritten Teil der Artikelserie.

50 Die „Datenbank Rehabilitierte Verurteilte" der Dokumentationsstelle Dresden der Stiftung Sächsische Gedenkstätten verzeichnet 17 Rehabilitierungen zu Personen der Eisenacher Gruppe. In 15 Fällen ist der Bescheid einsehbar. Siehe https://www.stsg.de/cms/dokstelle/rehabilitierung/datenbank-rehabilitierte-verurteilte, letzter Zugriff: 4. Mai 2022.

51 Vgl. Kurzinformation der Stadtverwaltung Eisenach, Amt 47, zu einer Besprechung mit Vertretern der VOS am 21. September 1996, 23. September 1996, Stadtarchiv Eisenach, Bestand 40.5.03.02-081, unpag.

52 Schreiben von Michael Hildebrandt, Mitglied der SPD-Kreistagsfraktion Wartburgkreis, an das Stadtarchiv Eisenach, 12. September 1996, ebd., unpag.

53 Heute befindet sich in dem ehemaligen Schulgebäude ein Restaurant.

54 Vgl. Schreiben des Stadtarchivs Eisenach zur Vorbereitung eines „Gedenkortführers zur SED-Diktatur" der Bundesstif-

tung Aufarbeitung, 8. März 2001, Stadtarchiv Eisenach, Bestand 40.5.03.02-081, unpag.
55 Vgl. Ministerpräsident enthüllte Gedenktafel für 33 Opfer, in: Thüringer Allgemeine (Eisenach), 12. Mai 1998.
56 Siehe ebd.; Gedenktafel und Film über Schicksale Jugendlicher nach 1945, in: Thüringer Allgemeine (Eisenach), 11. Mai 1998; Ohne Beweise wurden Todesurteile gefällt, in: Thüringer Allgemeine (Eisenach), 27. Mai 1999; Veranstaltungsankündigung zur Ausstellung „Todesurteile gegen Kinder", Schulchronik des Elisabeth-Gymnasiums Eisenach, E-Mail-Korrespondenz des Autors mit Tino Nazareth, Schulleiter des Elisabeth-Gymnasiums Eisenach, 29. Juni 2021.
57 Landesbeauftragter des Freistaates Thüringen für die Unterlagen des Staatssicherheitsdienstes der ehemaligen DDR (Hg.): Todesurteile gegen Kinder. Erinnerung an 33 Eisenacher Jugendliche, die 1945 verhaftet wurden, Erfurt 1998 (= Der Landebeauftragte des Freistaates Thüringen für die Unterlagen des Staatssicherheitsdienstes der ehemaligen DDR informiert, Reihe C, Monographien).
58 Vgl. Telefonat des Autors mit Heidrun Sachse, SPD-Ortsverein Eisenach, 12. August 2021.
59 Vgl. Im Gedenken an die Opfer der faschistischen Terrorjustiz, in: Das Volk (Weimar), 9. Mai 1987; Gedenktafel wurde enthüllt, in: Thüringische Landeszeitung (Weimar), 9. Mai 1987; Kahl, Monika: Thüringen, in: Endlich: Gedenkstätten, S. 779–913, hier S. 905; Günther, Gitta u. a.: Gedenktafeln in Weimar. Zeitzeugen der Geschichte, Weimar 2018, S. 108.
60 Die Wiedergabe der Inschrift folgt einer Fotografie der Tafel aus den späten 1980er Jahren. Siehe Stadtarchiv Weimar, Bestand 60 10-5/26 (Foto/Reproduktion: Kurt Schindler).
61 Die Tafel im Marstall wurde am 21. Juli 1984 enthüllt. Sie trägt die Inschrift: „Im Marstall befand sich / 1939–1945 / ein Gestapo-Gefängnis / In dieser Folterhölle / wurden Antifaschisten / unmenschlich gequält / Unter ihnen / Theodor Neubauer / und Magnus Poser / Karl Barthel / Edwin Bergner / Bruno Borchert / August Frölich / Johann Ollik / Robert Siewert / und 149 im Webicht ermordete Opfer". Ihre grafische Gestaltung übernahm Hans-Jürgen Keßler, die Fertigung Kurt Stiefel. Siehe Bezirksleitung Erfurt der SED, Bezirkskommission zur Erforschung der Geschichte der örtlichen Arbeiterbewegung u. a. (Hg.): Gedenkstätten der Arbeiterbewegung. Bezirk Erfurt, [Weimar] ²1985, S. 61; Kahl: Thüringen, S. 904–905.
62 „Stadtblick: Die Last der Geschichte", in: Thüringer Allgemeine (Weimar), 13. Juni 1996.
63 Beispiele dieser Art gibt es viele. So versuchte u. a. der Tannrodaer Bürgermeister Theo Bloß (CDU) 1991, die erst sieben Jahre zuvor im Ort gesetzte Todesmarschstele durch ein „Mahnmal" zu ersetzen, „das neben den Buchenwaldhäftlingen auch der Gefallenen des zweiten Weltkrieges und der Opfer des Stalinismus gedenkt". Siehe: Gedenkstein paßt nicht mehr, in: Thüringische Landeszeitung (Weimar), 22. Mai 1991, sowie den Beitrag von Franziska Mendler in diesem Band.
64 Bereits am 7. Dezember 2000 wurde in der Gedenkstätte Buchenwald für die Opfer der NS-Militärjustiz ein Erinnerungszeichen eingeweiht. Vgl.: Stein, Harry: Ein Gedenkstein für Deserteure, in: Weimar Kultur Journal 9 (2000) 11, S. 16–17.
65 Vgl. Der Hinrichtungsplatz ist bis heute sichtbar, in: Thüringische Landeszeitung (Weimar), 11. Mai 2015.
66 Vgl. Gedenktafel wird enthüllt, in: Thüringer Allgemeine (Weimar), 15. Mai 1996; Gedenktafel für Alfred Diener, in: Thüringische Landeszeitung (Weimar), 18. Juni 1996, S. 11; Wider die Regime-Willkür, in: Thüringische Landeszeitung, 19. Juni 1996, S. 14; Kaminsky (Hg.): Orte des Erinnerns, S. 600; Günther u. a.: Gedenktafeln in Weimar, S. 36.
67 Vgl. In Bronze gegossenes Erinnern, in: Thüringer Allgemeine (Weimar), 19. Juni 1996.
68 Vgl. Kaminsky (Hg.): Orte des Erinnerns, S. 564–567. Das Denkmal wird dort als „Denkmal für die Verfolgten der kommunistischen Diktatur" bezeichnet; es befindet sich in der Gerbergasse 18, dem ehemaligen Sitz der Staatssicherheit in Jena.
69 Vgl. Neuer Schülerwettbewerb der Geschichtswerkstatt Jena e. V. – Walter-Scheler-Preis, in: Gerbergasse 18. Thüringer Vierteljahresschrift für Zeitgeschichte und Politik 13 (2008) 50, S. 40.
70 Siegfried Flack, Hans-Joachim Näther und Wolfgang Oster-

mann wurden am 13. September 1950 zum Tode verurteilt. Ludwig Hayne wurde erst am 20. Juli 1950 bei einer Aktion der „Kampfgruppe gegen Unmenschlichkeit" (KgU) in Ost-Berlin verhaftet. Er wurde nach Weimar überstellt und durch das SMT 48420 am 21. Februar 1951 zum Tode verurteilt. Vgl. Heitzer, Enrico: „Einige greifen der Geschichte in die Speichen". Jugendlicher Widerstand in Altenburg/Thüringen 1948 bis 1950, Berlin 2007, S. 154–184. Zu den Kurzbiografien siehe Roginskij, Arsenij u. a. (Hg.): „Erschossen in Moskau …" Die deutschen Opfer des Stalinismus auf dem Moskauer Friedhof Donskoje 1950–1953, Berlin ³2008, S. 179, 219, 324–325, 335–336.

71 Vgl. Tafel erinnert an Stalinismus-Opfer, in: Thüringer Allgemeine (Weimar), 14. September 1998; Ehrendes Gebet für Terror-Opfer, in: Thüringer Allgemeine (Weimar), 15. September 1998; Kaminsky (Hg.): Orte des Erinnerns, S. 600–601.

72 Auch die 2018 herausgegebene Übersicht zu den Weimarer Gedenktafeln listet nur die Tafel von 1998 auf, verweist jedoch nicht auf das Erinnerungszeichen von 1992. Vgl. Günther u. a.: Gedenktafeln in Weimar, S. 111.

73 Stadtarchiv Erfurt, Bestand 5/783A-85 (Chronik der Vereinigung der Opfer des Stalinismus e.V.), unpag. (Foto 32, unbekannter Fotograf).

74 Vgl. 48 neue Straßennamen in Altenburg, in: Leipziger Volkszeitung (Altenburg/Schmölln), 29./30. Dezember 1990; Siegfried Flack & Ludwig Hayne, in: Leipziger Volkszeitung (Altenburg/Schmölln), 1. Februar 1991.

75 Kaminsky (Hg.): Orte des Erinnerns, S. 526–527.

76 Vgl. ebd., S. 574–575.

Teilnehmende der Gedenkveranstaltung zum 49. Jahrestages der Befreiung des KZ Buchenwald tragen ein Schild mit der Forderung, die Todesmarschstele in Tannroda wieder aufzustellen, 10. April 1994. Mediengruppe Thüringen Verlag GmbH, Fotograf: Peter Michaelis

Franziska Mendler

„GEDENKSTEIN PASST NICHT MEHR"?

Erinnerungszeichen an die nationalsozialistische Gewaltherrschaft und an sowjetische Verhaftungen in Tannroda

Anfang August 1994 fand auf dem Mahnmalsgelände in der Gedenkstätte Buchenwald eine Demonstration gegen einen Anschlag statt, den wenige Wochen zuvor eine Skinhead-Gruppe aus Gera auf die Gedenkstätte verübt hatte. Unter den Demonstrierenden befanden sich auch Personen, die ein Schild mit der Aufschrift trugen: „Wir fordern Wiederaufstellung der Stele in Tannroda. Im Gedenken an die 13000 Opfer der Todesmärsche"[1]. Bereits wenige Monate zuvor, während der Gedenkveranstaltung im Rahmen des 49. Jahrestages der Befreiung des KZ Buchenwald im April, war dieses Plakat im Einsatz gewesen.[2]

Was war der Hintergrund dieses Protestes und um welche Stele handelte es sich? Wie war es überhaupt zu der Überlegung gekommen, das Denkmal zu entfernen? Und welche Formen des Gedenkens gibt es heute in diesem 1000-Einwohner-Ort im Weimarer Land?

Denkmalslandschaft bis 1989

Bis 1984 gab es in Tannroda, einem Ortsteil der Stadt Bad Berka im Weimarer Land, nur ein Denkmal zum Gedenken an die Opfer des Ersten Weltkriegs („Helden-Ehrenstein"). Dieses wurde am 28. Mai 1922 auf dem Lindenberg neben der Kirche eingeweiht.[3] Im Zuge des 35. Jahrestages der DDR 1984 entstand ein weiterer Erinnerungsort: Eine Stele sollte an den Todesmarsch des Außenlagers Ohrdruf (SIII) erinnern, der Anfang April 1945 durch den Ort nach Weimar zum KZ Buchenwald zog.[4] Während dieses Marsches starben sechs Häftlinge in Tannroda, deren Leichen später auf dem örtlichen Friedhof beigesetzt wurden.[5] Die Stele wurde am 6. Oktober 1984 an der Ecke Kranichfelder-Straße/Bahnhofstraße vor dem Lehrlingswohnheim der LPG Pflanzenproduktion eingeweiht.[6]

Wie die anderen Todesmarschstelen, die in den 1980er Jahre in Thüringen gesetzt worden waren, bestand auch diese aus einer gemauerten Wand aus rotem Klinker, auf der eine Emailletafel angebracht wur-

Franziska Mendler

Das ist die Stele zum Gedenken an die Opfer des Todesmarsches der Buchenwald-Häftlinge im April 1945, die in Tannroda ihren Platz gefunden hat und die heute abend um 18.00 Uhr in Anwesenheit von Genossen Dieter Becker, 1. Stellvertreter des Vorsitzenden des Rates des Kreises, übergeben wird.

Foto: K. Hoerenz

Die Todesmarschstele in Tannroda vor dem Lehrlingswohnheim in einem Bildbericht der SED-Zeitung „Das Volk" (Weimarer Land), 6. Oktober 1984. Mediengruppe Thüringen Verlag GmbH, Fotograf: H. Hoerenz.

de. Diese zeigte die Todesmarschroute durch Thüringen und trug die Inschrift:

TODESMARSCH DER HÄFTLINGE DES KZ BUCHENWALD UND SEINER AUSSENLAGER IM APRIL 1945. ÜBER 13.000 WURDEN VON DER SS ERMORDET. IHR VERMÄCHTNIS LEBT IN UNSEREN TATEN FORT.

Des Weiteren war auf der Tafel ein großer roter Winkel abgebildet, der damit vornehmlich an die als politische Gegner inhaftierten KZ-Häftlinge erinnerte. Ergänzt wurde dieser Gedenkort 1988 um das Bronzerelief „Am Wege" von Wieland Schmeidel. An dessen Einweihung nahm auch der Buchenwald-Überlebende und damalige Vorsitzende des Kreiskomitees Weimar der Antifaschistischen Widerstandskämpfer Ottomar Rothmann teil.[7]

Protest und Diskussionen in den 1990ern

Anfang der 1990er Jahre sollte an der Stelle des Lehrlingswohnheims ein Seniorenheim errichtet und die Freifläche davor neugestaltet werden. In diesem Zusammenhang entstanden Überlegungen, die Todesmarschstele zu entfernen, worüber die Thüringische Landeszeitung (TLZ) im Mai 1991 unter dem Titel „Gedenkstein paßt nicht mehr" berichtete.[8] Der damalige Bürgermeister Theo Bloß (CDU) schlug daraufhin vor, stattdessen ein Denkmal zu errichten, mit dem „neben den Buchenwaldhäftlingen auch der Gefallenen des [Z]weiten Weltkrieges und der Opfer des Stalinismus"[9] gedacht werden solle – den drei Opfergruppen sollte damit ein gemeinsamer Gedenkstein gewidmet werden. 1991 wurden die Todesmarschstele und das Relief schließlich entfernt, das vorgeschlagene Denkmal jedoch zunächst nicht realisiert.[10]

> **Gedenkstein paßt nicht mehr!**
>
> Wie in vielen Orten des Kreises Weimar steht auch in Tannroda ein Gedenkstein, der an den Todesmarsch von Buchenwald erinnern soll. Im Zusammenhang mit der Neugestaltung der Freifläche vor dem künftigen Seniorenheim denkt man nun daran, den Stein zu entfernen. Wie der Bürgermeister Theo Bloß betonte, sei das aber nicht als Mißachtung der Leiden der Häftlinge von Buchenwald zu verstehen. Viel mehr denke man daran, ein neues Mahnmal aufzustellen, das neben den Buchenwaldhäftlingen auch der Gefallenen des zweiten Weltkrieges und der Opfer des Stalinismus gedenkt.

Zeitungsartikel aus der Thüringische Landeszeitung (Weimar), 22. Mai 1991. Mediengruppe Thüringen Verlag GmbH

In den folgenden Jahren kam es zu Forderungen für eine Wiederaufstellung. Neben den bereits genannten Protesten am Mahnmal setzte sich die SPD-Fraktion des Stadtrats von Bad Berka für die Wiederaufstellung der Todesmarschstele ein. Im September 1994 stellte sie einen Antrag an den Stadtrat. Dieser stimmte unter der Bedingung zu, Gedenksteine auch für die Kriegstoten und die Opfer des Stalinismus zu errichten. Der damalige Bürgermeister Theo Bloß argumentierte jedoch erneut, auf einer oder zwei Stelen alle Opfergruppen zusammen zu ehren, was der Bad Berkaer Bürgermeister Klaus Lutterberg (CDU) ablehnte.[11] Da die Stadt Bad Berka mit Finanzierungsproblemen zu kämpfen hatte, wurde beschlossen, die alte Stele erst Ende 1995 wieder aufzustellen.[12]

Ein Jahr später, am 30. Oktober 1995, stellten die SPD- und PDS-Fraktionen erneut einen Antrag zur Wiedererrichtung der alten Stele, woraufhin der Stadtrat die Umsetzung des Vorhabens bis 1996 beschloss. Zuvor müsse der Haupt- und Finanzausschuss jedoch deren Realisierung prüfen. Zudem sollte der Ortschaftsrat von Tannroda hinzugezogen werden. Die CDU, insbesondere Stadtrat Egon Bloß, kritisierten das Vorhaben, „da Tannroda der Opfer schon auf dem Friedhof gedenke und sich die kleine Stadt nicht nur mit Denkmalen umgeben könne."[13]

Da die Todesmarschstele im Laufe des Jahres 1996 immer noch nicht aufgestellt wurde und eine Wiederaufstellung nicht in Aussicht war, stellte der Stadtrat Dr. Lüdde im September 1996 in der Haupt- und Finanzausschusssitzung eine Anfrage. Daraufhin bat man den Ortschaftsrat von Tannroda um eine Stellungnahme.[14] Kurz darauf wurde die Emailletafel der Stele zur Lagerung in das Rathaus nach Bad Berka gebracht – das Relief wurde vor dem „Leichenwagenhäuschen" in Tannroda aufbewahrt.[15] 1997 wurde das Vorhaben weiter vorangetrieben, nachdem die Ortschronistin Rosita Schwager Unterlagen („Bauzeichnung, Materialaufstellung, Auf-

Franziska Mendler

Die neueingeweihte Todesmarschstele an der B 85, August 2020. Links im Vordergrund ist das Relief von Wieland Schmeidel zu sehen. Gedenkstätte Buchenwald, Fotograf: Franz Waurig.

stellungsskizzen, Bildmaterial u. a."[16]) an die Untere Denkmalbehörde übergeben hatte. Zudem beschloss das Landratsamt, die Frage der Finanzierung zu klären.[17]

Am 14. November 1999 wurde schließlich die alte Todesmarschstele am Volkstrauertag mit einer Gedenkveranstaltung eingeweiht. Neben Ausbesserungen an der Emailletafel wurde auf der Karte auch der Ort „Tannroda" hinzugefügt.[18] Der neue Platz befindet sich direkt an der B 85. Auch an der Wiedereinweihung nahm der Buchenwaldüberlebende Ottomar Rothmann teil.[19] Der damalige Landrat Hans-Helmut Münchberg betonte in seiner Rede, wie froh er sei, dass das Gedenken an den Todesmarsch fortgeführt werde, da „die Toten wie alle Opfer von Krieg und Gewalt ein Recht auf unser Gedenken [haben]."[20]

Ein neues Denkmal zum Gedenken an die Opfer des Zweiten Weltkriegs

Parallel zu den Diskussionen über die Wiederaufstellung der Todesmarschstele entstand in den 1990er Jahren in Tannroda – ausgehend von Rosita Schwager und dem Heimatverein – eine Initiative, die sich für ein Denkmal für die Opfer des Zweiten Weltkriegs aus Tannroda einsetzte. Grundlage hierfür bildeten Listen von zwei Tannrodaer Bürgern, die als Jugendliche Namen von Kriegsgefallenen notiert hatten. Diese hatten sie Anfang der 1990er Jahre an Frau Schwager übergeben.[21] Da die Listen zunächst noch unvollständig und fehlerhaft waren, gab es öffentliche Aushänge, sodass

Die Gedenktafel für die Opfer des Zweiten Weltkriegs in Tannroda, August 2020. Gedenkstätte Buchenwald, Fotograf: Franz Waurig.

sich Bürger:innen melden konnten, um weitere Namen zu übermitteln oder bereits aufgelistete zu korrigieren. Auch im „Ilmtal-Boten", dem lokalen Amtsblatt, gab es Anzeigen. Die Vervollständigung der Namenslisten dauerte insgesamt sieben Jahre. Am Ende konnten 97 Namen von Tannrodaern ermittelt werden, die im Zweiten Weltkrieg ums Leben gekommen waren.[22]

Zunächst sollte das Denkmal nur an Kriegsgefallene erinnern, jedoch gab es Stimmen im Ort, die auch der nach 1945 Verhafteten und Gestorbenen gedenken wollten. So kamen drei weitere Namen hinzu, die nach Hörensagen im Sowjetischen Speziallager Nr. 2 in Buchenwald ums Leben gekommen sein sollten. Bis zur Genehmigung und Einweihung des Denkmals wurden die insgesamt 100 Namen auf Papier gedruckt und in der örtlichen Kirche auf dem Lindenberg ausgehängt.[23]

Neben der Klärung der Namen war auch die Finanzierung des Denkmals ein langer und schwieriger Prozess. Hierbei schrieb der Heimatverein Tannroda Angehörige der genannten Toten an und bat sie um Spenden. Der Schützenverein des Ortes sammelte ebenfalls unter seinen Mitgliedern und überwies das Geld an das eigens dafür eingerichtete Konto.[24] So konnte nach Angaben von Frau Schwager das Denkmal mit Kosten von 8243 DM allein durch Spenden finanziert werden.[25]

Als Standort war zunächst der Platz neben der Kirche unter dem Denkmal für die Toten des Ersten Weltkriegs vorgesehen. Dies hätte jedoch eine Erhöhung der

Kosten verursacht, da eine Treppe/Stufe hätte gebaut werden müssen. Zudem gab es Stimmen aus dem Ort, die gegen den Standort argumentierten.[26] Die Realisierung sollte nun schnell vorangehen und nicht noch mehr Zeit kosten, da „die Menschen bereits mehr als ein halbes Jahrhundert tot"[27] und einige der Spender bereits verstorben waren.[28] Die Stadt Bad Berka legte im November 2001 schließlich den jetzigen Standort, den Eckplatz zwischen Schlossmauer und Toreinfahrt, fest, auf dem die Gedenktafel am 13. April 2002 eingeweiht wurde.[29] Der Heimatverein organisierte die feierliche Einweihung, bei der auch der Landrat, Hans-Helmut Münchberg, anwesend war.[30]

Schicksalsklärung als Aufgabe

Durch die Forschung der letzten Jahre und die bessere Zugänglichkeit zu Quellenbeständen ergeben sich neue und erweiterte Möglichkeiten, Schicksale von Opfern zu recherchieren. So können Opfer von sowjetischen Verhaftungen in den Archiven der Gedenkstätten zur Erinnerung an sowjetische Speziallager gesucht werden, so z. B. seit Mitte der 1990er Jahre im Archiv der Gedenkstätte Buchenwald. Auf diese Weise konnte festgestellt werden, dass die drei Personen, die auf dem Denkmal unter „Nach 1945 – Buchenwald" aufgeführt sind, keine Inhaftierten des Sowjetischen Speziallagers Nr. 2 gewesen waren: Zu ihnen finden sich keine Einträge in der Datenbank der Gedenkstätte Buchenwald.

Durch weitere Recherchen konnte eine der drei Biografien rekonstruiert werden: Kurt (Ernst) Völker (geb. 1900) wurde am 29. August 1946 in Tannroda verhaftet und vom Sowjetischen Militärtribunal Thüringen im Oktober 1946 unter dem Vorwurf „Kriegsverbrechen" zum Tode verurteilt und im November 1946 in Bad Berka vermutlich durch Erschießung hingerichtet.[31] Kurt Völker war von Oktober 1944 bis April 1945 Lagerführer des Buchenwalder Außenlagers Elsnig (Sachsen). Bisher ging die Forschung zu den nationalsozialistischen Konzentrationslagern davon aus, dass Völker „1947 an Polen ausgeliefert und zu sechs Jahren Haft verurteilt wurde."[32] Diese Annahme konnte nun widerlegt werden.[33] Hingegen konnten die Schicksale von Max Singer II und Fritz Wenzel bis jetzt nicht vollständig rekonstruiert werden. Zu Max Singer ist lediglich bekannt, dass er im Speziallager Torgau interniert war und dort 1948 ums Leben kam.[34]

Anmerkungen

1   „Dänischer Protest gegen Schändung Buchenwalds", in: Thüringer Allgemeine (Weimar), 8. August 1994.
2   Vgl. Thüringische Landeszeitung (Weimar), Bildarchiv, Fotograf: Peter Michaelis. Der Mann vorn in der Mitte ist Otto Piotrowski, Stadtrat und Kreistagsabgeordneter der PDS in Tannroda.
3   Vgl. Schwager, Rosita: Tannroda. Ein historischer Abriss, Tannroda 2015, S. 318 ff.
4   Vgl. ebd., S. 345. Zur Geschichte der Todesmärsche siehe Greiser, Katrin: Die Todesmärsche von Buchenwald. Räumung, Befreiung und Spuren der Erinnerung, Göttingen 2008.
5   Vgl. Schwager: Tannroda, S. 347.
6   Vgl. Gedenkstätten der Arbeiterbewegung. Bezirk Erfurt, Erfurt ²1985, S. 68; Schwager: Tannroda, S. 293; Schwager, Rosita: Chronik Tannroda 1992–1994, erstellt Tannroda 1992–

1995, S. 398–399; StadtA Bad Berka, Sign. B 401 Tannroda. Die Idee, die Todesmarschroute in Thüringen durch Gedenkzeichen zu markieren, ist Anfang der 1980er durch Anregungen des Komitees der Antifaschistischen Widerstandskämpfer der DDR und des Rats der Stadt Erfurt entstanden. Als Vorbild für die Gestaltung der Stelen dienten die Gedenkzeichen, die die Nationale Mahn- und Gedenkstätte Sachsenhausen 1976 zum Gedenken an die Todesmärsche des KZ Sachsenhausen in Brandenburg und Mecklenburg aufstellte. Geplant war, die Todesmarschstelen 1983 einzuweihen – zum 38. Jahrestag der Befreiung von Buchenwald –, jedoch wurden 54 Stelen erst ein Jahr später aufgestellt. Vgl. Winter, Martin Clemens: Gewalt und Erinnerung im ländlichen Raum. Die deutsche Bevölkerung und die Todesmärsche, Berlin 2018, S. 423–428. Zur Geschichte der Todesmarschstelen siehe Lange, Carmen: „Ihr Vermächtnis lebt in unseren Taten fort." Todesmarschgedenken in der DDR, in: Blondel, Jean-Luc/Urban, Susanne/Schönemann, Sebastian (Hg.): Freilegungen. Auf den Spuren der Todesmärsche, Jahrbuch des International Tracing Service, Bd. 1, Göttingen 2012, S. 328–344.

7   Vgl. Gedenkstätten in den Bezirken, in: Der antifaschistische Widerstandskämpfer 14 (1988) 8, S. 11; StadtA Bad Berka, Sign. B 1068 Tannroda; Informationen der Nationalen Mahn- und Gedenkstäte Buchenwald, 3-1988, S. 16.

8   Vgl. „Gedenken passt nicht mehr!", in: Thüringische Landeszeitung (Weimar), 22. Mai 1991.

9   Ebd.

10 Vgl. Schwager: Chronik Tannroda 1992-1994, S. 399; „Tannroda soll sich doch erinnern", in: Thüringische Landeszeitung, 7. September 1994.

11 Vgl. Schwager: Chronik Tannroda 1992-1994, S. 399; Thüringische Landeszeitung, 1994.

12 Vgl. Schwager: Chronik Tannroda 1992-1994, S. 399; Thüringische Landeszeitung, 1994.

13 Thüringer Allgemeine, 1. November 1995; Schwager, Rosita: Chronik Tannroda 1995-1997, erstellt Tannroda 1995-1998, S. 116.

14 Vgl. Schwager: Chronik Tannroda 1995-1997, S. 339.

15 Vgl. ebd., S. 339.

16 Ebd., S. 484.

17 Vgl. ebd.

18 Vgl. Schwager, Rosita: Chronik Tannroda 1998-2000, erstellt Tannroda 1998-2001, S. 333.

19 Vgl. „Einweihung", in: Thüringische Landeszeitung, 6. November 1999; Schmidt, Sabine: Stele das zweite Mal eingeweiht. Zum Volkstrauertag Gedenken an die Toten von Krieg und Gewalt, in: Thüringische Landeszeitung, 15. November 1999.

20 Schmidt: Stele das zweite Mal eingeweiht.

21 Vgl. Gespräch mit Rosita Schwager am 30. Dezember 2021.

22 Vgl. Schwager: Tannroda, S. 293.

23 Vgl. Gespräch mit Rosita Schwager am 30. Dezember 2021.

24 Vgl. Für Gedenktafel erste Tausender zusammen, in: Thüringer Allgemeine, 6. April 2001.

25 Vgl. ebd.; Gespräch mit Rosita Schwager am 30. Dezember 2021.

26 Vgl. Schwager, Rosita: Chronik Tannroda 2001-2005, Bestand StadtA Bad Berka, S. 9; Gespräch mit Rosita Schwager am 30. Dezember 2021.

27 Hundert Namen. Tannroda erinnert sich mit einem Gedenkstein an seine Toten im II. Weltkrieg, in: Thüringer Allgemeine, 15. April 2002.

28 Vgl. Schwager: Chronik Tannroda 2001-2005, S. 108.

29 Vgl. ebd., S. 107.

30 Vgl. Gespräch mit Rosita Schwager am 30. Dezember 2021.

31 Vgl. Weigelt, Andreas u. a. (Hg.): Todesurteile sowjetischer Militärtribunale gegen Deutsche (1944-1947). Eine historisch-biographische Studie. Kurzbiographien, Göttingen 2016, S. 730–731.

32 Benz, Wolfgang/Distel, Barbara (Hg.): Der Ort des Terrors. Geschichte der nationalsozialistischen Konzentrationslager. Bd. 3: Sachsenhausen/Buchenwald, München 2006, S. 436.

33 Es handelt sich bei dem an Polen ausgelieferten Kurt Völker um eine andere Person.

34 Vgl. Schreiben der Dokumentationsstelle Dresden an Franz Waurig vom 25. November 2021.

Denkmal für die Opfer der sowjetischen Militärjustiz auf dem Parkfriedhof Meiningen in der ursprünglichen Fassung vor 2015. Stadtarchiv Meiningen.

Die Gedenkstelen nach der Ausfräsung des Namens Josef Ebenhöh, August 2020. Gedenkstätte Buchenwald, Fotograf: Franz Waurig.

Julia Landau

GEDENKEN MIT KORREKTUR

Die Gedenkstelen für die verstorbenen Häftlinge der Haftanstalt Untermaßfeld auf dem Meininger Parkfriedhof*

Die beiden quaderartigen, dunklen Granitstelen stehen etwas abseits des Weges an einer Grabstelle auf dem Parkfriedhof Meiningen. Kleine Gipsfiguren und unvergängliche Blumengestecke aus Kunststoff zeugen von Besucher:innen, die hier ihrer Trauer Ausdruck verliehen und Anteil genommen haben. 49 Namen sind weiß hinterlegt in den Granit der Stelen eingraviert, ein Name wurde jedoch im Nachhinein säuberlich herausgefräst. Der alphabetischen Namensliste ist folgender Text vorangestellt: „Hier ruhen Opfer / der sowjetischen / Militärjustiz, / die in den Jahren / 1950–1952 / in Untermaßfeld / an Hunger und / Krankheit starben."

Wessen wird in dieser Anlage gedacht? Was sind die Hintergründe der ursprünglichen Denkmalsetzung und weshalb wurde das Denkmal später verändert? Welche Biografie verbirgt sich hinter dem hier nicht mehr genannten Namen? Gerade durch seine Korrektur macht das Denkmal neugierig und evoziert weitere Fragen – auch wenn seine Aufstellung dies ursprünglich nicht intendierte. Im Folgenden wird versucht, die Hintergründe dieser Denkmalsetzung und -veränderung etwas zu erhellen.

Das Denkmal in Meiningen wurde zum Volkstrauertag am 19. November 2000 auf Initiative der Arbeitsgemeinschaft Lager Sachsenhausen 1945–1950 e. V. eingeweiht. Es ist jenen 49 Personen gewidmet, die nach der Auflösung des Speziallagers Nummer 7/1 in Sachsenhausen nicht in die Freiheit entlassen, sondern dem DDR-Strafvollzug übergeben wurden und wenige Zeit später in der Haft verstarben. Insgesamt kamen im Februar 1950 1229 Verurteilte aus Sachsenhausen in das Gefängnis Untermaßfeld in Südthüringen.[1] Es handelte sich um Personen, die bereits von sowjetischen Militärgerichten verurteilt und mehrere Jahre im Speziallager festgehalten worden waren.[2]

Unter den Gefangenen befanden sich zahlreiche Jugendliche, die wegen des Vorwurfs der Werwolftätigkeit oder Spionage zu langen Haftstrafen verurteilt worden waren. Zu ihnen gehörte auch Paul Radicke, der nach Informationen der Tageszeitung „Freies Wort" wegen eines „Spottgedichtes über Pieck und Grotewohl" zu zehn

143

Jahren Haft verurteilt worden war.³ Paul Radicke, Jahrgang 1929, war 1947 in das Speziallager in Sachsenhausen gebracht worden und wurde nach dessen Auflösung 1950 in verschiedenen DDR-Gefängnissen festgehalten, bevor er 1954 freikam. Er ging in die Bundesrepublik und setzte sich gemeinsam mit anderen in der Arbeitsgemeinschaft Lager Sachsenhausen 1945–1950 e. V. für die Aufarbeitung der Geschichte des Speziallagers und für die Setzung von Gedenksteinen für Verurteilte sowjetischer Militärgerichte ein.⁴

Eine Erinnerungstafel und Gedenkstelen für die in Untermaßfeld Verstorbenen an der JVA Untermaßfeld und auf dem Parkfriedhof Meiningen

Wie kam es schließlich zu der Setzung der Gedenkstelen auf dem Parkfriedhof in Meiningen? Zunächst stand die Forderung nach einer Gedenktafel am Gefängnis Untermaßfeld im Vordergrund: Im Jahr 1998 forderte der ehemalige Speziallagerinsasse Hans-Günter Koch in der Zeitschrift „Freiheitsglocke" zu Spenden auf, um eine Gedenktafel für die Opfer des Stalinismus und Kommunismus an der JVA Untermaßfeld anzubringen. Eine Aufstellungsgenehmigung des Thüringer Justizministeriums läge bereits vor.⁵ Nach einer Diskussion im Gemeinderat kam es jedoch zu Auseinandersetzungen zwischen Justizministerium und Gemeinde über die Finanzierung einer solchen Tafel. In der lokalen Presse wurden währenddessen nicht nur die Diskussionen um die finanziellen Fragen umfassend veröffentlicht, sondern auch Erlebnisberichte Betroffener. So schilderten Hans-Günter Koch und Paul Radicke die Umstände ihrer Verhaftungen und die Hintergründe der sowjetischen Strafurteile.⁶

Im gleichen Jahr hatten Günter Koch und Paul Radicke zudem das anonyme Urnengrab auf dem Parkfriedhof Meiningen ausfindig gemacht. Dabei konnten sie mithilfe der Friedhofsverwaltung eine Liste von 49 Namen ermitteln, die 1967 in das Friedhofsbuch eingeklebt worden war. In diesem Jahr waren die bis dahin in der Strafanstalt Untermaßfeld aufbewahrten 49 Urnen auf dem Parkfriedhof anonym vergraben worden.⁷

Nachdem sich Paul Radicke an die Thüringer Ministerin für Wissenschaft, Forschung und Kunst Dagmar Schipanski gewandt hatte, wurden 11.900 DM aus Lottomitteln zugesagt. Einzelspender brachten weitere 14.600 DM auf, sodass die Stelen aus Granit im November 2000 schließlich aufgestellt werden konnten.⁸ Die Einweihung fand mit Beteiligung von Vertreter:innen der Thüringer Landesregierung, der Stadt Meiningen und der Opferverbände statt: Vertreten waren u. a. Landtagsabgeordnete, der Landesbeauftragte für die Unterlagen des Staatssicherheitsdienstes Jürgen Haschke, unter den Redner:innen befanden sich die Ministerin Dagmar Schipanski, der Meininger Bürgermeister Reinhard Kupietz, Werner Keppler (VdK-Kreisverband Meiningen), Klaus Schmidt als stellvertretender Bundesvorsitzender der VOS und Detlev Putzar als Vertreter der ehemaligen Häftlinge aus Untermaßfeld.⁹

Meininger Friedhofsbuch mit den Namen der verstorbenen Untermaßfelder Häftlinge. Stadtarchiv Meiningen.

Rückkehr aus der Anonymität: Die Forderung nach einer Nennung der Namen

Das Umfeld der Grabanlage auf dem Parkfriedhof Meiningen zeugt von mehrfachen historischen Umbrüchen: So war auf dem Standort der 1885 errichteten und 1945 zerstörten Friedhofskapelle das Gräberfeld für die anonymen Urnenbeisetzungen angelegt worden. Eine derartige sogenannte Urnengemeinschaftsanlage gehörte zu den zentralen Veränderungen der Sepulkralkultur in der DDR. Inmitten der anonymen Urnenbeisetzungen sollte ein zentrales Gedenkzeichen stehen, die einzelnen Grabfelder jedoch nicht namentlich bezeichnet werden, sodass auch keine Kränze an einzelnen Gräbern niedergelegt werden konnten. Seit den 1980er Jahren bestanden auf fast allen größeren Friedhöfen der DDR derartige kommunale gemeinschaftliche Grabanlagen, abgekürzt UGA. Diesen standen die „Ehrenfelder" oder „Ehrenhaine" gegenüber, in denen verdienstvolle DDR-Bürger:innen namentlich genannt wurden, so z. B. Angehörige der Nationalen Volksarmee oder Verfolgte des Naziregimes.[10] Unmittelbar gegenüber der Urnengrabanlage in Meiningen befindet sich auch ein sowjetisches Ehrenmal mit der Inschrift „Ruhm und Ehre den Helden der Sowjetarmee". In diese Anlage wurde Ende der 1990er Jahre eine Grabtafel für acht verstorbene sowjetische Zwangsarbeiter:innen integriert.

Nach dem Ende der DDR änderte sich auch der Umgang mit Verstorbenen, was sich auf die Anlage von Gräbern auswirkte. Die gleichmachende Anonymisierung der DDR-Sepulkralkultur, die für die Urnen-Gemeinschaftsanlage prägend war, wurde aufgehoben durch ein stärker individuelles Gedenken; daneben wurde auch die Hierarchie der hervorgehobenen, durch einen Ehrenhain geehrten Verstorbenen umgeschrieben. So findet sich neben den Gedenkstelen für die Opfer der sowjetischen Militärjustiz, deren Urnen zuvor gänzlich ohne offizielle Kennzeichnung – bis auf das erwähnte heimlich eingeklebte Blatt im Friedhofsbuch – anonym bestattet wurden, eine Grabanlage der Angehörigen des Meininger Fürstenhauses, die 1998 feierlich eingeweiht wurde. Die ebenfalls anonym beigesetzten Urnen waren ausgegraben und erneut bestattet worden, auf einer Metallplatte standen nun die Namen der verstorbenen Angehörigen der Adelsfamilie.[11] Ähnlich wie bei den in DDR-Haft umgekommenen Menschen sollte vor 1989 durch die Anonymisierung der Toten jegliche Anteilnahme, die als politischer Widerstand gelten konnte, im Vorhinein verhindert werden. Allerdings hatte sich diese Tabuisierung der Toten nicht aufrechterhalten lassen; im Gegenteil schien das Interesse an deren Andenken ungebrochen fortbestanden zu haben.

Beurteilungen der Biografien namentlich genannter Verstorbener

Die Initiative für die Setzung der Gedenkstelen ging maßgeblich von jenen Betroffenen aus, die als Jugendliche nach dem Krieg verhaftet und von der sowjetischen Militärjustiz verurteilt worden waren. Sie prägten eine Sicht auf die Speziallager, die von der neueren Forschung ergänzt und zum Teil in Frage gestellt worden ist. In einer Darstellung der Arbeitsgemeinschaft Lager Sachsenhausen 1945–1950 e. V. im Internetportal „DDR-Diktatur" hatte die ehemalige Vorsitzende, seit 2013 Ehrenvorsitzende der Arbeitsgemeinschaft Victoria Heydecke festgestellt: „[U]nter ihnen [den von sowjetischen Militärgerichten verurteilten erwachsenen Personen in den Speziallagern, Anm. d. Verf.] waren grundsätzlich keine NS-Täter."[12] Neuere Forschungen, wie die von Andreas Weigelt, Klaus-Dieter Müller und anderen, haben diese allgemeine Bewertung in Frage gestellt, indem sie die Urteilspraxis sowjetischer Militärgerichte quellengestützt neu beleuchteten.[13] In seinen Forschungen zur sowjetischen Verfolgung von Mitgliedern der Polizeibataillone, die in der Sowjetunion ungezählte Verbrechen an der Zivilbevölkerung verübt hatten, kommt Andreas Weigelt zu dem Schluss, dass die Suche nach Verantwortlichen für Kriegsverbrechen in der Sowjetunion oder für Verbrechen an sowjetischen Bürgern auch nach 1947 weiterhin unvermindert anhielt.[14] Diese Ergebnisse legen nahe, dass trotz der beginnenden Systemkonfrontation, in deren Fahrwasser die sowjetischen Repressionen gegen politische Gegner zunahmen, die Untersuchung und Verfolgung von Kriegs- und Besatzungsverbrechen weiterhin einen hohen Stellenwert in der Arbeit der Geheimdienstapparate und Militärgerichte innehatte. Es bleibt ein Desiderat der Forschung, genauer aufzuklären, in welchem Verhältnis die Verfolgung von Kriegsverbrechen auf der einen Seite zu einer zunehmend politisch motivierten Urteilspraxis der sowjetischen Militärgerichte auf der anderen Seite stand.

Anhand des vorliegenden Quellenmaterials lassen sich weitergehende Informationen zu den Biografien der hier genannten Verstorbenen recherchieren. Seit einem Kooperationsprojekt mit dem Russischen Staatsarchiv zu Beginn der 1990er Jahre liegen in den Gedenkstätten Buchenwald und Sachsenhausen Kopien der Unterlagen der sowjetischen Lagerregistratur vor.[15] Auf den Einlieferungs- und Überstellungslisten wurden Angaben zur Person gemacht, wie das Geburtsjahr, die Nationalität und Angaben zum Grund der Verhaftung. Umfangreicher als diese kurzen Listen, die zum Teil auch nur handschriftlich vorliegen, sind Protokollauszüge, die angesichts der Auflösung der Speziallager und der Entlassung bzw. der Überstellung der Häftlinge in die Strafvollzugsanstalten in Waldheim und Untermaßfeld angefertigt wurden. Hier wurden Angaben gemacht zur Ausbildung, zum Familienstand und zum sozialen Stand, zur Mitgliedschaft in Parteien und Organisationen, zur Teilnahme am Wehrdienst, zur Verurteilung und zu den Gründen der Inhaftierung, die zum Teil in wenigen Sätzen weiter ausgeführt werden. Dabei handelt es sich um eine Kurzfassung der Angaben aus den Häftlingsakten. Sie sind mit quellenkritischer Vorsicht zu verwenden und geben in erster Linie die Perspektive der sowjetischen Geheimdienstorgane auf die Inhaftierten wider. Eine repräsentative Studie an der Gedenkstätte Buchenwald, erarbeitet von Vera Neumann auf der Grundlage von 1118 Insassen des Speziallagers Buchenwald, ergab eine hohe Übereinstimmung beim Abgleich der sowjetischen Angaben mit den Unterlagen in deutschen Archiven.[16] Sie kam abschließend zu folgendem Urteil über die von ihr untersuchte Personengruppe und formulierte dabei weitergehende Hypothesen und Fragestellungen:

Das Haftgrundspektrum der Inhaftierten nach 1948 ebenso wie die Orientierung der sowjetischen zweiwöchentlichen Haftgrundstatistik an der Kontrollratsdirektive 38 zeigen die hohe Bedeutung der Tatsache, dass die Sowjetunion vor allem auch Opfer des nationalsozialistischen Expansionskrieges geworden war. Dies war nicht nur für die Internierung im Speziallager, sondern bis hin zu den Waldheimer Prozessen von hoher Bedeutung. Nach diesem Belastungsgrad scheinen auch die Entscheidungen Ende 1949 für Entlassungen oder Überstellungen an deutsche und sowjetische Behörden vorstrukturiert gewesen zu sein. [...] Die ins Zuchthaus

Waldheim oder an sowjetische Stellen übergebenen Personen waren zum überwiegenden Teil beschuldigt, im Terrorapparat (Gestapo, Abwehr, SD) tätig oder leitende Beamte der Ordnungspolizei gewesen zu sein.[17]

Dieser allgemeine Befund lässt sich nicht schematisch auf die Gruppe der in das Gefängnis Untermaßfeld überstellten und dort verstorbenen Häftlinge übertragen. Sie einte zunächst vor allem die tragische Tatsache, dass sie die vier- bis fünfjährigen katastrophalen Lebensbedingungen in der Haft nicht überlebten.

Informationen zu den namentlich genannten Verstorbenen auf der Grundlage der sowjetischen Haftakten

Aufgrund der vorliegenden Materialien wird im Folgenden ein biografisches Profil der auf den Gedenkstelen genannten Personen skizziert, das zunächst die zugänglichen Informationen zusammenträgt und systematisiert.[18] Altersmäßig waren die Geburtsjahrgänge zwischen 1881 und 1932 gleichmäßig verteilt vertreten, mit einer Unterrepräsentanz der Geburtsjahrgänge 1911–1920, die überwiegend der Wehrmacht angehört hatten. Zwölf Personen, ein Viertel der 49 Verstorbenen, gehörten den Jahrgängen 1921–1932 an.[19] Damit waren die aufgeführten jugendlichen Inhaftierten im Vergleich zu der Gesamtzahl der Inhaftierten im Speziallager überrepräsentiert. Dies entsprach auch der jüngeren Altersstruktur der SMT-Verurteilten im Speziallager in Sachsenhausen.[20] Mehrheitlich hatten die Personen laut den sowjetischen Unterlagen die achte Schulklasse abgeschlossen. Sechs Personen besaßen zudem eine mittlere, zwei eine hohe und eine Person eine nicht abgeschlossene mittlere Schulbildung. Eine Person hatte die Universität besucht, bei einer weiteren wurde der Bildungsgrad nicht eingetragen. Weitere Angaben aus den Quellen können Aufschluss über die soziale Zusammensetzung der Gruppe geben. Aus Sicht der sowjetischen Justiz, die sich als „Klassenjustiz" verstand, waren diese Angaben für die Beurteilung der Angeklagten von Bedeutung. Etwa 40 Prozent der an das Gefängnis Untermaßfeld überstellten Personen wurden als der Arbeiterklasse zugehörig bezeichnet. Des Weiteren wurden Bauern und Angestellte genannt; nur bei wenigen finden sich genauere Bezeichnungen: Händler, Verkäufer, Schlosser, Eisenbahner, Apotheker, Förster, Militär(angehörige) und Fabrikant.[21] Bei elf der 49 Fälle wurde keine berufliche Einordnung genannt. Weitere Angaben betrafen Mitgliedschaften in Parteien und Organisationen. Demnach waren 22 Personen parteilos und 14 Personen Mitglieder der NSDAP. Sechs Mitglieder der HJ werden genannt, ferner ein SA-Mitglied und drei SED-Mitgliedschaften. Zu drei Personen finden sich keine Angaben.

Die Genannten waren ab der zweiten Jahreshälfte 1945 verurteilt worden (vier Personen) – mit steigender Tendenz bis 1948: 1946 zwölf Personen, 1947 zwölf Personen, 1948 17 Personen und 1949 vier Personen. Die meisten Verhafteten (26 Personen) erhielten das Urteil spätestens zwei Monate nach ihrer Verhaftung, bei 15 Personen waren es zwei bis sechs Monate und bei fünf weiteren nach sechs bis zwölf Monaten; eine

Person war erst nach einem Jahr verurteilt worden. Ausgehend von den Auszügen der sowjetischen Haftunterlagen lassen sich 19 der insgesamt 55 angegebenen Begründungen für die Verhaftung als Kriegsverbrechen bezeichnen. Diese Verbrechen sollen von insgesamt 16 der 49 Personen verübt worden sein. Für diese 16 Personen sind folgende Haftgründe genannt, zum Teil gab es Mehrfachnennungen und die Kombination verschiedener Vorwürfe: Misshandlung sowjetischer und anderer ausländischer Bürger:innen sowie Kriegsgefangener (neun Fälle)[22], Teilnahme an Strafexpeditionen oder Strafmaßnahmen (drei Personen)[23], Leiter eines Lagers (zwei Personen)[24], Gefangennahme und Weiterleitung von Bürger:innen an den SD sowie Kampf gegen Partisan:innen (eine Person)[25], Teilnahme an Erschießungen (eine Person)[26], Razzien und Verschleppungen aus dem Okkupationsgebiet (eine Person)[27], Verspottung und Übergabe von Kriegsgefangenen an die Gestapo (eine Person)[28].

Neben dem Vorwurf der Misshandlung von Zwangsarbeiter:innen zählte auch die Beschaffung und Aufbewahrung von Waffen zu den am häufigsten genannten Begründungen der Verurteilung (jeweils in neun Fällen). Unerlaubter Waffenbesitz verstieß gegen den Kontrollratsbefehl Nr. 2 vom 7. Januar 1946, der in allen Besatzungszonen mit „rechtlicher Verfolgung" bis hin zur Todesstrafe geahndet wurde. Dieser Befehl verbot den Besitz von Waffen und Munition und forderte jeden zur Meldung auf, der Kenntnis über das Vorhandensein von Waffen und Munition hatte.[29] Die Umstände des Vorwurfs „Waffenbesitz" können aus den Quellen etwas genauer dargestellt werden: Im Juni 1946 wurde ein Jäger wegen der Aufbewahrung eines Gewehrs durch das Militärgericht des Landes Brandenburg zu zehn Jahren Haft verurteilt.[30] Das Militärtribunal des Landes Mecklenburg verurteilte im Februar 1948 ein SED-Mitglied zu zwölf Jahren Haft wegen des Besitzes einer Pistole und Sprengstoff nach Abs. 7 des oben genannten Kontrollratsbefehls.[31] Weitere sieben Personen waren wegen des Besitzes von Schusswaffen zu zehn- bis 15-jährigen Haftstrafen verurteilt worden.[32]

In drei Fällen finden sich Vorwürfe, die mit der Zugehörigkeit zu terroristischen Organisationen zusammenhingen, die als Sicherheitsbedrohung der Besatzungsmacht gewertet worden waren; die Betreffenden wurden als Mitglied des Werwolf bezeichnet, einer bei Kriegsende eingerichteten Organisation, die hinter der Front im Besatzungsgebiet Anschläge auf alliierte Truppen vorbereiten sollte.[33]

In 19 Fällen wurden den Betreffenden Vorwürfe einer politischen, antisowjetischen Betätigung gemacht und zum Teil gleich mehrere Vorwürfe gegen eine Person geäußert: Verleumdung (vier Fälle)[34], Aufbewahrung, Verbreitung und Verlesen von antisowjetischen Flugblättern oder Briefen, Agitation und Propaganda (sechs Fälle)[35], Spionage, Agententätigkeit (drei Fälle)[36], Diebstahl (drei Fälle)[37], ungesetzlicher Grenzübertritt mit einem Angehörigen der Sowjetarmee (ein Fall)[38], Beihilfe zum Vaterlandsverrat (ein Fall)[39], Spionagetätigkeit (ein Fall)[40], Nichtanzeige einer antisowjetischen Organisation (ein Fall)[41], Sabotage der Demontagerichtlinien und Bereicherung (ein Fall)[42].

Julia Landau

Ehrenmal für einen Kriegsverbrecher? Der Fall Josef Ebenhöh

Nach der Einweihung der Gedenkstele auf dem Meininger Parkfriedhof im Jahr 2000 löste der dort eingravierte Name Josef Ebenhöh eine Kontroverse zwischen den Initiatoren, der Arbeitsgemeinschaft Lager Sachsenhausen 1945–1950 e. V. und den Gedenkstätten Buchenwald, Sachsenhausen und Ravensbrück aus. Nachdem die Gedenkstätten 2015 ein Beschwerdeschreiben an die Thüringer Staatskanzlei gerichtet hatten, wurde der Name im darauffolgenden Jahr im Einvernehmen zwischen dem Bürgermeister von Meiningen und der Lagerarbeitsgemeinschaft aus der Stele herausgefräst.[43] Die entstandene Lücke wird vor Ort nicht weiter erläutert und wirft daher Fragen nach der Biografie Ebenhöhs auf.

Josef Ebenhöh (1914–1951) stammte aus dem Sudetenland und war 1935 der dortigen pro-nationalsozialistischen Sudetendeutschen Partei beigetreten, 1938 zudem der SS. Seit Ende 1944 war er als „SS-Hauptscharführer und Kommandoführer" im Frauen-Außenlager Penig des Konzentrationslagers Buchenwald eingesetzt, nachdem er bereits zuvor das KZ-Außenlager Bad Langensalza geleitet hatte. Im Außenlager Penig unterstanden ihm 45 Aufseher:innen, die mit rücksichtsloser Gewalt mehr als 700 jüdische Frauen aus Ungarn bewachten und misshandelten, die aus dem Konzentrationslager Ravensbrück in das Lager Penig gebracht worden waren.[44] Die Firma Max Gehrt, ein Zuliefererbetrieb für die Junkers Flugzeug-Motorenwerke AG, hatte die jüdischen Frauen als Zwangsarbeiterinnen brutal ausgebeutet, der Krankenstand war äußerst hoch: Im März 1945 waren von 695 Frauen 115 als krank gemeldet, bereits sechs waren zu diesem Zeitpunkt verstorben.[45] Mindestens 14 Frauen erlebten die Befreiung des Lagers durch US-amerikanische Truppen nicht, vermutlich sind weitere Todesfälle auf den Todesmärschen zu verzeichnen.[46] Ein 1966 durch die Zentrale Stelle Ludwigsburg eingeleitetes Ermittlungsverfahren gegen Ebenhöh wurde 1973 eingestellt, da bekannt wurde, dass Ebenhöh bereits 1951 in der Strafanstalt Untermaßfeld verstorben war.[47]

Ausgefräster Namenszug von Josef Ebenhöh auf den Gedenkstelen für die „Opfer der sowjetischen Militärjustiz", August 2020. Gedenkstätte Buchenwald, Fotograf: Franz Waurig.

Die Tilgung des Namens Ebenhöh von der Gedenkstele

In diesem Zusammenhang steht die Frage im Raum, inwieweit es Aufgabe des Staates oder von staatlicher

Seite geförderter Einrichtungen ist, Gräber von Kriegsverbrechern zu unterhalten. Die Arbeitsgemeinschaft Lager Sachsenhausen 1945–1950 e. V. sprach sich in ihrer 2018 veröffentlichten Publikation zu den Gedenkstelen in Meiningen für die Tilgung des Namens Ebenhöh aus, gab jedoch ihren Bedenken durch das – anonymisierte und nicht belegte – Zitat eines „bekannten Bürgerrechtlers" indirekt Ausdruck, wonach „die erfolgte damnatio memoriae […] fatal [sei]. Auf dem Friedhof [sei] das Nebeneinander auszuhalten".[48] Daraufhin nannten die Autoren als analogen Vorgang die Namenstafel für die hingerichteten Widerstandskämpfer im Berliner Kammergericht, auf der der Name von Arthur Nebe fehle, der „Kontakte zum deutschen Widerstand [gehalten habe]. Als SS-Gruppenführer und z. B. als Kommandeur der SS-Einsatzgruppe B war er aber für zahlreiche Massaker verantwortlich".[49] Die hier genannte Analogie zwischen Nebe und Ebenhöh bestünde neben der Tatsache, dass beide eindeutig schwerer Kriegsverbrechen zu bezichtigen sind, auch darin, die NS-Justiz des Volksgerichtshofs, die Arthur Nebe wegen vermeintlicher Kontakte zur Widerstandsgruppe des 20. Juli 1944 zum Tode verurteilte, mit der Militärjustiz der sowjetischen Alliierten nach dem Krieg gleichzusetzen.

Die Tilgung des Namens Ebenhöh lässt sich zudem einordnen in die Diskussion über Gräber von KZ-Kommandanten, die 2019 auf der politischen Ebene des Bundestags geführt wurde. Die Bundesregierung hatte nach einer kleinen Anfrage der Fraktion DIE LINKE vom 10. Mai 2019 bezüglich der Ausgaben des Bundes für „öffentlich finanzierte Grabpflege für KZ-Kommandanten und Kriegsverbrecher" eine Expertise des wissenschaftlichen Dienstes in Auftrag gegeben, die die bisherige Haltung, wonach das Gräbergesetz zur Instandhaltung und Pflege der Gräber aller Kriegstoten verpflichte, in Frage stellte. Der wissenschaftliche Dienst des Bundestags legte dar, dass Personen, die „nachweislich an Kriegsverbrechen oder sonstigen Gräueltaten beteiligt waren", aus dem Anwendungsbereich des Gräbergesetzes ausgeschlossen werden könnten.[50] Demnach sei der Zweck des Gesetzes vordringlich, der Opfer von Krieg und Gewaltherrschaft zu gedenken. Zwar hätte der Gesetzgeber einen „weiten und ‚neutralen' Opferbegriff" gewählt. Dennoch könne dieser durch eine „interpretatorische Engführung des Gesetzeszwecks, der vornehmlich auf die Opfer und nicht auf die Täter abstellt", den Ausschluss von Personen, die nachweislich Kriegsverbrechen begangen haben, aus der öffentlich finanzierten Grabpflege rechtfertigen. Am Beispiel der im Ausland finanzierten Gräber werden die „edukativen Initiativen" des Volksbundes Deutsche Kriegsgräberfürsorge angeführt, die „die Biographien ausgewählter Kriegsverbrecher auf den Kriegsgräberstätten durch entsprechende Informationstafeln und Hinweisschilder […] dokumentieren".[51] Dieses Vorgehen könne sich „als konsensfähige Lösung auch für entsprechende Gräber im Inland erweisen".[52]

Vor diesem Hintergrund parallel verlaufender gesellschaftlicher und politischer Diskussionen erscheint eine Tilgung des Namens daher als problematisch und unbefriedigend, da sie eine Auseinandersetzung mit der Biografie Ebenhöhs – wie auch mit den Biografien der übrigen Verurteilten – eher verhindert. Die Erkenntnisse zu Personen, die von sowjetischer Militärjustiz als Kriegsverbrecher verurteilt worden waren, sollten stattdessen wissenschaftlich weiter erforscht und im Sinne aufklärender Bildungsziele in die Gedenkpraxis mit einbezogen werden.

Anmerkungen

* Für zahlreiche Hinweise und Diskussionen danke ich meinem Kollegen Franz Waurig.
1 Vgl. Geier, Anke: Vom Speziallager in den Knast. SMT-Verurteilte aus Sachsenhausen in der Strafvollzugsanstalt Untermaßfeld, in: Gerbergasse 18. Thüringer Vierteljahresschrift für Zeitgeschichte und Politik 25 (2020) 94, S. 13–18.
2 Zu Jahresbeginn 1950 befanden sich in den aufzulösenden Speziallagern 13539 nichtverurteilte sowie 16093 durch sowjetische Militärgerichte verurteilte Deutsche sowie 126 Ausländer. 15038 Deutsche sollten entlassen, 13945 dem Innenministerium der DDR übergeben werden (3432 von ihnen wurden als Nichtverurteilte in Waldheim verurteilt). 649 Personen (davon 473 Nichtverurteilte und 176 Verurteilte) sollten dem sowjetischen Staatssicherheitsministerium übergeben werden. Befehl des Innenministers Nr. 0022 „Zur Liquidierung der Speziallager des MVD der UdSSR in Deutschland", 6. Januar 1950, in: Mironenko, Sergej u. a. (Hg.): Sowjetische Speziallager in Deutschland 1945 bis 1950. Bd. 2: Sowjetische Dokumente zur Lagerpolitik, Berlin 1998, S. 367–368.
3 Name eines SS-Mannes von Stele entfernt, in: Freies Wort (Meiningen), 11. Mai 2016.
4 Ein Interview mit Paul Radicke und weitere Informationen zu seiner Biografie finden sich unter: https://www.zeitzeugen.brandenburg.de/zeitzeugen/paul-radicke/, letzter Zugriff: 13. April 2023.
5 Vgl. Kopp, Hans-Günter: Untermaßfeld und Luckau: Gedenksteine für Opfer?, in: Freiheitsglocke 48 (1998) 551, S. 5.
6 Vgl. Koch, Günter: Gedenkstein Untermaßfeld: Resonanz ja, aber Streit ums Geld, in: Freiheitsglocke, 48 (1998) 552, S. 15.
7 Vgl. Arbeitsgemeinschaft Lager Sachsenhausen 1945–1950 e. V. (Hg.): Gedenkort auf dem Parkfriedhof Meiningen: Stelen für Untermaßfelder Opfer, akt. und erg. Aufl., Berlin 2018 (= Heft 11).
8 Vgl. ebd., S. 5.
9 Vgl. ebd.
10 Vgl. Schulz, Felix Robin: Death in East Germany, 1945–1990, New York 2013, S. 116, 160.
11 Vgl. Verstorbene Häftlinge kamen ins Massengrab, in: Meininger Tageblatt, 30. September 1998.
12 http://www.ddr-diktatur.de/sachsenhausen/vorstellung.html, letzter Zugriff: 13. April 2023.
13 Vgl. Weigelt, Andreas u. a. (Hg.): Todesurteile sowjetischer Militärtribunale gegen Deutsche (1944–1947). Eine historisch-biografische Studie, Göttingen 2015 (= Schriften des HAIT 56).
14 Vgl. Weigelt, Andreas: Urteile sowjetischer Militärtribunale gegen Angehörige des Polizeibataillons 304 Chemnitz. Ein unbekanntes Kapitel justizieller NS-Aufarbeitung, in: ebd., S. 103–158. Weigelt stellt fest, dass die Verurteilungen ab 1947 überwiegend auf der Grundlage des Alliierten Kontrollratsgesetzes Nr. 10 erfolgten; vgl. dazu ebd., S. 144.
15 Vgl. Plato, Alexander von: Sowjetische Speziallager in der sowjetischen Besatzungszone 1945–1950. Rückblicke auf ein Pionierprojekt, in: Brunner, Detlef/Scherstjanoi, Elke (Hg.): Moskaus Spuren in Ostdeutschland 1945 bis 1949. Aktenerschließung und Forschungspläne, Berlin 2015, S. 59–65.
16 Vgl. Neumann, Vera: Häftlingsstruktur im Speziallager Buchenwald: Quellenbestand und Wertung, in: Mironenko, Sergej u. a. (Hg.): Sowjetische Speziallager in Deutschland 1945 bis 1950. Bd. 1: Studien und Berichte, Berlin 1998, S. 481–496.
17 Ebd., S. 489, 495.
18 Vgl. auch im Folgenden: Waurig, Franz: Verstorben in Untermaßfeld, Gedenken in Meiningen. Personenrecherche zum Denkmal für die in Untermaßfeld verstorbenen Speziallagerhäftlinge aus Sachsenhausen auf dem Meininger Parkfriedhof, 29. März 2020, Gedenkstätte Buchenwald, unveröffentlichtes Manuskript.
19 Insgesamt waren unter den nach Untermaßfeld überstellten

Verhafteten 332 Jugendliche (Geburtsjahrgänge 1925–1935), was 27 Prozent der Gesamtgruppe entspricht. Vgl. Arbeitsgemeinschaft Lager Sachsenhausen 1945–1950 e. V. (Hg.): Unser Gedenkort in Untermaßfeld bei Meiningen, Erinnerung an Opfer der Strafanstalt, Berlin 2018, S. 4 (= Heft 10).

20 Laut einer Stichprobe der Häftlinge im Speziallager Nr. 7/1 in Sachsenhausen war die Hälfte der SMT-Verurteilten in den Jahren 1915–1934 geboren. Vgl. Kersebom, Heinz/Niethammer, Lutz: „Kompromat" 1949 – eine statistische Annäherung an Internierte, SMT-Verurteilte, antisowjetische Kämpfer und die Sowjetischen Militärtribunale, in: Mironenko u. a. (Hg.): Sowjetische Speziallager, Bd. 1, S. 510–532, hier S. 518.

21 Genaue Angaben zu den Berufen finden sich in einer Aufstellung der Arbeitsgemeinschaft Lager Sachsenhausen 1945–1950 e. V.; Dies. (Hg.): Gedenkort auf dem Parkfriedhof Meiningen, S. 6.

22 Gustav Bree (1898–1950): „Verurteilt wegen des Kampfes gegen Landungstruppen und grausamen Umgangs sowie Festnahme von sowjetischen Militärangehörigen" (Staatsarchiv der Russländischen Föderation Moskau [GA RF], f. 9409, op. 1, d. 201, l. 193); Erich Faufler (1898–1950): „Verprügeln und Misshandeln von sowjetischen Bürgern (4 Personen)" (GA RF, f. 9409, op. 1, d. 201, l. 5); Wilhelm Lamour (1889–1951): „massenhafte Misshandlung von ausländischen Arbeitern" (GA RF, f. 9409, op. 1, d. 197, l. 58); Willi Lehmann (1911–1951): „grausame Misshandlung zweier Arbeiter" (GA RF, f. 9409, op. 1, d. 200, l. 6); Johannes Märkel (1888–1953): „grausame Behandlung von sowjetischen Bürgern im Stahlwerk 4-Z und Erschießung von zehn sowjetischen Bürgern unter seinem Kommando" (GA RF, f. 9409, op. 1, d. 198, l. 147); Hans Pargent (1898–1950): „Misshandlung von zwei sowjetischen Bürgern und Polen" (GA RF, f. 9409, op. 1, d. 197, l. 6); Gustav Schmidt (1890–1950): „Misshandlung von kleinen sowjetischen Kindern, sowjetischen und polnischen Bürgern" (GA RF, f. 9409, op. 1, d. 197, l. 85); Wilhelm Sternbeck (1889–1950): „Misshandlung ausländischer Arbeiter und sowjetischer Bürger" (GA RF, f. 9409, op. 1, d. 200, l. 172); Hermann Uecker (1890–1951): „Misshandeln/Schlagen sowjetischer Bürger" (GA RF, f. 9409, op. 1, d. 200, l. 2). Die Übertragungen aus dem Russischen wurden – wie auch im Folgenden – durch die Verfasserin des Beitrags vorgenommen.

23 Willi Bartels (1898–1950): „Teilnehmer an Strafexpeditionen des 307. Wachbataillons" (GA RF, f. 9409, op. 1, d. 202, l. 19); Richard Weise (1914–1950): „Beteiligung an Strafexpeditionen gegen sowjetische Partisanen" (GA RF, f. 9409, op. 1, d. 198, l. 17); Karl Böhm (1889–1950): „Strafmaßnahmen gegen sowjetische Staatsbürger" (GA RF, f. 9409, op. 1, d. 190, l. 13).

24 Josef Ebenhöh (1914–1951): „Leiter einer Wachkompanie des Lagers Sachsenhausen und als Leiter des Lagers Penig im Betrieb Junkers" (GA RF, f. 9409, op. 1, d. 201, l. 117); Albin Weichert (1898–1950): „Vorgesetzter eines Polizeilagers für ausländische Arbeiter, Übergabe von Kriegsgefangenen wegen Verspottung an die Organe der Gestapo (bis zu 40 Personen)" (GA RF f. 9409, d. 1, op. 200, l. 104).

25 Herbert Scherf (1909–1950): „Gefangennahme sowjetischer und polnischer Bürger in der Zeit des okkupierten Polens, Weiterleitung an die Organe des SD und Teilnahme am Kampf gegen jugoslawische Partisanen" (GA RF, f. 9409, op. 1, l. 201, d. 196).

26 Johannes Märkel, vgl. Anm. 22.

27 Kurt Obal (1899–1950): „[I]m Jahr 1944 nahm er an Razzien auf dem Territorium der UdSSR teil und entführte Sowjetbürger gewaltsam nach Deutschland" (GA RF, f. 9409, op. 1, d. 189, l. 2).

28 Albin Weichert, vgl. Anm. 24.

29 Kontrollratsbefehl Nummer 2. Einziehung und Ablieferung von Waffen und Munition, 7. Januar 1946, Amtsblatt des Kontrollrats in Deutschland, S. 130, zitiert nach: https://www.verfassungen.de/de45-49/kr-befehl2.htm, letzter Zugriff: 19. April 2023.

30 Paul Dossow (1891–1950): „verurteilt am 3.6.1948 durch das SMT Brandenburg wegen Aufbewahrung eines Gewehrs, nach Art. 58-14 UK RSFSR, zu zehn Jahren. Strafe verbüßt seit 20.4.1948" (GA RF, f. 9409, op. 1, d. 199, l. 46).

31 Ernst Felgenhauer (1891–1950): „verurteilt durch das SMT Land Brandenburg am 23.11.1948 nach Befehl Nr. 2, Abs. 7 des Kontrollrats zu zwölf Jahren Haft wegen der Aufbewahrung einer Pistole und explosiver Materialien" (GA RF, f. 9409, op. 1, d. 200, l. 30).

32 Kurt Hartmann (1904–1950): „verurteilt durch das SMT Land Sachsen am 9.6.1948 nach Art. 58-14 UK RSFSR zu 10 Jahren ITL (Arbeitsbesserungslager) wegen Aufbewahrung von Schusswaffen" (GA RF, f. 9409, op. 1, d. 202, l. 26); Max Hübscher (1904–1950): „verurteilt durch das SMT Brandenburg am 25. Januar 1949 wegen Aufbewahrung eines Karabiners und neun Patronen, Grundlage Kontrollratsbefehl Nr. 2 Abs. 7 vom 7.1.1946, zu 10 Jahren Haft" (GA RF, f. 9409, op. 1, d. 197, l. 181); Alfred Krauss (1898–1950): „verurteilt durch das SMT Land Sachsen am 8.4.1948 nach Art. 58-14 zu zehn Jahren wegen Aufbewahrung einer Kleinkaliberpistole, zwei finnischer Messer und anderer militärischer Ausrüstung vorgesehen für terroristische Gruppen" (GA RF, f. 9409, op. 1, d. 202, l. 14); Max Nitsche (1898–1950): „verurteilt durch das SMT des Landes Mecklenburg am 13.12.1948 nach Kontrollratsbefehl Nr. 2, Abs. 7, vom 7.1.1946 wegen Aufbewahrung von Waffen, zu 15 Jahren" (GA RF, f. 9409, op. 1, d. 201, l. 131); Arno Ratzlaff (1928–1950): „verurteilt am 3.?.1948 durch das SMT der Garnison Berlin nach Kontrollratsbefehl Nr. 2 vom 7.1.1946 wegen Aufbewahrung von Feuerwaffen zu acht Jahren" (GA RF, f. 9409, op. 1, d. 199, l. 59); Erich Schröter (1905–1950): „verurteilt am 13.9.1946 durch das SMT der Division wegen Aufbewahrung von Waffen zu zehn Jahren" (GA RF, f. 9409, op. 1, d. 199, l. 32); Heinz Vogel (1920–1950): „verurteilt durch das SMT des Landes Mecklenburg am 7.2.1949 nach Kontrollratsbefehl Nr. 2, Abs. 7, zu zehn Jahren wegen Aufbewahrung von Jagdwaffen und einem Kleinkaliber-Gewehr" (GA RF, f. 9409, op. 1, d. 200, l. 33).

33 Heinz Hamighofer (1929–1950): „verurteilt durch das SMT der Garnison Berlin 12.1.1946 nach Art. 58-9, 58-8, 58-6, Abs. 1 und 48-11 UK RSFSR zu 15 Jahren wegen Zugehörigkeit zur Werwolf-Organisation mit praktischer Tätigkeit im Jahr 1945" (GA RF, f. 9409, d. 1, op. 198, l. 62); Georg Rusch (1907–1951): „verurteilt durch das SMT der Garnison Berlin am 2.2.1946 nach Art. 58-2 zu zehn Jahren wegen Zugehörigkeit zur Organisation Werwolf mit praktischer Tätigkeit" (GA RF, f. 9409, op. 1, d. 198, l. 64); Walter Schreck (1927–1950): „verurteilt durch das SMT des Landes Brandenburg am 2.11.1946 nach Art. 58-8 UK RSFSR wegen Zugehörigkeit zur Organisation Werwolf zu zehn Jahren" (GA RF, f. 9409, op. 1, d. 201, l. 28).

34 Franz Herzog (1882–1950): „verurteilt durch das SMT des Landes Brandenburg am 31.4.1949 wegen Äußerung von Unzufriedenheit und Agitation unter der deutschen Bevölkerung gegen die Maßnahmen der SMAD, Art. 58-10, zu 10 Jahren Freiheitsentzug" (GA RF, f. 9409, op. 1, d. 197, l. 181); Theodor Hesse (1881–1952): „verurteilt durch das SMT des Landes Sachsen am 24.2.1949 wegen Verleumdung der Sowjetunion und antidemokratischer Äußerungen in Briefen aus der Westzone, die er aufbewahrt hat und unter Bekannten verlesen hat, Art. 58-10, Abs. 2, zu 10 Jahren" (GA RF, f. 9409, op. 1, d. 197, l. 181); Bruno Maass (1902–1951): „verurteilt durch das SMT der Division am 4.10.1946 nach Art. 58-10, Abs. 2 UK RSFSR wegen lobender Äußerungen gegenüber dem Hitlerregime unter sowjetischen Offizieren, Verbreitung verleumderische Zeugnisse zu sieben Jahren Haft" (GA RF, f. 9409, op. 1, d. 201, l. 100); Josef Müller (1910–1951): „verurteilt durch das SMT des Landes Sachsen am 1.10.1947, Art. 58-10, Abs. 2, UK RSFSR, zu zehn Jahren Haft, wegen systematischer antisowjetischer verleumderischer Äußerungen, die er unter der deutschen Bevölkerung gegen die sowjetische Besatzungsmacht tätigte" (GA RF, f. 9409, op. 1, d. 198, l. 195).

35 Theodor Hesse, vgl. Anm. 34; Manfred Schuran (1929–1950): „verurteilt am 27.8.1947 durch das SMT des Landes Brandenburg wegen Verteilens antisowjetischer Flugblätter nach Art. 58-2 und 58-11 UK RSFSR zu einer Strafe von zehn Jahren" (GA RF, f. 9409, op. 1, d. 199, l. 72); Günther Steinborn (1929–1950): „verurteilt durch das SMT des Landes Sachsen am 30.12.1947 nach Art. 58-10, Abs. 2 zu 10 Jahren wegen Lesens und Verteilens antisowjetischer Flugblätter unter der Bevölkerung" (GA RF, f. 9409, op. 1, d. 198, l. 152); Heinz Volgmann (1924–1950): „verurteilt durch das SMT des Landes Thüringen am 4.11.1947 nach Art. 58-10, Abs. 2, UK RSFSR zu zehn Jahren wegen Teilung von Flugblättern mit antisowjetischem Inhalt unter der deutschen Bevölkerung" (GA RF, f. 9409, op. 1, d. 198, l. 3); Franz Herzog, vgl. Anm. 34; Alfred Poleschner (1926–1950): „verurteilt durch das SMT der Division am 5.5.1947 wegen Agitation unter Militärangehörigen der sowjetischen Armee nach Art. 58-10, Abs. 2 zu zehn Jahren" (GA RF, f. 9409, op. 1, d. 201, l. 4).

36 Helmuth Nitschke (1920–1950): „verurteilt am 23.11.1945 durch das SMT der SMA des Landes Brandenburg nach

Art. 58-6, Abs. 1 wegen Zusammenarbeit mit ausländischer Spionageabwehr" (GA RF, f. 9409, op. 1, d. 199, l. 64); Josef Schierandt (1925–1950): „verurteilt durch das SMT des Landes Sachsen-Anhalt am 25.6.1948 nach Art. 58-6, Abs. 1 zu zehn Jahren als Agent der ausländischen Spionageabwehr" (GA RF, f. 9409, op. 1, d. 198, l. 107); Karl Spehr (1890–1951): „verurteilt durch das SMT der Armee am 15.2.1946 nach Art. 58-6 Abs. 1 UK (RSFSR) zu zehn Jahren wegen Spionage zugunsten der Aufklärungsorgane der ehemaligen faschistischen Regierung Deutschlands" (GA RF, f. 9409, op. 1, d. 202, l. 15).

37 Hans Aniola (1905–1950): „verurteilt durch das SMT der SMAD am 31. Januar 1948 nach Befehl des Präsidiums vom 4.6.1947 wegen Wohnungsdiebstählen bei sowjetischen Militärangehörigen" (GA RF, f. 9409, op. 1, d. 200, l. 37); Lothar Piyorr (1932–1950): „verurteilt durch das SMT der Garnison am 5.3.1948 wegen des Diebstahls von Lebensmitteln, die für die sowjetische Armee vorgesehen waren, nach Befehl des Präsidiums vom 4.6.1947 zu 15 Jahren" (GA RF, f. 9409, op. 1, d. 201, l. 4); Paul Schimoff (1923–1950): „verurteilt durch das SMT der SMAD am 7.10.1947 nach Art. 3 des Präsidiumsbefehls vom 4.6.1947 zu 15 Jahren wegen des Diebstahls von Kohle aus dem Bestand der SMAD" (GA RF, f. 9409, op. 1, d. 199, l. 101).

38 Fritz Juch (1928–1950): „verurteilt am 25.02.47 durch das SMT des Landes Brandenburg nach Art. 58-10 wegen Überführung eines Vaterlandsverräters – eines Offiziers der sowjetischen Armee – über die Demarkationslinie" (GA RF, f. 9409, op. 1, d. 199, l. 78).

39 Friedrich Korsen (1903–1950): „verurteilt am 16.10.1948 durch das SMT der Armeeeinheit 07335 wegen Hilfe für einen Vaterlandsverräter – einen Kapitän der sowjetischen Armee – nach Art. 58-2 UK RSFSR zu zehn Jahren" (GA RF, f. 9409, op. 1, d. 199, l. 43).

40 Karl Gräf (1899–1950): „verurteilt durch das SMT des Landes Sachsen-Anhalt am 28.2.1948 wegen Berichts über seine Spionagetätigkeit an die Brüder Kurt und Friedrich Rudolf nach Art. 58-2 zu zehn Jahren" (GA RF, f. 9409, op. 1, d. 197, l. 181).

41 Arno Mirich (1901–1950): „verurteilt durch das SMT der Armeeeinheit am 22.12.1949 nach Art. 58-2 zu fünf Jahren wegen der Nichtbenachrichtigung über die Tätigkeiten einer antisowjetischen Organisation" (GA RF, f. 9409, op. 1, d. 202, l. 7).

42 Otto Schürer (1886–1951): „verurteilt durch das SMT des Landes Sachsen, am 18.3.1947 nach Art. 58-14 zu sieben Jahren wegen Sabotage der Befehle der SMAD zur Demontage und wegen Aneignung von Geld in Höhe von 244.000 Mark" (GA RF, f. 9409, op. 1, d. 198, l. 151).

43 Vgl. Arbeitsgemeinschaft Lager Sachsenhausen (Hg.): Gedenkort auf dem Parkfriedhof Meiningen, S. 12.

44 Vgl. Font-Sala, Samantha/Hirte, Ronald: Die Frauen des Konzentrationslagers Penig. 87 Fotografien ihrer Befreiung. Ein Bildungsmaterial, Weimar 2019.

45 Vgl. Jänsch, Christian: Das Frauen-Außenlager Penig des KZ Buchenwald 1945, Masterarbeit, Friedrich-Schiller-Universität Jena 2016, unveröffentlicht, S. 43. Die Verstorbenen wurden im Sommer 1945 unter Anteilnahme der Bevölkerung in Langenleuba-Oberhain beigesetzt, die Namen sind bis heute allerdings weitgehend unbekannt; vgl. ebd., S. 61.

46 Vgl. ebd., S. 7.

47 Vgl. ebd., S. 54.

48 Vgl. Arbeitsgemeinschaft Lager Sachsenhausen 1945–1950 e. V. (Hg.): Gedenkort auf dem Parkfriedhof Meiningen, S. 13.

49 Ebd. Zu Arthur Nebe vgl. https://www.gedenkstaette-ploetzensee.de/totenbuch/recherche/person/nebe-arthur, letzter Zugriff: 26. April 2023.

50 Vgl. Antwort der Bundesregierung auf die Kleine Anfrage der Abgeordneten Dr. André Hahn, Gökay Akbulut, Christine Buchholz, weiterer Abgeordneter und der Fraktion DIE LINKE, Drucksache 19/9607, online: https://dserver.bundestag.de/btd/19/104/1910407.pdf, letzter Zugriff: 26. April 2023; Kurzinformation Gräbergesetz und Kriegsverbrecher. Deutscher Bundestag, Wissenschaftliche Dienste, 2019, online: https://www.andre-hahn.eu/app/uploads/2019/05/wd-2-073-19_graebergesetz.pdf, letzter Zugriff: 26. April 2023; Ragnar Vogt: Grabpflege für Kriegsverbrecher: Rechtsexperten widersprechen Regierung bei NS-Gräbern, in: Tagesspiegel, 11. Juni 2019.

51 Antwort der Bundesregierung auf eine Kleine Anfrage der Fraktion DIE LINKE, Bundestags-Dossiers 19/10407, 22. Mai 2019, S. 3 (dort Fn. 2, Vorbemerkung der Bundesregierung).

52 Wissenschaftliche Dienste: Kurzinformation, S. 3.

Gedenkstein am Ort der Hinrichtung, 2007. Fotograf: Wolfgang Montag.

Franziska Mendler

GRENZÜBERSCHREITUNG
Ost-West-Erinnerung an Verhaftungen in Küllstedt

„Die ‚Wende' brach das tiefe Schweigen der Küllstedter"[1] – so lautete die Überschrift eines Artikels in den „Eichsfelder Heimatstimmen", der 1990 und damit unmittelbar nach der politischen Wende erschien. Über 40 Jahre lang hätten die Bürgerinnen und Bürger in Küllstedt – gelegen im thüringischen Eichsfeld und damit bis 1990 in der DDR – über Ereignisse in ihrem Ort vom Sommer 1945 schweigen müssen. Sie hätten damit einen Teil der Geschichte ihres Ortes und der Familienerinnerung nicht besprechen können. Was war im Sommer 1945 in Küllstedt geschehen und worüber mussten die Bewohner:innen schweigen? Wie sah die Situation auf der anderen Seite der Grenze, im „Westen" aus? Und was änderte sich ab 1990? Der Beitrag geht diesen Fragen chronologisch nach.

Die Ereignisse in Küllstedt 1945

Nach Kriegsende 1945 stand das Eichsfeld bis Juli 1945, und damit auch Küllstedt, unter amerikanischer Verwaltung. Nach den Beschlüssen der Alliierten auf den Kriegskonferenzen sollte Deutschland in vier Besatzungszonen aufgeteilt werden, wobei Thüringen schließlich unter die sowjetische Besatzung fiel. Damit wechselte im Juli 1945 die Besatzungsmacht.

Berichten von Anwohnern zufolge kam es nach Ende des Zweiten Weltkriegs verstärkt zu Diebstählen und Plünderungen in Küllstedt, woraufhin die Küllstedter eine Bürgerwehr einrichteten.[2] Am 9. Juli 1945 gab es einen Vorfall in einem Geschäft im Ort, bei dem zunächst angenommen wurde, es handele sich erneut um den Versuch eines Diebstahls. Es kam zu einer Schlägerei. Dabei wurde angeblich nicht bemerkt, dass es sowjetische Soldaten waren, die Kartoffeln und andere Lebensmittel erwerben wollten. Zwei der vermeintlichen Plünderer wurden daraufhin verletzt; einer musste auch im Krankenhaus behandelt werden. Als die Verwechslung schließlich erkannt wurde, waren die Soldaten bereits geflüchtet.[3]

Am nächsten Tag beschäftigte sich eine sowjetische Kommission mit dem Vorfall und führte Befragungen und Hausdurchsuchungen im Ort durch. Daraufhin nahm die Kommission 32 Personen, darunter den Ortspolizisten

Weigelt und den von 1939–1945 als Bürgermeister amtierenden Richard Schäfer, fest und brachte sie nach Mühlhausen ins Gefängnis.[4] Unter den Verhafteten sollen auch Personen gewesen sein, die am vorhergehenden Tag nicht anwesend gewesen waren.[5] In Küllstedt entstand daraufhin das Gerücht, der Ort solle „eingeäschert" werden.[6]

Am 31. Juli 1945 brachten Mitarbeiter des sowjetischen Geheimdienstes die Verhafteten wieder nach Küllstedt und entließen sechs von ihnen. Die Einwohner:innen von Küllstedt erhielten am nächsten Tag den Befehl, sich an der Trift (Ortsrand, Richtung Struth) zu versammeln. Sieben der Verhafteten waren zuvor in einem nichtöffentlichen sowjetischen Militärgerichtsverfahren in Mühlhausen zum Tode verurteilt worden: Der im Urteil genannte Vorwurf lautete „Schlägerei am 9. Juli mit einrückenden Soldaten in Küllstedt".[7] Sowjetische Soldaten vollstreckten daraufhin das Urteil am 1. August 1945 vor den Augen der Ortsbewohner:innen.[8] Die Toten wurden anschließend anonym vergraben und die Stelle unkenntlich gemacht. Von den anderen verhafteten Personen wurden vier zu zehn Jahren, drei zu sieben Jahren und zwei zu fünf Jahren Zuchthaus verurteilt. Auch wurde eine nicht genau bekannte Anzahl von Personen in die Sowjetunion transportiert, von denen drei wieder zurückkamen. Einer von ihnen, Erich Vogt, kehrte erst nach elf Jahren zurück und ging anschließend nach Westdeutschland.[9] Der Polizist soll sich in der Haft erhängt haben.[10]

Den an den Auseinandersetzungen vom 9. Juli beteiligten ehemaligen Bürgermeister Richard Schäfer, ehemaliges Mitglied der NSDAP und der SA, verurteilte das sowjetische Militärtribunal der 132. Schützendivision am 25. August 1945 zum Tode.[11] Die Verurteilung erfolgte auf Grundlage von §58-8 des Strafgesetzbuchs der RSFSR, der die Ahndung von terroristischen Akten gegen Vertreter der Sowjetmacht zum Gegenstand hat. Das Urteil wurde am 14. Dezember 1945 vermutlich im Gefängnis in Mühlhausen vollstreckt. In dem ausführlicher formulierten Urteil wurden die Vorgänge des 9. Juli aus Sicht der sowjetischen Militärbesatzungsbehörden wie folgt dargestellt: Dem Bürgermeister wurde vorgeworfen, einen Gewaltakt gegen die Rote Armee organisiert und sein Amt für eine „Provokation der deutschen Einwohner gegen die Rote Armee" ausgenutzt zu haben. Am 9. Juli seien 200 Einwohner auf die Straße gegangen und hätten ihre Gegnerschaft gegen die Rote Armee ausgedrückt; dabei seien die Armeeangehörigen Hauptmann Nezwet, Hauptfeldwebel Sotscheikin, Obersergeant Asamatow und Rotarmist Malkow geschlagen worden, den Verletzten sei keinerlei medizinische Hilfe zuteil geworden.[12]

Die Perspektive der örtlichen Bevölkerung auf die Vorgänge im Ort unterscheidet sich stark von der Perspektive der sowjetischen Besatzungsmacht: Während auf der einen Seite die Vorgänge am 9. Juli als legitim angesehene Selbstjustiz gegen vermeintliche Plünderer überliefert wurden, wird in der Urteilsbegründung des Militärgerichts ein Aufstandsversuch mit Gewaltausübung gegen hochrangige Militärangehörige beschrieben. Der Fall wurde 2002 juristisch erneut beurteilt, ohne dass der Sachverhalt genauer und transparent aufgeklärt worden wäre. Die russische Militärstaatsanwaltschaft revidierte am 18. Januar 2002 das Todesurteil gegen Richard Schäfer und rehabilitierte den ehemaligen Bürgermeister, da nach dem Rehabilitierungsgesetz der Russischen Föderation vom 18. Oktober 1991, Art. 3.a, ein politisches Motiv für die Verurteilung angenommen wurde.¹³

Geteilte Erinnerung in Ost und West bis Ende der 1980er Jahre

Bereits 1953 entdeckte ein Förster die Stelle, an der die Toten verscharrt worden waren, und verständigte die Kriminalpolizei. Die sowjetische Militärbehörde, die sich einschaltete, verhinderte jedoch eine nähere Untersuchung der Toten.¹⁴ Auch weitere Zeugen mussten über den Fund schweigen. Der Förster markierte die Fundstelle jedoch heimlich. Damit waren ein Totengedenken und die Erinnerung an die Ereignisse vom Juli/August 1945 in der DDR offiziell bis 1989/90 unterbunden.

In Westdeutschland dagegen wurde in den 1980er Jahren bereits über das Geschehene öffentlich berichtet. In den „Eichsfelder Heimatstimmen" erschien 1983 ein erster Bericht von Otto Redemann unter dem Titel „Die Tragödie von Küllstedt". In diesem schilderte er die Ereignisse und forderte die öffentliche Rehabilitierung der Opfer sowie ein Gedenken, um die Ereignisse im Eichsfeld nicht in Vergessenheit geraten zu lassen.¹⁵ Weitere Berichte folgten 1983 und 1984 mit der Veröffentlichung eines Küllstedter Tagebuchs von 1945.¹⁶ 1982 entstand zudem auf dem Boden im Altarraum der 1957 errichteten Essener Pax-Christi-Kirche ein Ort zum Gedenken an die „Opfer von Unmenschlichkeit"¹⁷. Dort findet sich neben zahlreichen anderen Orts- und Personennamen auch der Ortsname Küllstedt, der an die Hingerichteten vom 1. August 1945 erinnern soll.¹⁸

Namensfeld „Küllstedt" im Boden der Essener Pax-Christi-Kirche, 2023. Fotograf: Dr. Peter Wallmann

Betrachtet man die Situation in der DDR, so wurde dort in den 1980er Jahren weiterhin nicht an die Ereignisse und Gestorbenen erinnert. In den „Eichsfelder Heimatheften" findet sich in den Ausgaben der 1980er Jahre keine Berichterstattung über die Verhaftungen und Erschießungen von 1945.¹⁹ Zwar wurde in der Ausgabe von 1984 über den Wechsel der Besatzungsmacht im Juli 1945 und den ersten sowjetischen Kommandanten des Eichsfeldes, Major M. B. Dsilidnow, berichtet, die Erschießungen fanden jedoch keine Erwähnung.²⁰ Andere Ausgaben (1987, 1989, 1990) setzten sich mit der Aufarbeitung der Verbrechen während der Zeit des Nationalsozialismus auseinander, z. B. mit den Buchenwalder Außenlagern im Eichsfeld oder der Tötung von Menschen mit Behinderungen und Krankheiten.²¹

Franziska Mendler

Der Weg zu einem würdigen Gedenken nach 1990

Mit der politischen Wende 1989/90 veränderte sich nun auch die Situation in Küllstedt. Anfang 1990 bildete sich der Arbeitskreis „1. August" – benannt nach dem Datum der Erschießungen –, in dem sich Angehörige und Bürger:innen für die Aufarbeitung engagierten. Initiiert und geleitet von dem damaligen Pfarrer Richard Hentrich trugen sie Erinnerungen an die Ereignisse zusammen und sammelten Personalien von Verhafteten, um ein erstes öffentliches Gedenken Anfang August 1990 vorzubereiten. Die Angehörigen brachten auch einen für sie wichtigen Punkt ins Gespräch, nämlich die Suche nach den Toten und deren Exhumierung.[22]

Am 23. Mai 1990 setzten Angehörige zusammen mit Pfarrer Hentrich an der von dem Förster in den 1950er Jahren gekennzeichneten Stelle ein Holzkreuz als erstes Zeichen des Gedenkens.[23] Die Überreste der Toten wurden dann am 1. August – genau 45 Jahre nach den Ereignissen – nach einem Requiem in der Kirche auf dem Friedhof in Küllstedt beigesetzt.[24] Der dort gesetzte Grabstein wurde durch Spenden, v. a. von Angehörigen, finanziert. Auf ihm sind die Namen der sieben Erschossenen zu lesen (Abb. 1).

Das Gehen des „Kreuzwegs" gehört seitdem zum festen Ritual, wenn in der Gemeinde Anfang August der Toten gedacht wird. So gingen auch zum 50. Jahrestag 1995 nach einer Messe an der Antonius-Kapelle die Teilnehmenden von dort aus in einer Prozession zum Kriegerdenkmal und anschließend weiter zu dem Ort, wo 1945 die Hinrichtungen durchgeführt worden waren, und beendeten das Gedenken mit dem „Gang zum Grab"[25] auf dem Friedhof.[26] Um auch den Ort der Erschießungen zu markieren, wurde 1996 ein weiterer Gedenkstein am Ortsausgang Richtung Struth gesetzt. Der Gedenkstein trägt die Inschrift: „In Gedenken / an die / tragischen / Ereignisse / des / 1. August 1945 / † / Küllstedt 1996".

Grabstein zum Gedenken an die Toten auf dem Küllstedter Friedhof, 2007. Fotograf: Wolfgang Montag.

Das Beispiel Küllstedt zeigt, dass in Ostdeutschland ein Gedenken an die Opfer sowjetischer Hinrichtungen erst nach 1989 möglich war. Nur in dem Teil des Eichsfelds, der in der Bundesrepublik lag, konnte an die Ereignisse vom August 1945 öffentlich erinnert werden. Das

Beispiel Küllstedt zeigt aber auch, wie nach 1989 eine angemessene Form des Gedenkens gefunden wurde, jenseits von geschichtspolitischen Instrumentalisierungen.

Anmerkungen

1 Dales, F.: Die „Wende" brach das tiefe Schweigen der Küllstedter, in: Eichsfelder Heimatstimmen 34 (1990), S. 304–307, hier S. 304.
2 Vgl. Montag, Wolfgang: Küllstedt im Eichsfeld. Begegnungen in einem Dorf, Lindenberg ²2007, S. 119.
3 Vgl. ebd.
4 In Mühlhausen nutzte der sowjetische Geheimdienst zwei Gebäude als provisorische Haftorte. Einer befand sich im Untermarkt 13, ein weiterer im Untermarkt 17.
5 Vgl. Siebert, Heinz: Das Eichsfeld unter dem Sowjetstern, Duderstadt 1992, S. 88.
6 Vgl. Redemann, Otto: Die Tragödie von Küllstedt, in: Eichsfelder Heimatstimmen 27 (1983), S. 403-404, hier S. 403; Siebert: Das Eichsfeld unter dem Sowjetstern, S. 88.
7 Weigelt, Andreas u.a. (Hg.): Todesurteile sowjetischer Militärtribunale gegen Deutsche (1944-1947). Eine historisch-biographische Studie, Kurzbiographien, Göttingen 2015, S. 93, 94, 110, 407, 440, 466, 584.
8 Vgl. Siebert: Das Eichsfeld unter dem Sowjetstern, S. 89.
9 Vgl. ebd.
10 Vgl. Weigelt, Kurzbiographien, S. 584-585.
11 Vgl. ebd.
12 Vgl. ebd.
13 Vgl. ebd.; Vgl. Rehabilitierungsbescheid Richard Schaefer, Hauptmilitärstaatsanwaltschaft der Russischen Föderation, 18.01.2002, Datenbank rehabilitierte Verurteilte der Dokumentationsstelle Dresden, Stiftung Sächsische Gedenkstätten.
14 Vgl. Kaminsky, Anne (Hg.): Orte des Erinnerns. Gedenkzeichen, Gedenkstätten und Museen zur Diktatur in SBZ und DDR, Bonn 2007, S. 571.
15 Vgl. Redemann: Die Tragödie von Küllstedt, S. 404.
16 Vgl. Küllstedter Tagebuch 1945, in: Eichsfelder Heimatstimen 27 (1983), S. 23–24, 33–37, 564–567, sowie 28 (1983), S. 16–19.
17 Köckritz, Monika: Vor 50 Jahren. Sieben Männer brutal hingerichtet, in: Eichsfeld. Heimatzeitschrift des Eichsfeldes 49 (1995), S. 258–259, hier S. 258.
18 Vgl. ebd., S. 258–259; Peter Wallmann, Pax Christi Kirche Essen. Gedenkstätte für die Opfer von Gewalt, Essen 2017, S. 8–17.
19 Vgl. Barthel, Rolf: Vom Kampf gegen den Faschismus auf dem Eichsfeld (1933–1945), in: Eichsfelder Heimathefte 2/1978, S. 98–108; Ders.: Major M. B. Dsilidnow. Erster sowjetischer Kommandant des Kreises Eichsfeld 1945/46, in: Eichsfelder Heimathefte Sonderausgabe 1984; Ders.: Neue Forschungsergebnisse zu den Verbrechen des deutschen Faschismus auf dem Eichsfeld und in Mühlhausen (1), in: Eichsfelder Heimathefte 1/1987, S. 24–30; Ders.: Neue Forschungsergebnisse zu den Verbrechen des deutschen Faschismus auf dem Eichsfeld und in Mühlhausen (2), in: Eichsfelder Heimathefte 3/1987, S. 217–223; Ders.: Zu den Verbrechen faschistischer Rassenpolitik auf dem Eichsfeld und in Mühlhausen, in: Eichsfelder Heimathefte 4/1989, S. 306–313; Ders.: Zur Vernichtung „lebensunwerten Lebens" während der Zeit des Faschismus auf dem Eichsfeld und in Mühlhausen, in: Eichsfelder Heimathefte 1/1990, S. 53–73.
20 Vgl. Barthel: Major M. B. Dsilidnow.
21 Vgl. Barthel: Neue Forschungsergebnisse (1) und (2); Ders.: Zu den Verbrechen faschistischer Rassenpolitik; Ders.: Zur Vernichtung „lebensunwerten Lebens".
22 Vgl. Dales: „Wende", S. 307; Küllstedt im Sommer 1945/"Noch nie wurde im Dorf soviel geweint"/Als „Hilfe" 5 Mark für die Toten/Die Namen der Verurteilten/"Den Opfern muß unbedingt Ehrung zuteil werden!"/Ein Tagebuch berichtet/In der Heimatkirche soll am 1.8. das Requiem sein, alle in: Thüringer Tagblatt, 30. Mai 1990.
23 Vgl. Dales: Wende, S. 306.
24 Vgl. Auf den Tag nach 45 Jahren. Letzte Ehre für Hingerichtete, in: Thüringer Allgemeine (Eichsfelder Allgemeine), 3. August 1990; Gang zum Grab, in: Thüringer Landeszeitung, 30. Juli 1995.
25 Gang zum Grab, in: Thüringer Landeszeitung, 30. Juli 1995.
26 Vgl. ebd.

Werbung für die „Vorstadtgärten Aderluch" in Oranienburg, April 2023. Fotograf: Enrico Heitzer.

Enrico Heitzer

„RECHTS ABBIEGEN AM GISELA-GNEIST-PLATZ? BITTE NICHT!"

Die Diskussion um eine Straßenbenennung nach Gisela Gneist in Oranienburg

Das Wohnungsunternehmen Bonava entwickelt in Oranienburg in Sichtweite der Gedenkstätte Sachsenhausen die „Vorstadtgärten Aderluch". Dazu gehören 187 Wohnhäuser sowie acht neue Straßen in innenstadtnaher Lage und mit S-Bahn-Anschluss nach Berlin. Beworben wird das Projekt mit Slogans wie „Leben zwischen Schloss und Lehnitzsee" und „In Oranienburg stimmt einfach alles: Die idyllische Natur ist hier genauso nah wie der nächste Supermarkt."[1]

Das Areal hat Geschichte. Hier befand sich von 1942 bis 1945 ein Außenkommando des benachbarten KZ Sachsenhausen. Dort mussten zumeist minderjährige Häftlinge für die Luftschiffbau Zeppelin GmbH Sperr- und Aufklärungsballons herstellen und reparieren, die für die Luftkriegführung genutzt wurden. 2020 bis 2022 tobte ein heftiger Streit um die Benennung einer Straße in diesem Neubaugebiet nach der im sowjetischen Speziallager Sachsenhausen inhaftierten Gisela Gneist, die als Vorsitzende (1995–2007) des Opferverbandes Arbeitsgemeinschaft Lager Sachsenhausen 1945–1950 e. V. (AGLS) umstritten war.

Die Stadt lässt durch die Benennung von Straßen nach historischen Personen zwar ihre Geschichte aufleben, jedoch zumeist ohne konkreten Ortsbezug. Was scheinbar den Charakter einer lokalen Auseinandersetzung trägt, verweist auf einen Grundsatzkonflikt, der mit Beteiligung externer Akteur:innen sichtbar wurde. Dabei geht es einerseits darum, ob dort überhaupt eine Straße nach einer Speziallagerinhaftierten benannt werden sollte, da das Areal mit dem Nachkriegslager nichts zu tun hatte. Andererseits geht es um die Debatte, wie sowjetische Speziallager in Deutschland historisch einzuordnen sind.[2]

Es handelt sich nicht um den ersten Konflikt zur Markierung der KZ-Geschichte zwischen Stadt, Gedenkstätte und Museum Sachsenhausen (GuMS) und NS-Opferverbänden. So hatten die Stadtverordneten schon früher „ohne nachvollziehbare Gründe" abgelehnt, Straßen im Areal der ehemaligen KZ-Waldkommandos nach Vorschlägen von KZ-Überlebenden zu benennen.[3]

Im Folgenden untersucht der Autor, der als GuMS-Mitarbeiter Teil einer Konfliktpartei ist, die Kontroverse und versucht dabei abzuwägen, ob das Festhalten an den Straßennamen angesichts massiver Proteste aus dem In- und Ausland Ausdruck des Ringens einer Stadt in Ostdeutschland ist, die ihre KZ-Geschichte mit anderen historischen Anknüpfungspunkten verbinden will, oder eher der Hinweis darauf, dass ihre NS-Geschichte zurückgedrängt und gegen andere Perioden aufgewogen werden soll.

Im Verlauf der Kontroverse bezogen viele Akteure Stellung gegen die Straßenbenennung. Neben der Stiftung Brandenburgische Gedenkstätten (SBG) und einigen Politikern aus der Lokal- und Landespolitik, wie der brandenburgischen Kultur- und Wissenschaftsministerin Manja Schüle (SPD), sind vor allem das Internationale Sachsenhausen Komitee (ISK), die jüdische Gemeinde Oranienburg, der Zentralrat der Juden in Deutschland, der Beauftragte der Bundesregierung für jüdisches Leben in Deutschland, die Evangelische Hilfsstelle für ehemals Rasseverfolgte, die Evangelische Kirche Berlin-Brandenburg-schlesische Oberlausitz und die Botschafter Tschechiens und Luxemburgs zu nennen. Als Befürworter trat vor allem die Union der Opferverbände kommunistischer Gewaltherrschaft (UOKG) in Erscheinung, der Zentralverband etlicher SBZ/DDR-Opferverbände. Auch andere Akteure aus dem Bereich der DDR-Aufarbeitung, wie die Beauftragte des Landes Brandenburg zur Aufarbeitung der Folgen der kommunistischen Diktatur (LAKD), meldeten sich zu Wort.

Der politische Entscheidungsprozess für eine Straßenbenennung – Auf Vorschlagssuche

Die Oranienburger Stadtverordnetenversammlung (SVV) beschloss am 12. Dezember 2016 die Aufstellung des Bebauungsplans „Wohnbebauung Aderluch". Am 13. April 2018 wurde die Stiftung Brandenburgische Gedenkstätten (SBG), zu der die GuMS gehört, von Bürgermeister Alexander Laesicke (parteilos) um Stellungnahme gebeten. Mit Schreiben vom 25. April 2018 wurde ihm übermittelt, dass sich auf dem Areal von 1942 bis 1945 das KZ-Außenkommando „Zeppelin" befunden hatte.

Am 5. Februar 2019 bat der Bürgermeister um eine Einschätzung zum Vorschlag der Benennung einer der Planstraßen nach Gisela Gneist. Grundlage war ein Antrag der Lagerarbeitsgemeinschaft (AGLS) vom 7. März 2018, die Gneist bis zu ihrem Tod 2007 geleitet hatte. Der über die Jahre in verschiedenen DDR-Opferverbänden engagierte Carl-Wolfgang Holzapfel, den der Historiker Klaus Bästlein als Rechtsextremisten eingeordnet hat[4], nimmt in Anspruch, der Initiator gewesen zu sein.[5]

Die Gedenkstättenstiftung schlug Namen von im KZ verstorbenen Häftlingen vor, darunter den eines ukrainischen Zwangsarbeiters und eines als „Rasseschänder" ins KZ verschleppten Juden. Auch der Name Rosa Broghammers fand sich darunter, die wegen eines Liebesverhältnisses mit einem französischen „Fremdarbeiter" im KZ gewesen und nach der Befreiung vor Ort verstorben war.

2019 hatte die SPD-Fraktion beantragt, bei Straßenbenennungen „Frauen prioritär" zu berücksichtigen.

Eine Straßenbenennungskommission aus dem Kreis der SVV verwarf nach der zweiten Sitzung am 16. Dezember 2019 sieben von acht Vorschlägen der Gedenkstättenstiftung. Der parteiübergreifende Kompromiss sah die Benennung der acht Straßen nach Frauen aus der Stadtgeschichte vor, darunter Rosa Broghammer, aber auch die ersten beiden weiblichen Stadtverordneten, die letzte SED-Bürgermeisterin – und Gneist. In der Beschlussvorlage begründete der Bürgermeister die Ehrung u. a. damit, dass Gneist „mit anderen Jugendlichen aus Wittenberge [...] im Herbst 1945 den Willen" bekundet habe, „eine demokratische Partei zu gründen", und kurz darauf verhaftet worden sei.[6]

Gisela Gneist und die Wittenberger Gruppe

Gisela Dohrmann, verheiratete Gneist, wurde 1930 in Wittenberge geboren. Ihr Vater Paul Dohrmann war überzeugter Nationalsozialist (Parteieintritt am 1. Juni 1931[7]) und ab 1932 NSDAP-Block- und Zellenleiter[8], der nicht nur am Reichsparteitag, sondern auch an mehrtägigen Parteischulungen teilnahm. 1940 trat seine Tochter Gisela dem BDM bei. 1942 wurde sie Jungmädelführerin. Das Kriegsende erlebte sie mit ihrer Mutter in Plau am See.

Zwischen dem 8. September 1945[9] und dem 22. November 1945 wurde Beteiligten zufolge in Wittenberge eine „Deutschnational-Demokratische Partei" (DNDP) gegründet.[10] Andere, darunter Gneist, sprachen von einer geplanten Parteigründung.[11] In Darlegungen gegenüber der Kampfgruppe gegen Unmenschlichkeit von Horst K. aus dem Jahr 1952 ist von „eine[r] Art Freiheitspartei" die Rede, „die sich speziell gegen die russische Besatzungsmacht richten sollte". Das Parteiprogramm sei vom Vorsitzenden Günter Schulz (1924–1946, alias „Serra")[12] am 22. November 1945 verlesen worden. Schulz „soll, was ich [Horst K.] aber nicht bestätigen kann, mit der damaligen britischen Militärregierung in Verbindung gestanden haben". Auf einer zweiten Versammlung ging die Zeitung „Germanische Freiheit" von Hand zu Hand. Diese habe „aufklärende Artikel über den Bolschewismus" enthalten und sei „wöchentlich ein- bis zweimal" im kleinen Kreis verteilt worden. Dohrmann nahm an beiden Treffen teil.[13]

Ab dem 28. Dezember 1945 wurden 29 Personen von der Besatzungsmacht verhaftet, meist junge Menschen, die der DNDP zugeordnet wurden. Am 9. Februar 1946 verurteilte sie ein sowjetisches Militärtribunal (SMT) in Brandenburg/Havel. Es fielen neun Todesurteile, von denen drei vollstreckt wurden. Weitere drei junge Männer wurden nicht verurteilt, sondern in Speziallagern interniert. Mehrere Personen überlebten die unmenschliche sowjetische Haft nicht. Aus sowjetischer Perspektive handelte es sich um eine Untergrundgruppe, die Waffen beschaffen wollte. Zu konkreten Aktivitäten „gegen die Sowjetunion oder gegen Sowjetbürger sei es jedoch nicht gekommen".[14] Dohrmann erhielt zehn Jahre Haft und kam ins Speziallager Sachsenhausen. In der Haft, die von Hunger, Krankheiten, Tod, Isolation und Untätigkeit geprägt war, machte sie traumatische Erfahrungen.[15]

Die „Wittenberger Gruppe" gilt als paradigmatisches Beispiel sowjetischer Willkür gegen oppositionelle

Jugendliche direkt nach Kriegsende.¹⁶ Sie wird oft als demokratische Widerstandsbewegung beschrieben. Obwohl die Verurteilten 1995 in Russland rehabilitiert wurden, bedeutet das im Umkehrschluss nicht, dass es sich tatsächlich um „Wittenberger Demokraten"¹⁷ handelte. Weil weder ein Parteiprogramm noch eine Publikation überliefert ist, ist die Einschätzung nicht einfach. Doch verschiedene Umstände, etwa dass der nicht gewählte, sondern „ernannte"¹⁸ stellvertretende DNDP-Leiter Heinz-Dieter Bolde (1924–1982) seit 1. September 1942 NSDAP-Mitglied¹⁹ und seit Oktober 1942 Soldat, zuletzt bei der Waffen-SS, gewesen war, sprechen gegen solche Zuschreibungen. Bei Kriegsende versah Bolde als SS-Führeranwärter den Dienstgrad eines Oberjunkers.²⁰ Obwohl Bolde nicht verurteilt wurde, blieb er bis 1950 in sowjetischer Haft. Daneben war auch der hingerichtete Hans-Joachim Schoof (Jg. 1920)²¹ 1940 nicht nur in die NSDAP²², sondern auch in die SS-Freiwilligen-Panzergrenadier-Division „Nordland" eingetreten.²³ Der NSDAP gehörten auch der 1927 geborene und 1946 hingerichtete Alfred Brabandt, die 1926 geborene **Anneliese I.** und der 1925 geborene Fritz Werner an, der 1947 im Speziallager Sachsenhausen verstarb.

Gisela Dohrmann wurde am 21. Januar 1950 aus dem Speziallager entlassen. Sie ging kurz darauf in die Bundesrepublik und heiratete einen ehemaligen Speziallagerhäftling. Sie arbeitete lange als Sekretärin eines Professors an der Universität Hamburg. Nach dem Ende der DDR begann sie sich für die Häftlinge der Speziallager einzusetzen. 1994 wirkte sie im „Aktionskreis der Opfer kommunistischer Gewalt" (AK), u. a. zusammen mit Werner Pfeiffer, der zu dieser Zeit in der neurechten „Jungen Freiheit" (JF) schrieb²⁴ und kurz darauf als Initiator der Ehrung des Euthanasietäters Hans Heinze auftrat. In einer von Gneist unterzeichneten Erklärung ist davon die Rede, dass alte SED-Seilschaften und „linkssozialistische Sympathisanten aus dem Westen" dafür sorgten, dass die Gedenkstätten Sachsenhausen und Buchenwald „weiterhin ungeniert kommunistische Propaganda betrieben [...], während eine wahrheitsgemäße Aufklärung über die Zeit nach 1945 hintertrieben" werde.²⁵ Der AK wurde 1994 nicht in die UOKG aufgenommen.²⁶

1995 wurde Gneist Vorsitzende der AGLS. Gleichzeitig war sie Mitglied im UOKG-Vorstand, aus dem sie 1996 ausschied.²⁷ Unter ihr ging die Lagerarbeitsgemeinschaft auf Konfrontationskurs zur Gedenkstätte. Gneist klagte die GuMS an, Sowjetverbrechen zu verharmlosen. Im Speziallager seien vor allem willkürlich Verhaftete und Widerständler gewesen.²⁸ Sie wolle – ein deutlicher Anklang zu neurechten Diskursen²⁹ – „dafür kämpfen, daß Political Correctness endlich durch historische Korrektheit abgelöst wird".³⁰

Nicht nur diese Ausführung lässt spüren, wie schwer Gneist sich mit einer kritischen Betrachtung der eigenen Sozialisation, des nationalsozialistischen Elternhauses und der NS-Gesellschaft tat. Herausgearbeitet hat das etwa Petra Haustein in ihrer Konfliktgeschichte der GuMS nach 1990, wo Gneist nostalgisch über ihre Jugend spricht und die HJ verklärt. Es habe unter ihren Freunden „ein unheimlicher Zusammenhalt" geherrscht. „Das war richtig 'ne tolle Zeit". Sie habe nach 1990 zu dessen Entsetzen „mal zu einem [Mann] gesagt, [...] dass die Jahre '42 bis Kriegsende die schönste Zeit meines Lebens waren".³¹

In der Kontroverse tauchten Stimmen auf, Gneist habe die Existenz der Gaskammer im KZ Sachsenhausen in Frage gestellt.[32] Die Behauptung, dass die Gaskammer angeblich erst nach der KZ-Befreiung Ende 1945 durch Gefangene der Sowjets aufgebaut worden sei, spielte durch eine rechtsextreme Publikation des ehemaligen Häftlings Gerhart Schirmer[33] – 2002 vom Amtsgericht Tübingen wegen Holocaustleugnung verboten – in der Diskussion um das Speziallager eine nicht geringe Rolle. 2008 fand eine internationale Tagung statt[34], die sich auch auf Schirmers Gaskammerleugnung bezog. Der Stiftungsdirektor und Gedenkstättenleiter Günter Morsch sprach mehrfach mit Gneist über das Thema und widerlegte ihre Behauptungen mit Dokumenten. Sie habe, wie andere Mitglieder der Lagerarbeitsgemeinschaft auch, mit Verweis auf Schirmer weiter Zweifel geäußert und wiederholt Formeln wie „Wassersuppe anstatt Zyklon B" benutzt.[35] Gneist negierte den Unterschied zwischen den intendierten NS-Massenmorden und der Situation im Speziallager. Sie betonte, die Tötung der dortigen Häftlinge sei „geplant und gewollt" gewesen. Man müsse „von einer systematischen Vernichtung" sprechen, sagte sie.[36]

Unter Gneists Vorsitz versuchten Akteure aus der AGLS 1996, den Euthanasieprofessor Hans Heinze zu ehren.[37] Morsch informierte Gneist „vorab und vertraulich" über Heinzes Biografie. Die AGLS habe, laut Morsch, erst nach Veröffentlichung des Skandals die Ehrung unterlassen, sich davon aber nicht distanziert.[38]

Angesichts scharfer Angriffe in Opferverbandszeitschriften schrieben die Historiker Lutz Niethammer und Alexander von Plato sowie Norbert Haase, Günter Morsch und Volkhard Knigge als Leiter der drei damaligen ostdeutschen Gedenkstättenstiftungen 2003 einen Brief an die Verbände, in dem sie die „schrillen, häufig überzogenen, teilweise sogar bedenklichen, nicht selten persönlich verletzenden Töne in der Auseinandersetzung um die Bewertung der Speziallager" kritisierten. Zudem beklagten sie „die ständigen Angriffe gegen andere Opferverbände, insbesondere den Zentralrat der Juden", und beschweren sich über antisemitische Töne.[39] Gneist antwortete im Namen der AGLS: „Sollte Ihre Erklärung nicht richtiger als ‚Loyalitätserklärung' bezeichnet werden? Der Sponsor wird es zu danken wissen." Und: „[Z]um jüdischen Volk haben wir ein ungetrübtes Verhältnis. Nach meiner Erfahrung mit Dr. Morsch würde dieser keine Gelegenheit auslassen, um sich gegenüber dem Zentralrat der Juden und den jüdischen Opferverbänden ins rechte Licht zu setzen, um sich deren Wohlwollen zu erkaufen."[40] Mit diesen deutlich geäußerten antisemitischen Stereotypen bestätigte sie die Befürchtungen der Historiker. Einige Wochen später erwirkte Morsch gegen Gneist als Verantwortliche für den AGLS-Vorstand eine Unterlassungserklärung wegen einer Pressemitteilung, in der fälschlich behauptet wurde, er habe gesagt, für ihn hätten die KZ-Opfer erste, zweite und dritte Priorität.[41] Gneist unterzeichnete zusammen mit Autoren der „Jungen Freiheit", der rechtsextremen „Sezession", dem Holocaustleugner Günther Kissel, dem Landesgeschäftsführer der Berliner Republikaner Detlef Britt und dem NPD-Funktionär Günter Kursawe im April 2005 den vom Rechtsextremisten Götz Kubitschek am Institut für Staatspolitik betreuten[42] geschichtsrevisionistischen „Aufruf gegen das Vergessen", in dem anlässlich des 8. Mai 2005 die Deutschen als Opfer dargestellt und die Deutung des 8. Mai 1945 als Tag der Befreiung bezweifelt wurde.⁴³ Auf Einladung Gneists hielt der neurechte Schriftsteller Ulrich Schacht am 5. August 2005 auf der AGLS-eigenen Gedenkveranstaltung für das sowjetische Speziallager in Sachsenhausen eine Ansprache.⁴⁴ Seine einstündige „Hatz gegen 68er" und seine Anklage gegen die deutsche Erinnerungskultur wurde in der „Jungen Freiheit" abgedruckt⁴⁵ und führte zu einem Eklat.⁴⁶ Kurz darauf unterzeichnete Gneist mit Vertretern des rechtskonservativen Spektrums und des rechten Randes einen Appell für die „Junge Freiheit"⁴⁷ und veröffentlichte zusammen mit Eva Maria Storbeck eine Presseerklärung.⁴⁸ Storbeck war von 2001 bis mindestens 2006⁴⁹ stellvertretende Landesvorsitzende der Republikaner Brandenburgs. Die SBG drohte mit einer Unterlassungserklärung, weil Morsch erneut falsch zitiert worden war. In einem Gespräch bei der Kulturministerin und Vorsitzenden des Gedenkstättenstiftungsrats Johanna Wanka (CDU) legten die AGLS und die SBG den Streit bei.⁵⁰ Bald darauf erhielt Gneist das Bundesverdienstkreuz. Sie verstarb am 22. März 2007. Die Beziehungen der SBG mit der AGLS haben sich seitdem deutlich verbessert.

Politische Entscheidungsprozesse für eine Straßenbenennung – Internationaler Protest und lokales Beharren

Nachdem die Vorschläge der Straßenbenennungskommission ohne Änderung an die SVV weitergeleitet worden waren, regte sich von mehreren Seiten Protest. Der Direktor der Gedenkstättenstiftung Axel Drecoll sagte: „Uns irritiert, dass es trotz mehrfacher Interventionen der Gedenkstätte und des ISK bisher nicht möglich war, die Straßen im Neubaugebiet Aderluch nach Häftlingen des KZ Sachsenhausen zu benennen. [...] Für die Überlebenden und die Angehörigen" wäre „das ein ausgesprochen wichtiges Signal".⁵¹ Auch Michael Grüber, Enkel von Heinrich Grüber, Leiter der Evangelischen Hilfsstelle für ehemals Rasseverfolgte und Vorsitzender des Stiftungsrates der Stiftung Hilfe für Opfer der NS-Willkürherrschaft, wandte sich gegen die Benennung nach Gneist.⁵² Wie das ISK argumentierte er, dass viele NS-Opfer ihrer Existenz beraubt worden seien und am Aderluch wenigstens einige ihre Namen zurückerhalten könnten. Auch der internationale Beirat der SBG sprach sich gegen die Benennung aus und warnte vor der Abstimmung, dass sich die Stadt in ihrem Engagement für Pluralismus und gegen Antisemitismus und Rassismus unglaubwürdig mache.⁵³

Der UOKG-Vorsitzende Dieter Dombrowski (CDU) hingegen plädierte in einem Brief an den Bürgermeister und die SVV dafür, den eingeschlagenen Weg weiterzugehen. Der Entwurf sei „sehr beachtlich und sollte von allen Außenstehenden respektiert werden"⁵⁴. Parallel lief zwischen dem 12. und 18. Juni 2020 eine vom in Oranienburg lebenden Professor Henning Schluss initiierte Petition, die den Bürgermeister zur Straßenbenennung „nur im Einvernehmen mit den Überlebenden des KZ Sachsenhausen" aufrief. Es unterzeichneten 1056 Personen aus aller Welt.⁵⁵

Am 23. Juni 2020 wurde die Namensliste von der SVV mit großer Mehrheit beschlossen. Der Linke-Fraktionschef entschuldigte sich vorab. Eine linke Abgeordnete forderte, Namen von NS-Opfern zu würdigen und die Auswahl der Straßenbenennungskommission an anderer Stelle zu verwenden. Die Grünen-Fraktion versuchte, den Namen Gneist durch Marianne Leiss zu ersetzen. Das polnische Mädchen war im Alter von zweieinhalb Jahren im KZ Sachsenhausen ermordet worden.⁵⁶ Sogar die Zeitschrift der Gedenkstätte Auschwitz berichtete über den Streit.⁵⁷ Kulturministerin und SBG-Stiftungsratsvorsitzende Schüle forderte einen neuen Beschluss.⁵⁸

In dieser Situation beauftragte die SBG das Institut für Zeitgeschichte (IfZ) mit einem Gutachten zur Rolle Gneists, das die Zeithistoriker Frank Bajohr und Hermann Wentker im November 2020 vorlegten. Es fokussierte sich auf die Person und ihr memorialpolitisches Engagement. Die Historiker kritisierten u. a. die mangelnde Bereitschaft Gneists, sich kritisch mit den eigenen Prägungen im NS-Staat auseinanderzusetzen, und kamen zu dem Schluss, sie habe in den memorialpolitischen Auseinandersetzungen um die Speziallager „eine mehr als problematische Rolle" gespielt. Ihr Engagement sei zuletzt in die „Fundamentalopposition gegen die dominierende Erinnerungskultur" gemündet, die „keine Berührungsängste gegenüber rechtsextremistischen Positionen und Personen erkennen" lasse. Insgesamt zeige sich „das Bild einer Person, die zwar engagiert für die Interessen und öffentliche Wahrnehmbarkeit" der Speziallagerhäftlinge eingetreten sei, allerdings auf eine höchst problematische Art und Weise:

Dabei schoss sie jedoch [...] über das Ziel hinaus, verweigerte sich jeder differenzierten Diskussion um die Vergangenheit eines Teils der Inhaftierten, igelte sich in polemischer Konfrontation gegen die Gedenkstättenleitungen nach 1989 ein und verharrte schließlich in einer Oppositionshaltung gegen die Erinnerungskultur der Bundesrepublik, oftmals in enger Verbindung mit verschiedenen Personen am rechten und rechtsextremen Rand des politischen Spektrums.⁵⁹

Nach der Präsentation⁶⁰ des Gutachtens entbrannte der Streit erneut. Der Bürgermeister rief „zu einer respektvollen und konstruktiven Auseinandersetzung" auf. Gleichzeitig erklärte er „einstimmig" mit dem Stadtverordnetenvorsteher, dass „das demokratische Votum der Stadtverordneten von allen Beteiligten zu respektieren" sei.⁶¹

Es melden sich Stimmen aus dem Kreis der Kommunismus-Opferverbände zu Wort. Stefan Krikowski von der Lagergemeinschaft Workuta, dessen Statement über die „Verleumdung" Gneists u. a. auf den Portalen von Vera Lengsfeld⁶², „Freie Welt" von Sven von Storch und „Jihad Watch Deutschland"⁶³ erschien, oder Carl-Wolfgang Holzapfel, der „Antifa-Hass" witterte⁶⁴, empörten sich. Der UOKG-Vorsitzende Dombrowski verteidigte die Entscheidung und sandte eine eher dürftige

Stellungnahme des Historikers Christian Sachse an lokale Politiker. Dieser verstieg sich zur Behauptung, dass Gneist „mit Talent und Umsicht eine Gedenkstätte geschaffen hat, für die ihr nicht nur die Stadt, sondern ganz Deutschland dankbar sein sollte".[65] Alexander Latotzky, Vorsitzender des Bautzen-Komitees und in diesem Konflikt als kritische Stimme aus dem Bereich der DDR-Opferverbände fast allein, merkt an:

> Halleluja, aber geht es auch etwas kleiner? Waren da nicht noch ganz viele andere Menschen mit daran beteiligt? Die Mitarbeiter der Gedenkstätte ebenso wie die Opfer, die ihre Exponate zur Verfügung gestellt haben. Ich glaubte bisher, die Errichtung der Stiftung und damit der Umbau der Gedenkstätte aus DDR-Zeit ging auf die Vorschläge einer Expertenkommission zurück, die 1992 dem Land Brandenburg Empfehlungen zur Neukonzeption der Gedenkstättenarbeit vorgelegt hatte. [...] Gisela Gneist war dabei nur eine von Vielen.[66]

Es stelle sich die Frage, ob Gneist geeignet sei, als „Stellvertreterin für die SMT-Verfolgten" solch eine Ehrung zu erhalten.[67] Auch Günter Morsch widersprach der UOKG-Lesart. Seiner Ansicht nach hatten die unter ihrem Vorsitz einsetzenden Konflikte auch die an Ausgleich und Verständigung orientierten Opfer stalinistischer Verfolgung viel Kraft gekostet. Diese aufreibenden Auseinandersetzungen hätten die Realisierung vieler Projekte zur Geschichte des Speziallagers behindert. Trotzdem habe die Verwirklichung des Speziallagermuseums dank einer Sonderfinanzierung von Land und Bund um Jahre vorgezogen werden können.[68]

In einem Beitrag widmete sich der Oranienburger Lehrer und Stadtverordnete der Partei „Die Piraten" Thomas Ney dem Gutachten.[69] Anders als Sachse geht er präziser zu Werke. Er bezeichnet im Gutachten zitierte Äußerungen Gneists als „absolut unangemessen", versucht sie aber durch Einordnung in den memorialpolitischen Diskurs zu erklären – und auch zu relativieren. Ney stellt die Rehabilitierung der Verurteilten in den Vordergrund und kritisiert die Einschätzung der Gutachter, dass der Besatzungsmacht „nicht pauschal das Recht abgesprochen werden" könne, gegen eine Gruppe vorzugehen, die u. a. angeblich Waffen beschaffen wollte.[70] Wie auch bei Sachse (in der Darstellung der Nähe Gneists zu Rechtsradikalen lasse das Gutachten der „Phantasie freien Lauf"[71]) wird bei Ney ebenfalls die Tendenz erkennbar, Verbindungen Gneists – etwa zum rechtsextremen ehemaligen Republikaner-Mitglied Gustav Rust[72] – herunterzuspielen.[73]

Ende Dezember 2021 diskutierte eine Runde von Wissenschaftlerinnen und Politikerinnen über die Straßenbenennung.[74] Während die Historikerin Annette Leo, die in verschiedenen Funktionen die Arbeit der SBG begleitet hatte, und die Landesbeauftragte Maria Nooke den zu dieser Diskussion nicht eingeladenen Günter Morsch für die Polarisierung der Debatte mitverantwortlich machten, hob die Bundestagsabgeordnete Anke Domscheit-Berg (parteilos, über die Liste der Partei Die Linke im Parlament) wiederholt Gneists Rechtslastigkeit hervor. Sie lehnte eine Straßenbenennung nach ihr ab, während die anderen Teilnehmerinnen insbesondere die Ortswahl kritisierten, sich aber nicht prinzipiell gegen eine Gneist-Straße aussprachen. Nooke, die auch SBG-

Beiratsmitglied ist, kritisierte sowohl das IfZ-Gutachten als auch die Arbeit der Gedenkstätte im Bereich Speziallager. Der Beiratsvorsitzende Lutz merkte zur Runde an, wenn „Affinitäten von Frau Gneist zu rechten Geisteshaltungen kleingeredet" würden, erweise „man gerade einer offenen Demokratie keinen Gefallen".[75]

Mit Bezug zum Gutachten meldeten sich neben dem ISK[76] auch jüdische Verbände zu Wort. Der Zentralratspräsident Josef Schuster appellierte, dass die Beteiligten sich zusammensetzen sollten, um „über alternative Namensgeber" zu diskutieren.[77] Auch die Jüdische Gemeinde Oranienburg protestierte scharf und machte Alternativvorschläge.[78] Felix Klein, der Beauftragte der Bundesregierung für jüdisches Leben in Deutschland und den Kampf gegen Antisemitismus, setzte sich in einem Telefonat mit dem Bürgermeister für eine andere Benennung der Straße ein. Auch die Botschafter von Tschechien und Luxemburg appellierten in diesem Sinne an den Bürgermeister.[79] Die Erinnerungsbeauftragte der Evangelische Kirche Berlin-Brandenburg-schlesische Oberlausitz Marion Gardei rief dazu auf, die Einwände zu berücksichtigen.[80] Auch das Forum gegen Rassismus und rechte Gewalt Oranienburg protestierte gegen die Benennung.[81] In der Presse hieß es: „Kurz vor dem Internationalen Holocaust-Gedenktag am 27. Januar, dem Tag der Befreiung des Konzentrationslagers Auschwitz 1945, sorgt die Stadt Oranienburg durch ihr Festhalten an einer erinnerungspolitisch fragwürdigen Namensgebung erneut für Schlagzeilen."[82] Der Name sei zur „Last" geworden.[83]

Aufgrund des Drucks kam noch einmal Bewegung in die Sache. In der SVV wurden Kompromissvorschläge diskutiert[84], allerdings nicht ernstlich erwogen, auf eine Gneist-Straße zu verzichten. Es gab u. a. den Vorschlag, einen Kreisverkehr nach ihr zu benennen. Ein Journalist kommentierte: „Rechts abbiegen am Gisela-Gneist-Platz? Bitte nicht!"[85] In ihrem finalen Kompromissvorschlag plädierten die Fraktionen SPD, CDU, FDP und Freie Wähler/Piraten für eine Gneist-Straße außerhalb des mit dem KZ verbundenen Territoriums.[86] Die Straße im Aderluch sollte nach der ebenfalls mit den Wittenbergern verurteilten und in Sachsenhausen inhaftierten Karin-Rut Diederichs benannt werden. Zudem wurde eine zusätzliche Straßenbenennung nach einer weiteren SMT-Verurteilten in einem anderen Neubaugebiet ins Auge gefasst.[87]

Die Gedenkstättenstiftung kritisierte den Kompromissvorschlag. Die stellvertretende Leiterin der GuMS Astrid Ley erklärte: „Der jetzt vorliegende Beschlussentwurf missachtet die massive internationale Kritik gegen eine Ehrung Gisela Gneists und stellt einen neuerlichen Affront gegen KZ-Überlebende und deren Angehörige dar." Sollte der Vorschlag angenommen werden, werde nicht nur das Verhältnis zur GuMS und zum ISK „nachhaltig beschädigt [...], sondern auch der internationale Ruf der Stadt".[88] In einer ISK-Erklärung, die auch der Holocaust-Überlebende Edgar Frischmann unterzeichnete, hieß es: „Die in der Presse zitierte Aussage des Stadtverordnetenvorstehers Dirk Blettermann – ‚Uns allen ist, glaube ich, absolut bewusst, dass wir dieses ganze Thema der Straßenbenennung nun zu einem guten Ende bringen und abschließen wollen' – wird von uns nicht als Handreichung zum Kompromiss, sondern eher als gewollte Brüskierung empfunden". Die Annah-

Enrico Heitzer

Opfer des Stalinismus trifft auf DDR-Bürgermeisterin: Straßenschilder der „Gisela-Gneist-Straße" und der „Hildegard-Busse-Straße" im Aderluch/Oranienburg, April 2023. Fotograf: Enrico Heitzer.

me würde „jegliche künftige konstruktive Zusammenarbeit mit den Repräsentanten der Stadt grundsätzlich in Frage stellen".[89] Und der „Tagesspiegel" meinte, dass die Stadt den Konflikt verschärft habe und sich „auf dünnem Eis" bewege. Das Gutachten habe gezeigt, dass Gneist „kein Problem mit Rechtsextremisten hatte, ins Verschwörungstheoretische und Antisemitische abgeglitten" sei. „Erst jetzt versuchen die Stadtverordneten, das Problem zu lösen. […] Doch ein gutes Ende ist nicht in Sicht."[90] Tatsächlich scheiterte der Kompromissvorschlag in der SVV am 21. Februar 2022 und der ursprüngliche Beschluss einer Straßenbenennung nach Gisela Gneist im Aderluch blieb bestehen.[91] Das Ergebnis traf auf Unverständnis,[92] aber auch die Kritik des ISK und des Zentralrats änderten nichts mehr.[93]

Schluss

Im Oktober 2022 wurde das Straßenschild installiert, im November zogen die ersten Bewohner in die Gisela-Gneist-Straße.[94] Das Wohngebiet ist zu einer begehrten Adresse geworden, die Nachfrage war enorm.[95] Ein paar Wochen zuvor war in Kooperation mit der Gedenkstätte eine Stele aufgestellt worden, die über das KZ-Außenkommando informiert.[96] Der Flurschaden ist trotzdem groß. Der Konflikt habe, so Drecoll, „zu erheblichen Verwerfungen geführt und Misstrauen geschürt".[97] Dem Autor ist denn auch kein memorialpolitischer Konflikt der letzten Jahre bekannt, in dem die Einsprüche von NS-Opferverbänden und aus der Wissenschaft sowie Interventionen von jüdischen Organisationen, ausländischen Botschaftern, der evangelischen Landeskirche, Politiker:innen oder lokalen zivilgesellschaftlichen Akteuren derart beiseitegewischt worden wären.

Man sollte Gneist wegen ihres Einsatzes als BDM-Führerin nicht zum unverbesserlichen „Nazi-Jungmädel"[98] machen. Ob man aber von „Wittenberger Demokraten" sprechen kann, darf ebenfalls bezweifelt werden. Einer solchen Bewertung steht entgegen, dass zu der 1945 gegründeten Gruppe mehrere Personen zählten, die kurz zuvor noch der NSDAP oder gar der Waffen-SS angehört hatten. Gneists Äußerungen und Wirken als Vorsitzende der AGLS zeigen zudem, dass sie neben ihrer Leidensgeschichte auch eine memorialpolitische Agenda vorantrieb. Diese ist zum Teil am geschichtsrevisionistischen rechten Rand verortbar. Es war nicht eine vermeintliche Zurückweisung durch andere, sondern eine bewusst gewählte rechtsoffene Position, die Gneist in Verbindung mit teilweise fragwürdigen Personen brachte. Dazu dürfte die unzulängliche Reflexion der eigenen Sozialisation im „Dritten Reich" den Grundstein gelegt haben.

Die Entscheidung der Stadt ist deshalb verfehlt. Wenn eine Straße nach ehemaligen Speziallagerinhaftierten benannt werden soll, ist Gneist eine der wohl denkbar ungünstigsten Kandidatinnen. Es stellt sich die Frage, ob in solchen Entscheidungen nicht auch die defizitäre Aufarbeitung des Nationalsozialismus in den neuen Bundesländern ihren Niederschlag findet.[99] Morsch schrieb, dass „nach 1990 die Enttabuisierung der Geschichte des sowjetischen Speziallagers […] und das dabei vielfach verwendete Narrativ der sogenannten zweifachen Vergangenheit Sachsenhausens" eine „Entlastungsfunktion gerade auch für Oranienburg und seine Bevölkerung" geboten habe.[100]

In ganz Deutschland ist die Sensibilität bei Straßenbenennungen stark gewachsen. Es wird derzeit vielfach über die Umbenennung von Straßennamen oder die Demontage oder Kommentierung von Gedenkzeichen für Personen diskutiert, die etwa antisemitisch in Erscheinung getreten sind. Und in Oranienburg? Hier handelten Lokalpolitiker gegen diesen allgemeinen Trend und setzten einer umstrittenen Aktivistin an einem denkbar ungeeigneten Ort gegen eine Welle des Protests aus dem In- und Ausland ein fragwürdiges Denkmal.

Anmerkungen

1 https://www.bonava.de/immobilien/berlin/oranienburg/aderluch, letzter Zugriff: 21. Juni 2023.
2 Siehe Beattie, Andrew H.: Allied Internment Camps in Occupied Germany. Extrajudicial Detention in the Name of Denazification, 1945–1950, Cambridge 2020; Landau, Julia/Heitzer, Enrico (Hg.): Zwischen Entnazifizierung und Besatzungspolitik. Die sowjetischen Speziallager 1945–1950 im Kontext, Göttingen 2021 (= Buchenwald und Mittelbau-Dora. Forschungen und Reflexionen 2).
3 Morsch, Günter: Oranienburg und die Gedenkstätte Sachsenhausen: Konfrontationen, Leitbilder und Interessenkonflikte nach der deutschen Einheit, in: Seferens, Horst (Hg.): Schwierige Nachbarschaft? Das Verhältnis deutscher Städte zu „ihren" Konzentrationslagern vor und nach 1945, Berlin 2018, S. 157–172, hier S. 167 (= Forschungsbeiträge und Materialien der Stiftung Brandenburgische Gedenkstätten 23).
4 Siehe Bästlein, Klaus: Hubertus Knabe und die Gedenkstätte Hohenschönhausen, in: Ders./Heitzer, Enrico/Kahane, Anetta (Hg.): Der rechte Rand der DDR-Aufarbeitung, Berlin 2022, S. 153–168, hier S. 164–165.
5 Vgl. Erinnerung: Vor zehn Jahren starb Gisela Gneist, online: https://17juni1953.wordpress.com/2017/03/15/erinnerung-vor-zehn-jahren-starb-gisela-gneist/, letzter Zugriff: 16. April 2023.
6 Straßennamen im Aderluch. Stadt Oranienburg – Beschlussvorlage des Bürgermeisters, 20. Juni 2020, online: https://spd-oranienburg.de/wp-content/uploads/2021/01/200622-Beschlussvorlage-Strassenbenennung-Aderluch.pdf, letzter Zugriff: 21. Juni 2023.
7 Vgl. NSDAP-Zentralkartei, BArch R 9361-VIII KARTEI 6640204.
8 Vgl. BArch-Kartei der Abt. K5 der Deutschen Verwaltung des Innern zu Entnazifizierungsmaßnahmen in der SBZ.
9 Vgl. KgU-Protokoll G. M., 23. Februar 1955, BArch B 289 (Kampfgruppe gegen Unmenschlichkeit), VA 1181/22/12.
10 Vgl. KgU-Protokoll H. K., 5. März 1952, ebd.
11 Vgl. Gneist, Gisela: Die meisten Schülerinnen und Schüler kamen um, in: Zander, Ernst (Hg.): Jugend hinter Stachel-

12 Vgl. zur Biografie von Schulz: Weigelt, Andreas u. a. (Hg.): Todesurteile sowjetischer Militärtribunale gegen Deutsche (1944–1947). Eine historisch-biografische Studie. Kurzbiographien, Göttingen 2015, S. 637–638 (= Schriften des HAIT 56); Gründung einer „Deutschnationalen Demokratischen Partei" in Wittenberge, ca. 1991, Archiv Gedenkstätte und Museum Sachsenhausen (AGS) P5, K. H.

draht und danach. Bautzen, Buchenwald, Jamlitz, Ketschendorf, Mühlberg, Sachsenhausen, Waldheim, München 2012, S. 109–119, hier S. 109.

13 KgU-Protokoll H. K., 5. März 1952, BArch B 289 VA 1181/22/12.
14 Weigelt, Andreas: Fallgruppenübersicht und Erschließungsregister – Leitfaden für die biographische Dokumentation, in: ders. u. a. (Hg.): Todesurteile sowjetischer Militärtribunale, S. 159–416, hier S. 406–407.
15 Vgl. Interview mit Gisela Gneist, Sammlungen United States Holocaust Museum, 31. Mai 2001, online: https://collections.ushmm.org/search/catalog/irn509713, letzter Zugriff: 15. Juli 2023.
16 Vgl. Voelkner, Hans/Voelkner, Rosemarie (Hg.): Unschuldig in Stalins Hand. Briefe, Berichte, Notizen, Berlin 1990, S. 105–112; Heydemann, Günther/Gneist, Gisela (Hg.): „Allenfalls kommt man für ein halbes Jahr in ein Umschulungslager …". Nachkriegsunrecht an Wittenberger Jugendlichen, Leipzig 2002 (überarbeitete und erweiterte Neuauflage des 1998 unter gleichem Titel von Rocco Räbiger herausgegebenen Bandes); Kilian, Achim: Die Häftlinge in den sowjetischen Spezallagern der Jahre 1945–1950: Zusammenfassung des derzeitigen Kenntnisstandes hinsichtlich Zahl, Verbleib und Zusammensetzung nach Internierungsgründen, in: Deutscher Bundestag (Hg.): Materialien der Enquete-Kommission „Überwindung der Folgen der SED-Diktatur im Prozeß der deutschen Einheit". Bd. VI: Gesamtdeutsche Formen der Erinnerung an die beiden deutschen Diktaturen und ihre Opfer: Archive, Baden Baden 1999, S. 430–432; aber auch das in einem rechtsextremen Verlag erschienene: Matz-Donath, Annerose: Die Spur der roten Sphinx. Deutsche Frauen vor sowjetischen Militärtribunalen, Schnellbach 2000, S. 209 f., 394–402, XXV–XXVIII.
17 Klaus, Reinhard: Gedanken zum Gedenken: zur Einweihung eines neuen Gedenkkreuzes in Sachsenhausen, in: Der Stacheldraht 4/2017, S. 12–13; Sachse, Christian: Stellungnahme zum Gutachten „Gisela Gneist" nach 1989/90, Berlin, 2. Dezember 2021, S. 6, online: https://www.uokg.de/2021/12/streit-um-strassennamen-2-2/, letzter Zugriff: 31. Oktober 2022.
18 KgU-Protokoll G. M., 23. Februar 1955, BArch B 289 VA 1181/22/12.
19 Vgl. NSDAP-Zentralkartei; BArch R 9361-VIII Kartei/3341315.
20 Vgl. Entnazifizierungsbescheid Bolde, Landeshauptarchiv Koblenz, Best. 856, Nr. 281449.
21 Zu Schoof siehe Weigelt u. a. (Hg.): Todesurteile sowjetischer Militärtribunale, S. 628.
22 Vgl. NSDAP-Zentralkartei, BArch R 9361-VIII Kartei/20870739.
23 Vgl. Sippenakte des SS-Rasse- und Siedlungshauptamtes, BArch R 9361-III/183768.
24 Vgl. Sowjet-Inhaftierte protestieren gegen Verniedlichung, in: Junge Freiheit, 20. Mai 1994; Der rote Terror in der SBZ war geplant, in: Junge Freiheit, 7. Juli 1995.
25 Aufruf Aktionskreis Opfer kommunistischer Gewalt, 4. Mai 1994, AS Bestand Waldheimer Prozesse.
26 Vgl. Brief von Gerhard Finn an Gisela Gneist, 10. Oktober 1994, Buchenwaldarchiv, Nachlass Gerhard Finn, unpag.
27 Vgl. Sachse, Christian: 20 Jahre Union der Opferverbände kommunistischer Gewaltherrschaft e. V. Rückblick und Ausblick, Berlin 2012, S. 47.
28 Vgl. Gneist, Gisela: Die Verbrechen der Sowjets in Sachsenhausen werden verharmlost, in: Hilferufe von drüben 16 (1996) 4, S. 19.
29 Vgl. zum Begriff der „Historical Correctness", der „häufig" der Solidarisierung „mit Revisionisten, ohne deren Thesen nachweislich zu übernehmen", diene, Pfeiffer, Thomas: Die Kultur als Machtfrage. Die Neue Rechte in Deutschland, Düsseldorf ²2004, S. 81.
30 Schreiben von Gisela Gneist an Günter Morsch, 4. April 2002, AGS P5 Gneist, Gisela.
31 Vgl. Haustein, Petra: Geschichte im Dissens. Die Auseinandersetzungen um die Gedenkstätte Sachsenhausen nach dem Ende der DDR, Leipzig 2006, S. 333–337.

32 Vgl. Nazi-gate gjennom tidligere konsentrasjonsleir, in: Nettavisen, 5. Dezember 2021; „Amicale Sachsenhausen" erinnert an KZ-Opfer, in: Luxemburger Tageblatt, 7. Februar 2022; Straße des Anstoßes, in: Luxemburger Wort, 11. Januar 2022, S. 2–3; Gefangene des sowjetischen Lagers, in: Neues Deutschland, 21. Dezember 2021.
33 Vgl. Schirmer, Gerhart: Sachsenhausen – Workuta. Zehn Jahre in den Fängen der Sowjets, Tübingen 1992.
34 Vgl. Morsch, Günter: Tötungen durch Giftgas im Konzentrationslager Sachsenhausen, in: ders./Perz, Bertrand (Hg.): Neue Studien zu nationalsozialistischen Massentötungen durch Giftgas, Berlin 2010, S. 260–276.
35 Gespräch des Autors mit Günter Morsch, 22. November 2022.
36 Die Massenmorde in den Sowjet-KZ nicht „bagatellisieren", in: Märkische Oderzeitung, 6. Juni 2001.
37 Siehe dazu Weinke, Annette: Nachkriegsbiographien brandenburgischer „Euthanasie"-Ärzte und Sterilisationsexperten. Kontinuitäten und Brüche, in: Rose, Wolfgang: Anstaltspsychiatrie in der DDR. Die brandenburgischen Kliniken zwischen 1945 und 1990, Berlin 2005, S. 179–244, hier S. 223–225; Müller, Klaus-Dieter: Justizielle Aufarbeitung von ‚Euthanasie'-Verbrechen nach dem Zweiten Weltkrieg und heute. Das Beispiel Hans Heinze (1895–1983), in: Haase, Norbert/Böhm, Boris (Hg.): Täterschaft – Strafverfolgung – Schuldentlastung. Ärztebiographien zwischen nationalsozialistischer Gewaltherrschaft und deutscher Nachkriegsgeschichte, Leipzig 2007, S. 63–92.
38 Vgl. Erklärung von Günter Morsch, 21. Dezember 2021.
39 Gemeinsame Erklärung, 26. Juni 2003, Archiv Sachsenhausen (AS) 2-12/2.
40 Schreiben von Gisela Gneist an Norbert Haase, Volkhard Knigge, Günter Morsch, Lutz Niethammer und Alexander von Plato, 6. August 2003, AS 2-12/2.
41 Vgl. Mittrup, Theo: AG Lager Sachsenhausen. Gedenkfeier und Mitgliederversammlung, in: Der Stacheldraht 8/2003, S. 6–7.
42 Vgl. Aufruf der Generale, in: Junge Freiheit, 22. April 2005.
43 Abgedruckt in Frankfurter Allgemeine Zeitung, 27. April 2005.
44 Zu Schacht vgl. Heitzer, Enrico: Rechtspopulistische Kontexte in Aufarbeitung und Opferverbänden. Was den Rechtspopulismus im Bereich der Aufarbeitung des Unrechts in der Nachkriegszeit und der DDR begünstigte. Ein Debattenbeitrag, in: Heute und Gestern (H-und-G.info), 15. August 2021, online: http://h-und-g.info/forum/schwerpunkt-rechtspopulismus/heitzer, letzter Zugriff: 14. Februar 2022.
45 Halbseitig gelähmt, in: Junge Freiheit, 19. August 2005.
46 Vgl. Eklat um Gedenkfeier in Sachsenhausen, in: Berliner Zeitung, 16. August 2005; Hatz gegen 68er, in: taz, 15. August 2005.
47 Vgl. Danke!, in: Junge Freiheit, 17. Februar 2006.
48 Vgl. Presseerklärung, 15. August 2006, AS 2-12/2.
49 Vgl. Übersichten „Die Republikaner" des Bundeswahlleiters, Stand 5. Dezember 2001, 8. August 2002, 29. Januar 2003 und 20. März 2006.
50 Vgl. Sachsenhausen-Streit vorläufig beigelegt, in: Lausitzer Rundschau, 31. August 2006.
51 Presseinformation der SBG, 20/2022, 9. Juni 2020.
52 Vgl. Vorschlag abgelehnt, in: Oranienburger General-Anzeiger, 20. Juni 2020.
53 Zit. nach: Ärger um Straßennamen, in: Märkische Oderzeitung, 24. Juni 2020.
54 Schreiben des UOKG-Bundesvorsitzenden Dieter Dombrowski an den Oranienburger Bürgermeister und die SVV, 12. Juni 2020.
55 Vgl. https://www.openpetition.de/petition/blog/strassenbenennung-im-aderluch-nur-im-einvernehmen-mit-den-ueberlebenden-des-kz-sachsenhausen, letzter Zugriff: 15. Juni 2023.
56 Vgl. Stadtverordnete: Umstrittene Straßennamen in Oranienburg beschlossen, in: Märkische Oderzeitung, 23. Juni 2020.
57 Vgl. Conflict Over Street Names Near the Former Sachsenhausen Camp, in: Memoria 33 (2020) 6, S. 24–25.
58 Vgl. Kulturministerin fordert neuen Beschluss zu Aderluch, in: Oranienburger General-Anzeiger, 3. Juli 2020.
59 Bajohr, Frank/Wentker, Hermann: Gisela Gneist und die Erinnerungskultur nach 1989/90. Gutachten des Instituts für Zeitgeschichte München-Berlin, 10. November 2021, online:

59 https://www.sachsenhausen-sbg.de/fileadmin/user_upload/Gedenkstaetten/Stiftung/Pressemitteilungen/2021/PDF/IfZ_Gutachten_Gneist.pdf, letzter Zugriff: 6. Dezember 2021.
60 Vgl. IfZ-Gutachten unterstreicht Kritik an Straßenbenennung in Oranienburg, GuMS, 1. Dezember 2021, online: https://www.sachsenhausen-sbg.de/meldungen/ifz-gutachten-ueber-gisela-gneist-unterstreicht-kritik-an-strassenbenennung-in-oranienburg/, letzter Zugriff: 6. Dezember 2021.
61 Der Bürgermeister der Stadt Oranienburg, Pressemitteilung 143/2021, 29. November 2021.
62 Vgl. Krikowski, Stefan: Die Verunglimpfung von Gegnern der kommunistischen Diktatur – aktuell im „Tagesspiegel" und im ND, in: vera-lengsfeld.de, 7. Dezember 2021, online: https://vera-lengsfeld.de/2021/12/07/die-verunglimpfung-von-gegnern-der-kommunistischen-diktatur-aktuell-im-tagesspiegel-und-im-nd/, letzter Zugriff: 7. Dezember 2021.
63 Vgl. Krikowski, Stefan: Die Verunglimpfung von Gegnern der kommunistischen Diktatur, in: Jihad Watch Deutschland, 7. Dezember 2021, online: https://medforth.org/die-verunglimpfung-von-gegnern-der-kommunistischen-diktatur-aktuell-im-tagesspiegel-und-im-nd/, letzter Zugriff: 20. Dezember 2021.
64 Störung der Totenruhe. Antifa-Hass gegen verstorbenes Opfer des Stalinismus, in: Hohenecker Bote, 4. Dezember 2021, online: https://redaktionhoheneckerbote.wordpress.com/2021/12/04/storung-der-totenruhe-antifa-hass-gegen-verstorbenes-opfer-des-stalinismus/, letzter Zugriff: 6. Dezember 2021.
65 Sachse: Stellungnahme zum Gutachten „Gisela Gneist" nach 1989/90.
66 Per E-Mail versandte Stellungnahme von Alexander Latotzky, 18. Dezember 2021.
67 Ebd.
68 Vgl. Gespräch mit Günter Morsch, 22. November 2022; siehe auch ders,: Gedenkstätte und Museum Sachsenhausen. Von der Baugeschichte zum dezentralen Gesamtkonzept, von der Zielplanung zur Realisierung. Stationen und Umwege eines geradlinigen Entwicklungskonzepts, in: ders./Horst Seferens (Hg.), Gestaltete Erinnerung. 25 Jahre Bauen in der Stiftung Brandenburgische Gedenkstätten 1993–2018, Berlin 2020, S. 48–79.
69 Vgl. Ney, Thomas: Gisela Gneist (1930–2007) im Fokus erinnerungspolitischer Auseinandersetzungen, in: Zeitschrift des Forschungsverbundes SED-Staat (2021) 48, S. 60–69.
70 Ebd., S. 65.
71 Sachse: Stellungnahme zum Gutachten „Gisela Gneist" nach 1989/90.
72 Vgl. Heitzer, Enrico: Rechte Tendenzen in der Aufarbeitung von SBZ und DDR. Ein unvollständiger Überblick, in: Bästlein/Heitzer/Kahane (Hg.): Der rechte Rand der DDR-Aufarbeitung, S. 23–44, hier S. 28–30.
73 Vgl. Ney: Gisela Gneist, S. 60.
74 Vgl. Jetzt diskutieren Frauen, in: Oranienburger General-Anzeiger, 17. Dezember 2021; Aufzeichnung der Diskussion vom 20. Dezember 2021: https://vimeo.com/658809115, letzter Zugriff: 24. November 2023.
75 Lutz, Thomas: Leserbrief: Geisteshaltung kleingeredet, in: Oranienburger General-Anzeiger, 31. Dezember 2021.
76 Vgl. ISK kritisiert Debatte, in: Märkische Allgemeine Zeitung – Neues Granseer Tageblatt, 10. Januar 2022.
77 Zentralrat der Juden gegen neuen Straßennamen, in: Jüdische Allgemeine, 19. Januar 2022.
78 Vgl. Stellungnahme der Jüdischen Gemeinde Oranienburg und von Hans Biereigel, Februar 2022.
79 Vgl. Botschafter schaltet sich ein, in: Oranienburger General-Anzeiger, 11. Januar 2022.
80 Vgl. Evangelische Kirche gegen Umbenennung in „Gneiststraße", in: ekbo.de, 30. Januar 2022, online: https://www.ekbo.de/themen/detail/nachricht/evangelische-kirche-gegen-gneist-strassenbenennung-in-oranienburg.html, letzter Zugriff: 31. Januar 2022.
81 Vgl. Forum gegen Rassismus und rechte Gewalt Oranienburg: Ein Appell gegen die Benennung der Straße am Aderluch nach Gisela Gneist, 24. Januar 2022, online: https://www.facebook.com/ForumOranienburg/posts/5523474391012307, letzter Zugriff: 15. Juli 2023.
82 Oranienburger bleiben stur, in: taz, 24. Januar 2022.
83 Wenn ein Name zur Last wird, in: Oranienburger General-Anzeiger, 12. Februar 2022.

84 Vgl. Streit um Straßenname, in: moz.de, 15. Februar 2022, online: https://www.moz.de/lokales/oranienburg/streit-um-strassenname-kompromiss-um-gisela-gneist-strasse-in-oranienburg-gefunden-62689429.html, letzter Zugriff: 17. Februar 2022.
85 Gneist-Kreisel wäre absurd, in: Oranienburger General-Anzeiger, 29. Januar 2022.
86 Vgl. Gisela-Gneist-Straße soll nicht im Aderluch vorkommen, in: Märkische Allgemeine Zeitung, 17. Februar 2022; Fünf Fraktionen einigen sich auf Kompromiss, in: Oranienburger General-Anzeiger, 17. Februar 2022.
87 Vgl. Diese beiden Frauen sollen geehrt werden, in: Oranienburger General-Anzeiger, 21. Februar 2022.
88 Presseerklärung der SBG, 10/2022, 17. Februar 2022, online: https://www.sachsenhausen-sbg.de/presse/presseinformationen/10-2022-gedenkstaettenstiftung-beschlussvorschlag-zu-strassenbenennungen-in-oranienburg-ist-ein-neuerlicher-affront/, letzter Zugriff: 15. Juli 2023.
89 Ein Affront ohnegleichen! Stellungnahme des ISK, 17. Februar 2022.
90 Vergessen: Oranienburg verschärft im Streit um Straßennamen den Konflikt mit KZ-Opfern und Gedenkstätte, in: Der Tagesspiegel, 21. Februar 2022.
91 Vgl. Anträge zurückgezogen oder abgelehnt, in: Märkische Allgemeine Zeitung, 23. Februar 2022.
92 Vgl. Tietsche, Frank: Leserbrief: Gisela-Gneist-Straße: Schaden für die Stadt, in: Märkische Allgemeine Zeitung, 28. Februar 2022.
93 Vgl. Empörung und Unverständnis, in: Märkische Allgemeine, 25. Februar 2022; Zentralrat der Juden übt erneut Kritik, in: Märkische Allgemeine Zeitung, 21. Februar 2022; Beschluss für Gneist-Straße in Oranienburg bleibt bestehen, in: Jüdische Allgemeine, 22. Februar 2022.
94 Vgl. Erste Bewohner in der neuen Gisela-Gneist-Straße, in: Oranienburger General-Anzeiger, 11. November 2022.
95 Vgl. Teurer Traum vom Eigenheim, in: Oranienburger General-Anzeiger, 12. November 2022.
96 Vgl. Auch Kinder arbeiteten im Zeppelinlager, in: Oranienburger General-Anzeiger, 2. September 2022.
97 Interview Axel Drecoll, in: Oranienburger General-Anzeiger, 11. April 2023.
98 Straße nach Nazi-Jungmädel benannt, in: Neues Deutschland, 30. November 2021.
99 Vgl. Siehe dazu Heitzer, Enrico/Jander, Martin/Kahane, Anetta u. a. (Hg.): Nach Auschwitz: Schwieriges Erbe DDR. Plädoyer für einen Paradigmenwechsel in der DDR-Zeitgeschichtsforschung, Frankfurt (Main) ²2021.
100 Morsch: Oranienburg und die Gedenkstätte Sachsenhausen, S. 157.

Erinnerungszeichen am „Waldheim-Ehrengrab" auf dem Chemnitzer Zentralfriedhof, November 2020, Gedenkstätte Buchenwald, Fotograf: Franz Waurig.

Julia Landau

„STÄRKSTES UNRECHT"?

Das Ehrengrab für die in Waldheim und Hoheneck Verstorbenen auf dem Chemnitzer Zentralfriedhof

Erinnerungszeichen für Waldheim-Verstorbene in Chemnitz seit 1993

„Das Recht des Stärksten ist das stärkste Unrecht" – unter diesem Zitat der Dichterin Marie Ebner-Eschenbach weihte die Vereinigung der Opfer des Stalinismus (VOS) am 28. Februar 2019 am Ehrengrab im Urnenhain des Chemnitzer Zentralfriedhofs eine Gedenkplatte ein.[1] Eine seitlich angebrachte Platte informiert über deren Entstehungskontext: „Diese Maßnahme wurde finanziert durch die Stiftung Sächsische Gedenkstätten aus Steuermitteln auf der Grundlage des von den Abgeordneten des sächsischen Landtags beschlossenen Haushaltes."[2] In die Metallplatte, schräg angebracht auf einem rötlichen Granitstein, sind die Namen von insgesamt 136 Verstorbenen mit goldener Schrift eingraviert. Es handelt sich um 111 Männer, die in der Haftanstalt Waldheim, sowie um 22 Frauen, die in der Haftanstalt Stollberg/Hoheneck verstorben sind, und um drei Kinder, deren Sterbeort nicht angegeben ist. Sie alle waren nach der Auflösung der sowjetischen Speziallager 1950 in die Gefängnisse in Waldheim und Hoheneck überstellt worden und an den Folgen der katastrophalen Lebensbedingungen in der Haft verstorben. Der 2019 eingeweihte Gedenkstein ist neben einer größeren Grabanlage mit einem in den Boden eingelassenen Gedenkstein aufgestellt. Diese war im Gedenken an die in Waldheim und Hoheneck verstorbenen Speziallagerinsassen bereits am 2. Oktober 1993 eingeweiht worden, damals jedoch ohne namentliche Nennung der Opfer. Dieser Gedenkstein ist mit der Inschrift „Den Opfern der stalinistischen Gewaltherrschaft / von Waldheim und Hoheneck / 1950–1956" versehen.[3] Auch er trägt einleitend die Verszeilen der österreichischen Dichterin Ebner-Eschenbach.

Was sind die Hintergründe des 1993 eingeweihten Erinnerungszeichens? An wen und auf welche Weise, mit welchen symbolischen und sprachlichen Implikationen wird hier erinnert? Weshalb erschien es notwendig, 2019 eine Erneuerung und Ergänzung der bestehenden Grabanlage vorzunehmen?

Im Folgenden wird den erinnerungskulturellen Praktiken im Umfeld der Denkmalsetzungen und der 26 Jahre später erfolgten Erweiterung nachgespürt. Es zeigt sich, dass verschiedene politische Bedingungen wie auch individuelle Motivlagen der beteiligten Akteure die Denkmalsetzungen in ihrer jeweiligen Gestaltung und Ausführung beeinflussten.

Die „Waldheim-Initiative" um Benno Prieß und die Gedenksteine in Döbeln, Waldheim und Chemnitz

Die 1993 in Chemnitz eingeweihte Grabanlage ging auf die Initiative von ehemaligen Insassen sowjetischer Speziallager und der DDR-Haftanstalten Waldheim und Hoheneck zurück. Besonders aktiv hatte sich Benno Prieß (1928–2015) für die Denkmalsetzungen eingesetzt. Prieß selbst war als junger Mann fast acht Jahre in den Speziallagern Torgau, Bautzen, kurzzeitig in der Sowjetunion, im Speziallager Sachsenhausen und in den Strafvollzugsanstalten Torgau und Waldheim inhaftiert gewesen.[4] In den 1990er Jahren leitete er als Vorsitzender den Waldheim-Kameradschaftskreis, eine Organisation ehemaliger Insassen. Sie waren nach der sowjetischen Inhaftierung in den Speziallagern Buchenwald, Sachsenhausen und Bautzen in den Waldheimer Prozessen 1950 verurteilt worden. Innerhalb eines Jahres erreichte Prieß, dass an drei Orten Gedenksteine für zum Tode verurteilte oder in Haft umgekommene Gefangene gesetzt wurden: in Döbeln, wo die in Waldheim Verstorbenen kremiert worden waren, in Waldheim und auf dem oben beschriebenen Städtischen Friedhof in Chemnitz. Zu Jahresbeginn 1992 war auf dem Gelände des ehemaligen Krematoriums in Döbeln eine Grablage mit 450 Urnen der sterblichen Überreste ehemaliger Waldheim-Insassen aufgefunden worden, darunter auch von 24 Häftlingen, die in den Waldheimer Prozessen zum Tode verurteilt und anschließend hingerichtet worden waren. Innerhalb kurzer Zeit konnte Benno Prieß mit der von ihm gegründeten „Waldheim-Initiative" erreichen, dass den anonym beigesetzten Toten in Döbeln ein Gedenkstein gesetzt wurde. Die Initiative erhielt Spenden der Städte Unna/Westfalen, Heidenheim, Waldheim und Döbeln sowie von ehemaligen Häftlingen und deren Angehörigen. Bereits am 2. Mai 1992 wurde in Döbeln während eines mehrtägigen „Waldheim-Treffens" ein Stein eingeweiht, der die Inschrift trägt: „Gut ist Leben erhalten. / Böse ist Leben / vernichten. / Albert Schweitzer / Den Opfern / von Diktatur / und Gewalt".[5]

Bei seinen Nachforschungen zu den Häftlingen der Strafvollzugsanstalt Waldheim erhielt Benno Prieß auch Einblick in die Totenlisten.[6] Mithilfe der Chemnitzer Friedhofsverwaltung konnte er rekonstruieren, dass zu DDR-Zeiten die Asche von (mindestens) 125 verstorbenen Häftlingen aus Waldheim (und Hoheneck) auf dem Städtischen Zentralfriedhof in Chemnitz anonym beigesetzt worden war. Prieß nahm im Juli 1992 Kontakt zur Chemnitzer Stadtverwaltung auf, um seine Pläne einer weiteren „würdigen Gedenkstätte" zu umreißen. Er legte seinem Brief an den Oberbürgermeister auch eine handschriftliche Liste mit den genauen Namen, Geburts- und Sterbedaten, Daten der Einäscherung und der Grablage bei. Eine Kopie des Briefes ging dem Chemnitzer Bundestagsabgeordneten Rudolf Meinl

Brief von Benno Prieß an den Chemnitzer Oberbürgermeister Joachim Pilz (CDU), 15. Juli 1992. Bundesstiftung Aufarbeitung, Nachlass Benno Prieß, Auszug aus der Akte 48.

zu, was dem Anliegen weitere Dringlichkeit verlieh.[7] Am 2. Oktober 1993 wurden schließlich zwei weitere Gedenktafeln für Verstorbene der Gefängnisse Waldheim und Hoheneck eingeweiht: Vormittags wurde die Gedenktafel im Urnenhain des Chemnitzer Zentralfriedhofs der Öffentlichkeit übergeben, am Nachmittag eine weitere Tafel auf dem Beamtenfriedhof der Justizvollzugsanstalt Waldheim. Dieser Stein, der das Grab von 120 verstorbenen Häftlingen kennzeichnet, ging auf eine gemeinsame Initiative des Waldheim-Kameradschaftskreises, der örtlichen Stadtverwaltung und der VOS-Bezirksgruppe Döbeln zurück. Er trägt die Inschrift: „Den / unschuldigen Opfern / der stalinistisch- / kommunistischen / Gewaltherrschaft / im / Zuchthaus Waldheim /1950–1954".[8]

Eingeladen zu diesen Denkmalsetzungen hatte erneut Benno Prieß in seiner Eigenschaft als Vorsitzender des Waldheim-Kameradschaft-Kreises. In der VOS-Verbandszeitung „Freiheitsglocke" rief er zu breiter Teilnahme auf, um an den neu eingeweihten Erinnerungsstätten „aller unschuldigen Opfer der stalinistischen-kommunistischen Gewaltherrschaft" zu gedenken, „die nach dem Krieg in den elf Speziallagern der sowjetischen Besatzungsmacht umgekommen sind."[9] Benno Prieß sah sich auch aufgrund seiner eigenen Erfahrungen als Überlebender in der Pflicht, den „verstorbenen Kameradinnen und Kameraden ein ‚sichtbares Zeichen' zu setzen".[10] Dabei ging es ihm auch darum, eine möglichst breite öffentliche Wirkung zu erzielen: „Mit einer großen Teilnehmerzahl können wir der Öffentlichkeit und den Politikern zeigen, dass die Opfer der kommunistischen Gewaltherrschaft nicht vergessen sind."[11]

Tatsächlich nahmen zahlreiche Menschen an den Gedenkfeiern teil, unter ihnen Vertreter der sächsischen Landesregierung. Auf dem Chemnitzer Friedhof befand sich unter den insgesamt 300 Anwesenden auch Claus-Peter Kindermann, Ministerialdirigent im sächsischen Justizministerium. In Vertretung des Justizministers richtete er seine Worte an die Betroffenen: „Wir gedenken heute und an dieser Stelle der Opfer, die die stalinistische Terrorjustiz in diesem Teil unseres nun wiedervereinigten Landes gefordert hat."[12] Mit dieser Anrede verband sich zweierlei: zum einen der Blick in die negative Vergangenheit, verbunden mit der Hinwendung an die Betroffenen, die Opfer einer eindeutig als „Terrorjustiz" gekennzeichneten Justizpraxis geworden waren, und zum anderen der Blick in eine positive Gegenwart und Zukunft, in der der Opfer in dem „nun wiedervereinigten Land" gedacht werden sollte.

Der Begriff „Terrorjustiz"

Mit der Bezeichnung als „stalinistische Terrorjustiz" rückte der Redner die DDR-Verfahren des Landgerichts Chemnitz im Zuchthaus Waldheim 1950 sprachlich in die Nähe der gemeinhin als Terrorjustiz bezeichneten Justizpraxis des NS-Volksgerichtshofes. Diesen Vergleich zog auch der Bundesvorsitzende der VOS, Richard Knöchel, in seiner Ansprache am 2. Oktober 1993 in Chemnitz:

> Waldheim zeigte der Welt die moralisch menschliche Verkommenheit einer Richterschaft, deren Urteile denen des ehemaligen Volksgerichtshofes der Nazis in keiner Weise nachstanden.[13]

Die Richter des Volksgerichtshofs hatten von 1934 bis 1945 mehr als 16.700 Urteile gefällt und 5200 Menschen aufgrund von vermeintlichem Staatsverrat (u. a. bei vermuteter Wehrdienstverweigerung und Sabotage) zum Tode verurteilt.[14] Der Begriff „Terrorjustiz" führt jedoch in die Irre, da er eine gesellschaftliche Externalisierung der Gerichtsverfahren bedeutet, obwohl diese durch die zahlreichen Denunziationen bzw. Hinweise aus der Bevölkerung eng mit der Gesellschaft verknüpft waren. Abgesehen von der begrifflichen Gleichsetzung gab es einen Bezug zwischen den am Volksgerichtshof beschäftigten Staatsanwälten und Richtern und den Waldheimer Verfahren. In der BRD hatte sich nur einer der Richter und Staatsanwälte des nationalsozialistischen Volksgerichtshofes vor Gericht verantworten müssen.[15] Zwar gab es umfassende Ermittlungen der Westberliner Staatsanwaltschaft ab Ende der 1980er Jahre, unterstützt durch die DDR-Staatsanwaltschaft und Unterlagen aus dem NS-Archiv der Staatssicherheit, sie führten jedoch zu keiner Verurteilung. Ein letztes Ermittlungsverfahren wurde 1991 eingestellt.[16] In den nicht rechtsstaatlich geführten Waldheimer Prozessen waren – neben den Anwälten und Richtern des Reichsgerichts[17] – auch fünf Staatsanwälte und Richter des Volksgerichtshofes verurteilt worden, wie der aus dem Speziallager Buchenwald nach Waldheim überstellte Ernst Friedrich, seit 1942 Erster Staatsanwalt am Volksgerichtshof.[18] Zu einer 20-jährigen Haftstrafe verurteilt worden war Wilhelm Huhnstock, Oberstaatsanwalt am Volksgerichtshof, 1941 beteiligt am Verfahren gegen den Protektorats-Ministerpräsidenten Alois Eliáš.[19] Das Todesurteil gegen Dr. Kurt Naucke, bis 1945 Erster Staatsanwalt beim Generalstaatsanwalt in Prag und Anklagevertreter beim Volksgerichtshof, wurde in eine 25-jährige Haftstrafe umgewandelt. Nach einer vorfristigen Haftentlassung 1959 ließ sich Naucke in der Bundesrepublik nieder und war bis 1964 Erster Staatsanwalt in Hannover.[20] Der spätere Speziallagerinsasse Siegfried Lösche war bis 1937 am Volksgerichtshof als Untersuchungsrichter und von 1940 bis 1945 schließlich als Vorsitzender des Sondergerichts beim Landgericht I in Leipzig tätig gewesen. Er verstarb ein Jahr nach seiner Verurteilung in den Waldheimer Prozessen an einer Lungen-Tbc. Sein Name ist auf der 2019 eingeweihten Gedenktafel eingraviert.[21] Reichsanwalt Wilhelm Friedrich Klitzke, zuständig für vermeintliche Hochverratsdelikte von Deutschen und Österreichern, wurde zum Tode verurteilt und am 4. November 1950 hingerichtet. Er ist vermutlich anonym in Döbeln bestattet, sein Name wurde daher nicht auf der Gedenkplatte in Chemnitz aufgeführt.[22]

Fehlende Rechtsstaatlichkeit bei den Waldheimer Prozessen

Unabhängig von den verhandelten Vorwürfen gegenüber den Verurteilten ist unbestritten, dass die Waldheimer Verfahren keinen rechtsstaatlich akzeptablen Grundsätzen folgten.[23] Zahlreiche wissenschaftliche Forschungen und publizistische Beiträge deckten zu Beginn der 1990er Jahre die Missstände in der Prozessdurchführung auf und machten sie auch in der Öffentlichkeit bekannt. In seiner Gedenkrede am 2. Oktober 1993 stellte der sächsische Justizminister somit zu Recht heraus: „Aus den Berichten über die ‚Waldheimer Prozesse' wissen wir, dass bei diesen Verfahren weder eine ordnungsgemäße Beweisaufnahme durchgeführt wurde, noch die Angeklagten die geringste Gelegenheit hatten, sich zu verteidigen."[24] Neben der Kritik an den Verfahren stellte der Justizminister auch die Unverhältnismäßigkeit der Waldheimer Urteilspraxis heraus: „Die verhängten barbarischen Strafen – Todesurteile und lange Zuchthausstrafen – standen in keinerlei Verhältnis zu den gegen die Angeklagten erhobenen Vorwürfen."[25] Diese Aussage ist insofern bemerkenswert, da die in Rede stehenden Vorwürfe in der öffentlichen Diskussion kaum zur Sprache gekommen waren.[26]

Auch das 1992 verabschiedete „Gesetz zur Rehabilitierung und Entschädigung von Opfern rechtsstaatswidriger Verfolgungsmaßnahmen im Beitrittsgebiet" nannte die Waldheimer Prozesse explizit, um das Missverhältnis zwischen den „angeordneten Rechtsfolgen" und der „zugrunde liegenden Tat" zu verdeutlichen. Das auch „SED-Unrechtsbereinigungsgesetz" genannte Rehabilitierungsgesetz hielt fest: „Mit wesentlichen Grundsätzen einer freiheitlichen rechtsstaatlichen Ordnung unvereinbar sind die Entscheidungen des Landgerichts Chemnitz, Außenstelle Waldheim, aus dem Jahr 1950 (‚Waldheimer Prozesse')".[27] Die hier benannten Verfahrensverstöße und die Unverhältnismäßigkeit von Strafe und vermeintlicher oder tatsächlicher Schuld hatten auch in der Beurteilung der Waldheimer Prozesse in den Protokollen der Enquete-Kommission des Bundestags zur „Aufarbeitung von Geschichte und Folgen der SED-Diktatur in Deutschland" Eingang gefunden. In seiner Zusammenfassung der Forschungsergebnisse betonte Falco Werkentin, dass die neuen Erkenntnisse nach Auswertung der DDR-Archive „ohne

Wenn und Aber" die 1950 getroffene Feststellung des Bundesjustizministers und des Ministers für gesamtdeutsche Fragen bestätigten, „dass die Waldheimer Prozesse mit Rechtspflege nichts mehr zu tun haben, sondern einen Missbrauch der Justiz zur Tarnung politischen Terrors darstellen."[28] Werkentins Expertise für die Enquete-Kommission griff ebenfalls die Verbindung der Begriffe Terror und Justiz auf. Ähnlich wie in der Rede des Justizministers bei der Einweihung des Gedenksteins in Chemnitz verwendete er den Begriff „Opfer" in Bezug auf die in Waldheim verstorbenen oder zum Tode verurteilten Menschen: So seien die Waldheimer Urteile der „Beitrag der DDR-‚Justiz' zur Selbstlegitimation des zweiten deutschen Staates als des besseren, des konsequent antifaschistischen deutschen Teilstaates [gewesen], der bedenkenlos Menschen geopfert wurden".[29]

Im Unterschied zu einer substantivischen Verwendung des Opferbegriffs wurde hier das Verb „opfern" bzw. das Partizip „geopfert" verwendet. Dies impliziert eine eindeutige, mit einem ideologischen Ziel verbundene Täterschaft der für die Strafurteile verantwortlichen DDR-Justiz. Eine ähnliche Schlussfolgerung lässt sich auch aus der Rede des Justizministers ziehen, der die „Opfer" hervorhob, die die „stalinistische Terrorjustiz" gefordert habe. Hingegen verwendete Benno Prieß als selbst von langer Haft und Verurteilung Betroffener einen übergreifenden und unkonkreteren Opferbegriff, als er in seiner Rede verlangte, aller „Opfer der stalinistischen-kommunistischen Gewaltherrschaft" zu gedenken. Damit sind zwei Perspektiven und Intentionen bezeichnet: Zum einen ist dies Ausdruck einer politischen und justiziellen Transformation, zum anderen zeigt sich der damit zusammenhängende Versuch, für die Betroffenen materielle oder symbolische Gerechtigkeit für erlittenes Leid zu erreichen.

Gedenken im Jahr 1993 als symbolische Geste der Wiedervereinigung

Es ging bei dem 1993 vorgenommenen Gedenkakt weniger um eine Aufklärung der Waldheimer Prozesse an sich als um die symbolische Geste der Wiedergutmachung an den Betroffenen einer nicht rechtmäßigen Justizpraxis. Der vom Landesjustizministerium begleitete Gedenkakt und die an beiden Orten angebrachten Gedenktafeln sollten für die damals Verurteilten auf sichtbare und symbolische Weise Gerechtigkeit herstellen und gleichzeitig die Voraussetzung dafür schaffen, die Betroffenen in den neuen Rechtsstaat des vereinigten Deutschlands einzuführen, der sich auch symbolisch von dem vergangenen Justizsystem deutlich unterscheiden sollte. Die Steinsetzungen markierten somit den Übergang in ein neues System: Das alte System habe „Opfer gefordert", so könnte man argumentieren, die jedoch nicht vergeblich gewesen seien, da man ihrer nun im Sinne eines vorbildhaften Aktes gedenken würde. Dieser symbolische Wert hatte umso größere Bedeutung, weil eine juristische Aufarbeitung der Waldheim-Verfahren nur begrenzt möglich zu sein schien. Der sächsische Justizminister sprach in seiner Gedenkrede die Schwierigkeit an, dass damalige Täter:innen heute „den Schutz rechtsstaatlicher Garantien besäßen", denn „der Rechtsstaat unterscheidet sich vom

Unrechtsstaat dadurch, dass er nicht gleiches mit gleichem vergilt."³⁰ Eine strafrechtliche Verurteilung der an den Waldheimer Prozessen beteiligten Richter:innen und Staatsanwält:innen sei schwierig

> aufgrund der lange vergangenen Zeit, die inzwischen vergangen [sic!] ist, [da] die Erinnerung von Zeugen nur noch lückenhaft ist oder Beweise völlig verloren gegangen sind. Verbleibende Zweifel an ihrer Schuld kommen den mutmaßlichen Tätern nach unserem Strafverfahrensrecht zu Gute. Das ist hier – aber auch in anderen spektakulären Verfahren – das Dilemma, wenn staatliches Unrecht rechtsstaatlich aufgearbeitet werden soll.³¹

Der schwierige Weg zur Auseinandersetzung mit den Verurteilten der Waldheimer Prozesse

Neben der symbolhaft bedeutsamen Würdigungszeremonie, die den anonym bestatteten Opfern galt, blieb gleichzeitig wenig Spielraum für eine Auseinandersetzung mit den Inhalten der Waldheimer Verfahren. Der Grabstein und das allgemeine Gedenken an die „Opfer der stalinistisch-kommunistischen Gewaltherrschaft" ließen eine Auseinandersetzung mit den in Rede stehenden Sachverhalten der einzelnen Verfahren als weniger dringlich erscheinen.

Die Form der Erinnerung und des Gedenkens als Grabplatte entsprach zudem den generellen Vorstellungen des Waldheim-Kameradschaftskreises von einer Gedenkstätte, wie 1994 vor der Enquete-Kommission ausgeführt. So sollten Gedenkstätten die „Unmenschlichkeit des Totalitarismus schlechthin" darstellen mit dem Ziel, „Totalitarismus und Totalitarismus gleich zu behandeln" – eine Konzeption, die „zumindest in den 50er Jahren bereits Allgemeingut" gewesen sei.³² Damit wurde positiv auf die Tradition eines eher unkonkreten Kriegstotengedenkens der 1950er Jahre Bezug genommen: So solle geprüft werden, „ob nicht kleinere örtliche Denkmäler, ähnlich den Ehrenmalen für die Gefallenen der Kriege, mit Namenstafeln der aus dem jeweiligen Ort Verhafteten und in den Lagern Umgekommenen sinnvoller sind als eine Konzentration auf wenige zentrale, mehr oder weniger monumentale Gedenkstätten."³³ Mit Gedenken war demnach auch in erster Linie das Erinnern an Verstorbene gemeint, wie aus den weiteren Ausführungen deutlich wird: „Zur Form des Gedenkens: Hier bietet sich der Volkstrauertag mit Kranzniederlegungen an den Gedenkstätten sowohl der Kriegs- wie auch der Totalitarismusopfer an."³⁴

Neue Initiative für eine Namenstafel seit den 2000er Jahren – Funktion des 2019 eingeweihten Ehrenmals

Insofern entsprach die in Chemnitz eingeweihte Grabplatte den Vorstellungen einer Gedenkstätte im Sinne des Waldheim-Kameradschaftskreises. Allerdings fehlte noch eine Namenstafel der Beigesetzten. Für sie setzte sich seit Beginn der 2000er Jahre Rosel Werl (1951–2019) ein, die selbst 1982/83 wegen „landesverräterischer Nachrichtenübermittlung" inhaftiert gewesen war und ebenfalls der VOS angehörte. Rosel Werl wurde bei ihrer

Julia Landau

Einweihung der zweiten Erinnerungstafel, 28. Februar 2019. Stiftung Sächsische Gedenkstätten.

Initiative institutionell durch die Stiftung Sächsische Gedenkstätten unterstützt, vor allem durch die dort angesiedelte Dokumentationsstelle. Die Dokumentationsstelle stellte nach der Recherche in verschiedenen Datenbanken und Unterlagen Informationen über die „Lebensdaten, Urteilsgründe und Quellen" zusammen. Die Stiftung Sächsische Gedenkstätten ermöglichte mittels einer Projektförderung die Finanzierung des Grabsteins. Schließlich sprach Dr. Bert Pampel, Leiter der Dokumentationsstelle, bei der Einweihung des Gedenksteins ein Grußwort.[35] Nach den Recherchen der Dokumentationsstelle waren die 111 auf der Grabplatte namentlich genannten Personen in Waldheim wegen „Spionage", „antisowjetischer Propaganda", „Misshandlung ausländischer Zwangsarbeiter" oder wegen „Unterstützung der NS-Gewaltherrschaft" verurteilt worden. Etwa jeder Zehnte von ihnen erfuhr nach 1990 eine Rehabilitierung.[36]

Bei der Einweihung der Tafel im Rahmen einer Gedenkveranstaltung am 28. Februar 2019 waren neben der Initiatorin Rosel Werl auch Alexander Latotzky als Vorsitzender des Bautzen-Komitees, Dr. Nancy Aris in ihrer Funktion als Stellvertretende Sächsische Landesbeauftragte zur Aufarbeitung der SED-Diktatur, Hugo Diederich als Bundesgeschäftsführer der VOS, Marco Wanderwitz als Parlamentarischer Staatssekretär des Bundesministeriums des Innern sowie Marcel Schmidt, Oberbürgermeister von Stollberg, und Pater Raphael Bahrs für die katholische Gemeinde Stollberg anwesend. Ein Grußwort des nicht anwesenden Mitglieds des Waldheim-Kameradschaftskreises Paul Radicke wurde verlesen. Aus seiner Sicht sei es die wichtigste Botschaft der Gedenktafel, „den unschuldigen Opfern einer Diktatur posthum die ihnen gebührende Würde zurück[zugeben]".[37] Der VOS-Bundesvorsitzende Diederich sah die Tafel als übergreifendes antitotalitaristisches Mahnmal, entsprechend den oben genannten Vorstellungen des Waldheim-Kameradschaftskreises zur Intention derartiger Gedenkstätten: „Diktaturen und Extremismus, von links oder rechts, dürfen nie wieder Platz auf deutschem Boden finden."[38]

Rosel Werl erläuterte der Chemnitzer „Freien Presse" den Hintergrund ihrer Initiative für die neue Namenstafel: Nach ihrer Inhaftierung in Hoheneck 1982/83 und dem Freikauf durch die Bundesrepublik war sie nach Baden-Württemberg übergesiedelt, wo sie Benno Prieß getroffen hatte. Dessen Engagement hatte bewirkt, „dass das anonyme Gemeinschaftsgrab auf dem Chemnitzer Friedhof als Ehrengrab geweiht wurde."[39] Entgegen dem tatsächlichen Ablauf der Ereignisse war sie davon ausgegangen, dass Benno Prieß nicht 1992, sondern erst „viel später" die Namenslisten der Verstorbenen habe ausfindig machen können. Sie habe schließlich nach dem Besuch der Grabstätte von Toten sowjetischer Speziallager und der DDR-Haftanstalt Untermaßfeld/Thüringen die Idee gefasst, die anonyme Grabplatte um eine Namenstafel zu ergänzen.[40]

Auf der Spur zu einem reflexiven Geschichtsbewusstsein?

Was waren – wenn 1992 die Namen der Toten bereits bekannt gewesen, jedoch nicht in Stein gemeißelt worden waren – die Gründe, dies 2019 nachzuholen? Sicher stand zunächst die Würdigung der Toten durch die Nennung ihrer Namen im Vordergrund: Rosel Werl setzte sich ähnlich wie Benno Prieß stellvertretend für die Erinnerung an die in Hoheneck verstorbenen Frauen und Kinder ein. Darüber hinaus habe die VOS neben der Würdigung der Toten durch die namentliche Nennung der Verstorbenen im Jahr 2019 eine

> Erinnerungskultur fördern [wollen], die einerseits den Familien und Haftkameraden ein Abschiednehmen ermöglicht und andererseits in die Zukunft gewandt ist: ‚In Schulprojekten können SchülerInnen durch aktives Erforschen einzelner Schicksale das Leben in Diktatur und Demokratie erforschen und Rückschlüsse ziehen',

heißt es in einem Schreiben der Opfervereinigung.[41]

Etwa die Hälfte der auf der Gedenktafel namentlich genannten, in Waldheim verstorbenen Personen war 1950 aus dem Speziallager Nummer 2 in Buchenwald nach Waldheim überführt worden.[42] Sie waren zwischen 1879 und 1928 geboren und bei Kriegsende zwischen 17 und 66 Jahre alt gewesen. Über die Gründe, die aus Sicht der sowjetischen Besatzungsmacht und der DDR-Justiz zu einer Inhaftierung geführt hatten, liegen verschiedene Informationen vor: die Registrierakten der sowjetischen Speziallager sowie das bei der Überstellung aus dem Speziallager an die DDR-Justiz angefertigte, dreizeilige Kurzprotokoll. Hinzu kommen Akten aus dem Bundesarchiv bezüglich der Inhaftierung in Waldheim sowie NSDAP-Parteiakten. Als Haftgründe werden in 23 Fällen Tätigkeiten innerhalb des NSDAP-Parteiapparats genannt (Block-, Zellen- und Kreisleiter, zum Teil in Kombination mit der Verantwortung für die Aufstellung des Volkssturms oder einer Tätigkeit für die Presse)[43], in elf Fällen eine Tätigkeit in der Polizei (Angehörige der Gendarmerie und Kriminalpolizei, Angehörige von Polizeibataillonen in der besetzten Sowjetunion)[44], in vier Fällen wird eine Tätigkeit in einem Kriegsgefangenen- oder Zwangsarbeiterlager[45] aufgeführt. Neben drei Gefängnismitarbeitern[46] und einem Landgerichtsdirektor[47] finden sich laut Unterlagen auch drei Mitarbeiter der Werkspolizei und Abwehr; in fünf Fällen ist eine Zusammenarbeit mit der SS oder Gestapo angegeben.[48] In vier Fällen erfolgte die Verurteilung aufgrund leitender Funktionen in der Werwolf-Organisation, der Hitlerjugend oder einer „Stay-behind"-Tätigkeit im rückwärtigen Gebiet der alliierten Armeen.[49] Weitere Urteilsgründe betrafen u. a. die Tätigkeit als Bürgermeister[50], Fabrik-, Guts- oder Druckereibesitzer[51]. In 17 Fällen (28 Prozent der hier behandelten Fälle) waren die Vorwürfe verknüpft mit dem Vorwurf der Beschäftigung und Misshandlung von zumeist sowjetischen Zivil- und Zwangsarbeitern.⁵² Die Hinweise aus dem sowjetischen Kurzprotokoll ergeben eine hohe Übereinstimmung mit den Akten aus dem Bundesarchiv, lassen sich jedoch nur durch weitere Untersuchungen verifizieren.⁵³ An dieser Stelle mag dieser erste, kursorische Überblick die Notwendigkeit weiterer Recherchen verdeutlichen.

Wenn auch die juristische Aufarbeitung der Waldheimer Verfahren begrenzt blieb, so könnte eine vom heutigen Kenntnisstand ausgehende historische Beurteilung und Einordnung der Strafpraxis der Waldheimer Prozesse neue Maßstäbe setzen und zu einer vermutlich differenzierteren Beurteilung kommen. So ließe sich einerseits die Strafpraxis stärker zur sowjetisch-stalinistischen Justizpraxis nach dem Krieg in Bezug setzen.⁵⁴ Andererseits wäre der Vergleich mit der Tätigkeit westalliierter Militärgerichtsbarkeit unmittelbar nach dem Krieg lohnend, die, wenn sie auch erkennbar alliierten rechtsstaatlichen Grundsätzen folgte, in der bundesdeutschen Nachkriegsgesellschaft schnell mit dem Begriff „Siegerjustiz" belegt und vielfach abgelehnt wurde.⁵⁵ In dieser Ablehnung einer „Siegerjustiz" ähnelten sich die Reaktionen auf die Besatzungsjustiz – so unterschiedlich diese in der Umsetzung auch gewesen sein mag. Insofern lassen sich die beiden Gedenksteine des Chemnitzer Ehrengrabes aus den Jahren 1993 und 2019 auch als eine historisch wenig reflektierte, gedenkpolitische Deutung einordnen, die auf Positionen der 1950er Jahre in der Bundesrepublik Bezug nahm. In diese Richtung ließe sich das den Gedenksteinen vorangestellte Zitat Ebner-Eschenbachs, „Das Recht des Stärkeren ist das stärkste Unrecht", interpretieren. Gleichzeitig allerdings lässt es sich zweifellos auch mit Blick auf die Schwächsten unter den verstorbenen Inhaftierten verstehen, wie etwa die unschuldig festgehaltenen und in Haft verstorbenen Kinder, denen jegliche notwendige Fürsorge und menschenwürdige Behandlung versagt blieb.

Anmerkungen

1 Vgl. Sächsischer Landesbeauftragter zur Aufarbeitung der SED-Diktatur, Pressemitteilung 2/2019, 25. Februar 2019, online: https://lasd.landtag.sachsen.de/download/PM-Gedenkfeier-Chemnitz.pdf, letzter Zugriff: 1. März 2023.
2 Der Gedenkstein wurde mit 5384 Euro gefördert; vgl. Übersicht über Förderungen durch die Stiftung Sächsische Gedenkstätten 2018, online: https://www.stsg.de/cms/sites/default/files/dateien/stsg/foerderungen_2018_stiftung_saechsische_gedenkstaetten_14.12.2018.pdf, letzter Zugriff: 1. März 2023.
3 Vgl. Kaminsky, Anna (Hg.): Orte des Erinnerns. Gedenkzeichen, Gedenkstätten und Museen zur Diktatur in SBZ und DDR, Berlin ³2016, S. 393–394.
4 Vgl. Hattig, Susanne u. a.: Geschichte des Speziallagers Bautzen 1945–1956. Katalog zur Ausstellung der Gedenkstätte Bautzen, Dresden 2004, S. 87.
5 Vgl. Otto, Wilfriede: Wider das Vergessen, in: Freiheitsglocke, 42 (1992) 487, S. 12–13, hier S. 12. Das „Waldheim-Treffen" fand vom 30. April bis 3. Mai 1992 statt; vgl. Kaminsky (Hg.): Orte des Erinnerns, S. 398.
6 Vgl. Auflistung der verstorbenen Häftlinge, Archiv Stiftung Aufarbeitung, Bestand Nachlass Benno Prieß, Akte Nr. 48, unpag.
7 Vgl. Schreiben von Benno Prieß an den Chemnitzer Oberbürgermeister Dr. Pilz, 15. Juli 1992, Archiv Stiftung Aufarbeitung, Bestand Nachlass Benno Prieß, Akte Nr. 48, unpag.
8 Vgl. Kaminsky (Hg.): Orte des Erinnerns, S. 455; 14 000 Menschen waren in Lagern interniert, in: Neue Zeit (B), 4. Ok-

8 tober 1993; Gedenksteine werden eingeweiht, in: Freiheitsglocke 43 (1993) 501/502, S. 13.
9 Gedenkstätten werden eingeweiht, in: Freiheitsglocke 43 (1993) 501/502, S. 13.
10 Ebd.
11 Ebd.
12 Staatsminister Heitmann, Grußwort des Vertreters des Sächsischen Staatsministeriums der Justiz bei der Feierstunde zur Einweihung der Gedenkstätte auf dem Zentralfriedhof in Chemnitz, 2. Oktober 1993, Archiv Sächsisches Staatsministerium der Justiz und für Demokratie, Europa und Gleichstellung, Bestand Steffen Heitmann, S. 1–3.
13 Ansprache des Bundesvorsitzenden der VOS, Richard Knöchel, zur Einweihung des Mahnmals für die Opfer von Waldheim und Hoheneck am 2. Oktober 1993 in Chemnitz, in: Friedrich Ebert Stiftung, Büro Leipzig (Hg.): Frauen als politische Gefangene – die Erinnerung an die Opfer totalitärer Gewaltherrschaft, Leipzig 1993, S. 74–76, hier S. 75.
14 Stiftung Topographie des Terrors (Hg).: Der Volksgerichtshof 1934–1945 – Terror durch ‚Recht'. Begleitkatalog zur gleichnamigen Ausstellung, Berlin 2018, S. 13. Vgl. auch Jahntz, Bernhard/Kähne, Volker: Der Volksgerichtshof. Darstellung der Ermittlungen der Staatsanwaltschaft bei dem Landgericht Berlin gegen ehemalige Richter und Staatsanwälte am Volksgerichtshof, Berlin ³1992.
15 Urteil des Berliner Landgerichts gegen Kammergerichtsrat Hans-Joachim Rehse. Rehse war als Beisitzer im 1. Zivilsenat unter Freisler an mindestens 231 Todesurteilen beteiligt und wurde 1967 wegen Beihilfe zum Mord in drei Fällen und Beihilfe zum versuchten Mord in vier Fällen zu fünf Jahren Zuchthaus verurteilt. Nach Revision durch den Bundesgerichtshof hob das Berliner Landgericht das Urteil 1968 auf, Rehse wurde freigesprochen. Vgl. Jahntz/Kähne: Volksgerichtshof, S. 16–37; Wagner, Walter: Der Volksgerichtshof im nationalsozialistischen Staat. Mit einem Forschungsbericht für die Jahre 1974 bis 2010 von Jürgen Zarusky, München 2011, S. 855.
16 Vgl. Zarusky, Jürgen: Walter Wagners Volksgerichtshof-Studie von 1974 im Kontext der Forschungsentwicklung, in: Wagner: Der Volksgerichtshof im nationalsozialistischen Staat, S. 993–1023, hier S. 1009.
17 Siehe dazu den Beitrag von Annette Weinke in diesem Band.
18 Ernst Friedrich (1905–1993) wurde im Juli 1945 vom sowjetischen Geheimdienst verhaftet und kam nach der Internierung in den Speziallagern Fünfeichen und Buchenwald nach Waldheim, wo er zu einer lebenslänglichen Freiheitsstrafe verurteilt wurde. Nach seiner vorzeitigen Entlassung 1956 übersiedelte er in die BRD, wo er in der Bundesschuldenverwaltung arbeitete. Ein Verwaltungsgerichtsverfahren vor dem Landgericht Berlin ging für ihn negativ aus. Eine Entlassung aus der Bundesschuldenverwaltung aufgrund der Tätigkeit am Volksgerichtshof wurde jedoch nicht in Betracht gezogen, ein Ermittlungsverfahren eingestellt. Vgl. Bodo Ritscher: Angaben zu Friedrich, Ernst, 11. Juni 2008, Slg. Ritscher, Archiv Gedenkstätte Buchenwald, o. Sign.
19 Wilhelm Huhnstock (1891–1981) wurde am 14. Juli 1954 vorfristig aus der StVA Torgau entlassen und übersiedelte in die Bundesrepublik. Er starb 1981 in Hannover. Vgl. Topographie des Terrors: Volksgerichtshof, S. 218.
20 Vgl. Heiber, Helmut: Zur Justiz im Dritten Reich. Der Fall Eliáš, in: Vierteljahrshefte für Zeitgeschichte 3 (1955) X, S. 275–296. Klitzke war bei der Reichsanwaltschaft als Sachbearbeiter für Landesverrat deutscher und Hochverrat österreichischer Reichsangehöriger tätig. Vgl. Skiba, Dieter/Stenzel, Reiner: Im Namen des Volkes. Ermittlungs- und Gerichtsverfahren in der DDR gegen Nazi- und Kriegsverbrecher, Berlin 2016, S. 104–105; Topographie des Terrors: Volksgerichtshof, S. 219.
21 Karteikarte Siegfried Lösche, BARch, DO 1, Haftakte Siegfried Lösche; Speziallager-Personendatenbank, Gedenkstätte Buchenwald. Der Nachlass von Siegfried Lösche befindet sich im Staatsarchiv Leipzig; vgl. Staatsarchiv Leipzig, Nachlässe, 21807.
22 Beide sind nicht in der Liste der Friedhofsverwaltung Chemnitz enthalten. Vgl. Auflistung der verstorbenen Häftlinge, Archiv Stiftung Aufarbeitung, Bestand Nachlass Benno Prieß, Akte Nr. 48, unpag.
23 Vgl. Eisert, Wolfgang: Die Waldheimer Prozesse. Der stalinistische Terror 1950. Ein dunkles Kapitel der DDR-Justiz, München 1993; Otto, Wilfriede: Die Waldheimer Prozesse, in: Mironenko, Sergej u. a. (Hg.): Sowjetische Speziallager in Deutschland 1945 bis 1950. Bd. 1: Studien und Berichte, Ber-

lin 1998, S. 533–554; Werkentin, Falco: Politische Strafjustiz in der Ära Ulbricht, Berlin ²1997, S. 161–183.

24 Staatsminister Heitmann, 2. Oktober 1993, Redemanuskript, Sächs. Staatsministerium der Justiz und für Demokratie, Europa und Gleichstellung, Sammlung Reden StM 1993, ohne Sign., S. 1–3.e

25 Ebd., S. 1.

26 Vgl. Dahn, Daniela: Eine beispiellose Tragödie? Zum neuen Urteil über die alten Waldheim-Prozesse, in: dies.: Vertreibung ins Paradies, Reinbek 1998, S. 188–200.

27 Erstes Gesetz zur Bereinigung von SED-Unrecht vom 29. Oktober 1992, in: Bundesgesetzblatt (1992) Teil I, 3. November 1992, § 1 (2).

28 Gemeinsame Erklärung „Zu den Waldheimer Prozessen" von Dr. Dehler, Bundesminister der Justiz, und Jacob Kaiser, Bundesminister für gesamtdeutsche Fragen, 4. September 1950, zit. nach: Werkentin, Falco: Die „Waldheimer Prozesse" der Jahre 1950/52, in: Deutscher Bundestag (Hg.): Materialien der Enquete-Kommission. Aufarbeitung von Geschichte und Folgen der SED-Diktatur in Deutschland (12. Wahlperiode des Deutschen Bundestages), Bd. IV: Recht, Justiz und Polizei im SED-Staat, Frankfurt (Main) 1995, S. 848–879, hier S. 878.

29 Ebd., S. 879.

30 Sie fordern Genugtuung statt Rache. Mahnmal für die Opfer des Stalinismus auf städtischem Friedhof eingeweiht, in: Freie Presse (Chemnitz), 4. Oktober 1993.

31 Staatsminister Heitmann, Redemanuskript, 2. Oktober 1993, Sächs. Staatsministerium der Justiz und für Demokratie, Europa und Gleichstellung, Sammlung Reden StM 1993, ohne Sign., S. 2.

32 Stellungnahme des Waldheim-Kameradschaftskreises, Anhörung am 7. März 1994, in: Deutscher Bundestag (Hg.): Materialien der Enquete-Kommission „Aufarbeitung von Geschichte und Folgen der SED-Diktatur in Deutschland" (12. Wahlperiode des Deutschen Bundestages), Bd. IX: Formen und Ziele der Auseinandersetzung mit den beiden Diktaturen in Deutschland, Baden-Baden 1995, S. 539–544, hier S. 540.

33 Ebd.

34 Ebd.

35 Einweihung einer Namenstafel in Chemnitz für in Waldheim und Hoheneck verstorbene Häftlinge (Pressemitteilung der Stiftung Sächsische Gedenkstätten, 28. Februar 2019), online: https://www.stsg.de/cms/stsg/aktuelles/einweihung-einer-namenstafel-chemnitz-fuer-waldheim-und-hoheneck-verstorbene, letzter Zugriff: 19. Mai 2023.

36 Ebd.

37 Werl, Rosel: „Und jeder sah und las die Namen". Einweihung der Namenstafel am Ehrengrab in Chemnitz am 28. Februar 2019, in: Der Stacheldraht 29 (2019) 4, S. 12.

38 Zit. nach: Wie eine Frau ehemaligen Häftlingen ihre Namen zurückgibt, in: Freie Presse (Chemnitz), 1. März 2019.

39 Ebd.

40 Ebd.

41 Sächsischer Landesbeauftragter zur Aufarbeitung der SED-Diktatur, Pressemitteilung 2/2019, 25. Februar 2019. Inwieweit und wo die dafür notwendigen Materialien bereitstehen, geht allerdings aus der Pressemitteilung des Sächsischen Landesbeauftragten zur Aufarbeitung der SED-Diktatur nicht hervor.

42 Von 115 in Waldheim verstorbenen Personen kamen 61 aus dem Speziallager Nummer 2. Vgl. Waurig, Franz: Auswertung der Gedenktafel für die in den Strafanstalten Waldheim und Stolberg/Hoheneck verstorbenen Personen auf dem städtischen Friedhof Chemnitz, Gedenkstätte Buchenwald, unveröff. Manuskript, Mai 2019.

43 Zum Teil sind Mehrfachnennungen möglich, z. B. NSDAP und Polizist. Die Angaben in den folgenden Fußnoten entstammen den sowjetischen Unterlagen.

44 So u. a. Arthur Ackermann (1886–1951), Polizist, Strafbataillon der SS in Polen (Staatsarchiv der Russländischen Föderation Moskau [GA RF], f. 9409, op. 1, d. 169, l. 12); Hans Hoffmann (1900–1950), Kriminalkommissar beim Polizeipräsidium Berlin (BARch Berlin, DO 1/Waldheim-Haftkartei); Otto Schulz (1895–1952), SS 1933–1934, Teilnahme an der Ermordung von Kommunisten und Juden, diente in einem Wachbataillon auf dem Territorium der UdSSR (GA RF, f. 9409, op. 1, d. 171, l. 32).

45 Karl Ergert (1887–1951), Kommandant eines Kriegsgefangenenlagers in Schlesien mit 40.000 Gefangenen (GA RF, f. 9409, op. 1, d. 171, l. 129); Ernst Görz (1906–1951), Leiter

eines Lagers für sowjetische Zwangsarbeiter in Chemnitz, wo 100 sowjetische Bürger festgehalten wurden (GA RF, f. 9409, op. 1, d. 170, l. 140); Wilhelm Grauer (1891–1950), Polizeiwachtmeister bei einem Lager für jüdische Häftlinge in Oberschlesien (GA RF, f. 9409, op. 1, d. 170, l. 72); Friedrich Hartmann (1892–1950), stellvertretender Leiter eines Lagers für ausländische Arbeiter in Hettstedt, wo 1400 Menschen festgehalten wurden, davon 1200 russische Staatsbürger (GA RF, f. 9409, op. 1, d. 171, l. 25).

46 Paul Jatzke (1879–1951), Leiter des Gefängnisses in Weißenberg (GA RF, f. 9409, op. 1, d. 171, l. 185); Otto Wirth (1886–1952), Leiter eines Gefängnisses in Polen (GA RF, f. 9409, op. 1, d. 170, l. 11); Hugo Dorow (1889–1951), Aufseher im Gefängnis Greifswald (GA RF, f. 9409, op. 1, d. 171, l. 114).

47 Siegfried Lösche (1891–1951), Landgerichtsdirektor und Vorsitzender der 1. Strafkammer des Sondergerichts Leipzig (vgl. Anm. 21).

48 Arthur Ackermann (vgl. Anm. 44); Walther Kunze (1890–1952), Mitglied NSDAP seit 1933, Hauptsturmführer SS, 1936–1938 in der Türkei in der deutschen Botschaft tätig, Leiter der NSDAP-Ortsgruppe Ankara, Spionagetätigkeit, seit 1938 Ingenieur für Hydrotechnik in Chemnitz, Hochschulprofessor in Dresden (GA RF, f. 9409, op. 1, d. 169, l. 15); Karl Knocke (1894–1952), Betriebsführer und Abwehrbeauftragter in seiner Firma (GA RF, f. 9409, op. 1, d. 169, l. 66); Karl Strümpel (1894–1950), Werkschutzmann in den Junkers-Werken Halberstadt (GA RF, f. 9409, op. 1, d. 171, l. 164); Otto Weidlich (1896–1951), Kreisleiter der NSDAP, verhaftete im Sudetenland 30 Personen im Auftrag der Gestapo (GA RF, f. 9409, op. 1, d. 171, l. 145).

49 Manfred Gutmann (1928–1951), Organisator und Leiter der Werwolf-Gruppe in Geringswalde (GA RF, f. 9409, op. 1, d. 169, l. 37); Hugo Brandau (1910–1951), Zeitungsredakteur, HJ-Führer (GA RF, f. 9409, op. 1, d. 170, l. 91); Ullrich Schulze (1923–1951): „Seit Januar 1944 in der [deutschen] Armee, Besuch der Spionage-Ausbildungsschule in Bad Tölz, wurde im März 1945 in das Hinterland der Alliierten geschickt für Diversionstätigkeiten, danach wurde er an die Ostfront geschickt, gemeinsam mit Unteroffizier Gerhard Wiemers und dem Gefreiten Ernst wurde er in die Gefangenschaft der sowjetischen Armee geschickt mit der Aufgabe, zwei Pontonbrücken zu sprengen, die Teilen der sowjetischen Armee zur Überquerung der Oder nördlich von Schwedt dienen sollten. Als Resultat der Aufgabe wurde eine Pontonbrücke gesprengt" (GA RF, f. 9409, op. 1, d. 170, l. 199).

50 Richard Weiß (1895–1952), Bürgermeister von Niederdorf/Erzgebirge (GA RF, f. 9409, op. 1, d. 171, l. 227).

51 So u. a. Albert Werther (1901–1951), 1929–1945 Druckereibesitzer, Redakteur der Zeitung „Schkeuditzer Tageblatt" (GA RF, f. 9409, op. 1, d. 170, l. 151).

52 So u. a. Werner Schurig (1900–1952), Großgrundbesitzer, beschäftigte 110 sowjetische Bürger (GA RF, f. 9409, op. 1, d. 160, l. 105); Erich Lehmann (1890–1952), Mitarbeiter der Gendarmerie, brutaler Umgang mit ausländischen Arbeitern (GA RF, f. 9409, op. 1, d. 170, l. 355); Wilhelm Hamann (1903–1950), Denunziation fünf ausländischer Arbeiter, die in ein KZ überstellt wurden (GA RF, f. 9409, op. 1, d. 170, l. 221).

53 In einigen Fällen sind die Namen auf der Gedenkplatte anscheinend fehlerhaft notiert, so u. a. Max Festerling (eigentlich Fisterling), Georg Richard Bertz (Georg Richard Berg), Karl Ferdinand Ergert (Karl Leopold Ergert), Ernst Görz (Ernst Götz), Walter Hunger (Walther Hunger), Erich Kühbach (Erich Kuhbach), Karl Strumpel (Karl Strümpel), Richard Weiss (Richard Weiß).

54 Vgl. LeBourhis, Eric/Tcherneva, Irina/Voisin, Vanessa (Hg.): Seeking Accountability for Nazi and War Crimes in East and Central Europe. A People's Justice?, Rochester 2022.

55 Vgl. Martin Broszat, Siegerjustiz oder „strafrechtliche Selbstreinigung", in: Vierteljahrshefte für Zeitgeschichte, 29 (1981) 4, S. 477–544, hier S. 527.

Anhang

Arbeitsmaterialien „Wie Erinnern?", Gedenkstätte Buchenwald,
Juli 2022, Fotograf: Franz Waurig.

Julia Landau/Franziska Mendler/Franz Waurig

„WIE ERINNERN?"
Arbeitsmaterialien für Recherchen vor Ort

Wer erinnert wie an wen und woran? Wie bereits in den Beiträgen des vorliegenden Bandes gezeigt, wird in zahlreichen Städten und Gemeinden über diese Fragen kontrovers diskutiert. 2022 veröffentlichte das Projekt „Gedenken ohne Wissen? Die sowjetischen Speziallager in der postsozialistischen Erinnerungskultur" des Forschungsverbundes „Diktaturerfahrung und Transformation" ein mehrteiliges Arbeitsmaterial. Dieses gibt Schüler:innen (ab Klassenstufe 10) und Heimatforscher:innen die Möglichkeit, den oben aufgeworfenen Fragen anhand eines konkreten Beispiels nachzugehen. Das Projektteam wählte hierfür die sächsische Stadt Reichenbach im Vogtland aus, in der bis heute über die Rolle des NS-Oberbürgermeisters Otto Schreiber (1934/35–1945) diskutiert wird. Für die Autor:innen stand dabei die Frage im Mittelpunkt, wie an einen Oberbürgermeister zu erinnern ist, der mitverantwortlich für die Verfolgung jüdischer Bürger:innen in der NS-Zeit war und der nach dem Krieg im sowjetischen Speziallager Nr. 1 Mühlberg verstarb. Ziel des Materials ist es, die Diskussionen um die vor Ort befindlichen Erinnerungszeichen und die damit verbundene Problematik transparent zu machen. Die Nutzer:innen sollen ermuntert werden, am Ende selbst Vorschläge zur Gestaltung des öffentlichen Gedenkens einzubringen.

Das Material, für dessen Bearbeitung ein Projekttag von mindestens vier Stunden eingeplant werden sollte, setzt sich aus vier Mappen zusammen:

Die erste Mappe dient der Einführung in die Geschichte der Stadt Reichenbach. Hinweise zur Entschlüsselung von Bildquellen und Vorschläge für die Nachbereitung, eine Literaturübersicht und ein Glossar sind ebenfalls enthalten.

Zwei weitere Mappen widmen sich inhaltlich der Entwicklung Reichenbachs im Nationalsozialismus und während der sowjetischen Besatzungszeit. Hierbei spielen ausgewählte Biografien eine wichtige Rolle.

Im Mittelpunkt der letzten Mappe steht die Erinnerungskultur in Reichenbach. Zahlreiche Presseberichte zeichnen die öffentliche Diskussion um den NS-Oberbürgermeister Otto Schreiber nach.

Julia Landau/Franziska Mendler/Franz Waurig

Das Material soll geografisch nicht auf die Stadt Reichenbach begrenzt bleiben. Es möchte Impulse geben und anregen, auch an anderen Orten bestehende oder geplante Denkmäler zu erforschen, Biografien von Verhafteten zu rekonstruieren und diese historisch einzuordnen.

Die pdf-Datei (5,2 MB) kann auf der Website der Stiftung Gedenkstätten Buchenwald und Mittelbau-Dora heruntergeladen werden: https://www.buchenwald.de/bildung/vor-nachbereitung/vorbereitung

ABKÜRZUNGSVERZEICHNIS

ABZ	US-amerikanische Besatzungszone
AfD	Alternative für Deutschland
AG	Arbeitsgemeinschaft
AGLS	Arbeitsgemeinschaft Lager Sachsenhausen 1945–1950 e. V.
AGS	Archiv Gedenkstätte und Museum Sachsenhausen
AK	Aktuelle Kamera; Aktionskreis der Opfer kommunistischer Gewalt
B	Bundesstraße
BArch	Bundesarchiv
BDM	Bund Deutscher Mädel
BGH	Bundesgerichtshof
BgR	Bürgerbündnis gegen Rechts
BRD	Bundesrepublik Deutschland
BMBF	Bundesministerium für Bildung und Forschung
BV	Bezirksverwaltung
BwA	Buchenwaldarchiv, Archiv der Gedenkstätte Buchenwald
BZG	Beiträge zur Geschichte der Arbeiterbewegung
CDU	Christlich Demokratische Union Deutschlands
DDR	Deutsche Demokratische Republik
DM	Deutsche Mark
DNDP	Deutschnational-Demokratische Partei
DRiG	Deutsches Richtergesetz
DRK	Deutsches Rotes Kreuz
EVZ	Stiftung Erinnerung, Verantwortung, Zukunft
FDP	Freie Demokratische Partei
FNDIRP	Fédération Nationale des Déportés et Internés, Résistants et Patriotes (Nationaler Verband der Deportierten und Internierten, der Widerstandskämpfer und Patrioten)
FSB	Federal'naja služba bezopasnosti Rossijskoj Federacii (Föderaler Dienst für Sicherheit der Russländischen Föderation)
GA RF	Gosudarstvennyj archiv Rossijskoj Federacii (Staatsarchiv der Russländischen Föderation)
Gestapo	Geheime Staatspolizei
GOKO	Gosudarstvennyj komitet oborony (Staatliches Verteidigungskomitee der UdSSR)
GPU	Gosudarstvennoe političeskoe upravlenie pri NKVD RSFSR (Staatliche politische Verwaltung beim Volkskommissariat für Innere Angelegenheiten der Russischen Sozialistischen Föderativen Sowjetrepublik)
GULag	(auch Gulag), Glavnoe upravlenie ispravitel'no-trudovych lagerej i kolonii/Glavnoe upravlenie lagerej (Hauptverwaltung der Besserungsarbeitslager und -kolonien/Hauptverwaltung der Lager)

Abkürzungsverzeichnis

GuMS	Gedenkstätte und Museum Sachsenhausen		MVD	Ministerstvo Vnutrennich Del (Ministerium für Innere Angelegenheiten der UdSSR)
GUPVI	(auch GUPVI), Glavnoe upravlenie po delam voennoplennych i internirovannych (Hauptverwaltung für Angelegenheiten der Kriegsgefangenen und Internierten)		NDPD	National-Demokratische Partei Deutschlands
			NKGB	Narodnyj Kommissariat Gosudarstvennoj Bezopasnosti (Volkskommissariat für Staatssicherheit der UdSSR)
GWZO	Leibniz-Institut für Geschichte und Kultur des östlichen Europa		NKVD	(auch NKWD), Narodnyj Kommissariat Vnutrennich Del (Volkskommissariat für Innere Angelegenheiten der UdSSR)
HAIT	Hannah-Arendt-Institut für Totalitarismusforschung e. V. an der Technischen Universität Dresden		NPD	Nationaldemokratische Partei Deutschlands (seit 2023 Die Heimat)
HIAG	Hilfsgemeinschaft auf Gegenseitigkeit der Angehörigen der ehemaligen Waffen-SS		NS	Nationalsozialismus, nationalsozialistisch
			NSDAP	Nationalsozialistische Deutsche Arbeiterpartei
HJ	Hitlerjugend		NSV	Nationalsozialistische Volkswohlfahrt
IfGA	Institut für Geschichte der Arbeiterbewegung		OB	Oberbürgermeister
IfZ	Institut für Zeitgeschichte München – Berlin		OdF	Opfer des Faschismus
ISK	Internationales Sachsenhausen-Komitee		OdS	Opfer des Stalinismus
ITS	International Tracing Service (seit 2019 Arolsen Archives)		OKW	Oberkommando der Wehrmacht
			PDS	Partei des Demokratischen Sozialismus (seit 2007 Die Linke)
JF	Junge Freiheit		RAF	Rote Armee Fraktion
JVA	Justizvollzugsanstalt		RG	Reichsgericht
KgU	Kampfgruppe gegen Unmenschlichkeit		RGZ	Reichsgericht in Zivilsachen
KPD	Kommunistische Partei Deutschlands		RIAS	Rundfunk im Amerikanischen Sektor
KPdSU	Kommunistische Partei der Sowjetunion		RSFSR	Rossijskaja Socialističeskaja Federativnaja Sovetskaja Respublika (Russländische Sozialistische Föderative Sowjetrepublik)
KZ	(auch KL), Konzentrationslager			
LAKD	Beauftragte des Landes Brandenburg zur Aufarbeitung der Folgen der kommunistischen Diktatur		SA	Sturmabteilung
			SBG	Stiftung Brandenburgische Gedenkstätten
LATh – HStA	Landesarchiv Thüringen – Hauptstaatsarchiv Weimar		SBZ	Sowjetische Besatzungszone
			SD	Sicherheitsdienst der SS
LPG	Landwirtschaftliche Produktionsgenossenschaft		SED	Sozialistische Einheitspartei Deutschlands
MdI	Ministerium des Innern der DDR		SHAEF	Supreme Headquarters, Allied Expeditionary Force (Oberkommando der Alliierten Expansionsstreitkräfte)
MfS	Ministerium für Staatssicherheit der DDR			
MGB	Ministerstvo Gosudarstvennoj Bezopasnosti (Ministerium für Staatssicherheit der UdSSR)			

SMAD	Sowjetische Militäradministration	US(A)	United States (of America) (Vereinigte Staaten von Amerika)
SMT	Sowjetisches Militärtribunal		
SPD	Sozialdemokratische Partei Deutschlands	USPD	Unabhängige Sozialdemokratische Partei Deutschlands
SS	Schutzstaffel		
SSD	Staatssicherheitsdienst	VdK	Verband der Kriegsbeschädigten, Kriegshinterbliebenen und Sozialrentner Deutschlands e. V., heute Sozialverband VdK Deutschland e. V.
StadtA	Stadtarchiv		
StVA	Strafvollzugsanstalt		
SVV	Stadtverordnetenversammlung	VEB	Volkseigener Betrieb
T4	Tiergartenstraße 4, Organisationsort und Tarnbezeichnung der NS-Krankenmorde	VO	Verordnung
		VOS	Vereinigung der Opfer des Stalinismus e. V.
Thevag	Theater- und Verlags-Aktiengesellschaft Zürich	ZK	Zentralkomitee
TLZ	Thüringische Landeszeitung		
UdSSR	Union der Sozialistischen Sowjetrepubliken		
UFA	Universum-Film Aktiengesellschaft		
UGA	Urnengemeinschaftsanlage		
UK RSFSR	Ugolovnyj kodeks RSFSR (Strafgesetzbuch der RSFSR)		
UOKG	Union der Opferverbände Kommunistischer Gewaltherrschaft		

LITERATURAUSWAHL

In den letzten Jahrzehnten erschien eine Vielzahl an Publikationen zu verschiedenen Aspekten sowjetischer Verhaftungen und Lager der Nachkriegszeit. Im Folgenden sollen nur einige Titel genannt werden. Weitere Literaturhinweise finden sich u. a. bei Eckert, Rainer: SED-Diktatur und Erinnerungsarbeit im vereinten Deutschland. Eine Auswahlbibliografie, Halle (Saale) ²2019, hier besonders S. 679–702.

ALLIIERTE VERHAFTUNGEN UND MILITÄRTRIBUNALE

Beattie, Andrew: Die alliierte Internierung im besetzten Deutschland und die deutsche Gesellschaft. Vergleich der amerikanischen und der sowjetischen Zone, in: Zeitschrift für Geschichtswissenschaft 62 (2014) 3, S. 239–256.

Ders.: Allied Internment Camps in Occupied Germany. Extrajudicial Detention in the Name of Denazification, 1945–1950, Cambridge 2020.

Heitzer, Enrico/Morsch, Günter/Traba, Robert/Woniak, Katarzyna (Hg.): Im Schatten von Nürnberg. Transnationale Ahndung von NS-Verbrechen, Berlin 2019.

Hilger, Andreas/Schmidt, Ute/Wagenlehner, Günther (Hg.): Sowjetische Militärtribunale, 2 Bde., Köln/Weimar/Wien 2001 (= Schriften des Hannah-Arendt-Instituts für Totalitarismusforschung 17/1, 17/2).

Vogt, Timothy R.: Denazification in Soviet-Occupied Germany, Brandenburg 1945–1948, Cambridge/London 2000 (= Harvard Historical Studies 137).

Weigelt, Andreas u. a. (Hg.): Todesurteile sowjetischer Militärtribunale gegen Deutsche (1944–1947). Eine historisch-biographische Studie, Göttingen 2015 (= Schriften des Hannah-Arendt-Instituts für Totalitarismusforschung 56).

Ders.: Vorwurf: Aktiver Nazi, Werwolf oder Agent. Die Verhaftungspraxis sowjetischer Geheimdienste in und um Bad Freienwalde 1945–1955, Berlin 2018 (= Schriftenreihe der Beauftragten des Landes Brandenburg zur Aufarbeitung der Folgen der Kommunistischen Diktatur 11).

SOWJETISCHE SPEZIALLAGER

Coburger, Marlies: Ehemalige KZ-Aufseherinnen als Internierte und SMT-verurteilte Häftlinge im sowjetischen Speziallager Sachsenhausen (1945–1950), in: Erpel, Simone (Hg.): Im Gefolge der SS. Aufseherinnen des Frauen-KZ Ravensbrück, Berlin 2007, S. 140–157 (= Schriftenreihe der Stiftung Brandenburgische Gedenkstätten 17).

Greiner, Bettina: Verdrängter Terror. Geschichte und Wahrnehmung sowjetischer Speziallager in Deutschland, Hamburg 2010.

Hattig, Susanne (u. a.): Geschichte des Speziallagers Bautzen. 1945-1956. Katalog zur Ausstellung der Gedenkstätte Bautzen, Dresden 2004 (= Schriftenreihe der Stiftung Sächsische Gedenkstätten zur Erinnerung an die Opfer politischer Gewaltherrschaft 11).

Haustein, Petra u. a. (Hg.): Instrumentalisierung, Verdrängung, Aufarbeitung. Die sowjetischen Speziallager in der gesellschaftlichen Wahrnehmung 1945 bis heute, Göttingen 2006.

Heitzer, Enrico: Speziallagerforschung und Gedenkstättenarbeit seit 1990, in: Brunner, Detlev/Scherstjanoi, Elke (Hg.): Moskaus Spuren in Ostdeutschland 1945 bis 1949. Aktenerschließung und Forschungspläne, München 2015, S. 109–119.

Ders.: Oranienburger im sowjetischen Speziallager Nr. 7/ Nr. 1 in Sachsenhausen: eine Studie über die Häftlinge aus der Region, in: Seferens, Horst (Hg.): Schwierige Nachbarschaft? Das Verhältnis deutscher Städte zu „ihren" Konzentrationslagern vor und nach 1945, Berlin 2018, S. 55–75 (= Forschungsbeiträge und Materialien der Stiftung Brandenburgische Gedenkstätten 23).

Ders./Landau, Julia: Verhaftet aus Altenburg: Häftlinge aus Altenburg in den sowjetischen Speziallagern Buchenwald und Sachsenhausen, Teil 1, in: Altenburger Geschichts- und Hauskalender 23 (2014), S. 89–93.

Dies.: Verhaftet aus Altenburg: Häftlinge aus Altenburg in den sowjetischen Speziallagern Buchenwald und Sachsenhausen, Teil 2, in: Altenburger Geschichts- und Hauskalender, 24 (2015), S. 92–96.

Jeske, Natalja: Lager in Neubrandenburg-Fünfeichen 1939–1948. Kriegsgefangenenlager der Wehrmacht – Repatriierungslager – Sowjetisches Speziallager, Schwerin 2013.

Kirsten, Holm: Das sowjetische Speziallager Nr. 4 Landsberg/Warthe, Göttingen 2005.

Kolouschek, Anne: Deutsche Häftlingsärzte in den Speziallagern der sowjetischen Besatzungszone und ihre Einbindung in die medizinische Versorgung am Beispiel der Speziallager Mühlberg und Bautzen, Technische Universität Dresden 2018, Dissertation.

Kraski, Tobias: Die „Häftlingsgesellschaft" im Erinnerungsstreit um die sowjetischen Speziallager. Eine empirische Fallstudie zu den Häftlingen des Speziallagers Nr. 7/Nr. 1 aus Oranienburg, Freie Universität Berlin 2015, Diplomarbeit.

Krypczyk, Kathrin/Ritscher, Bodo: Jede Krankheit konnte tödlich sein. Medizinische Versorgung, Krankheiten und Sterblichkeit im sowjetischen Speziallager Buchenwald 1945–1950, Göttingen 2005.

Landau, Julia/Heitzer, Enrico (Hg.): Zwischen Entnazifizierung und Besatzungspolitik. Die sowjetischen Speziallager 1945 bis 1950 im Kontext, Göttingen 2021 (= Buchenwald und Mittelbau-Dora. Forschung und Reflexionen 2).

Latotzky, Alexander: Kindheit hinter Stacheldraht. Mütter mit Kindern in sowjetischen Speziallagern und DDR-Haft, Leipzig 2001.

Mironenko, Sergej u. a. (Hg.): Sowjetische Speziallager in Deutschland 1945 bis 1950. Bd. 1: Studien und Berichte, Bd. 2: Sowjetische Dokumente zur Lagerpolitik, Berlin 1998.

Morré, Jörg: Gulag auf deutschem Boden? Sowjetische Speziallager in der SBZ/DDR, in: Landau, Julia Franziska/ Scherbakowa, Irina (Hg.): Gulag. Texte und Dokumente 1929–1956, Göttingen 2014, S. 156–169.

Morsch, Günter/Reich, Ines (Hg.): Sowjetisches Speziallager Nr. 7, Nr. 1 in Sachsenhausen (1945–1950). Katalog der Ausstellung in der Gedenkstätte und Museum Sachsenhausen = Soviet Special Camp No. 7, No. 1 in Sachsenhausen (1945–1950), Berlin 2005 (= Schriftenreihe der Stiftung Brandenburgische Gedenkstätten 14).

Ochs, Eva: „Heute kann ich das ja sagen". Lagererfahrungen von Insassen sowjetischer Speziallager in der SBZ/DDR, Köln 2006 (= Europäische Diktaturen und ihre Überwindung. Schriften der Stiftung Ettersberg 9).

Opitz, Claudia: Die „Häftlingsgesellschaft" im Erinnerungsstreit um die sowjetischen Speziallager. Eine empirische Fallstudie zu den Häftlingen des Speziallagers Nr. 7 / Nr. 1 aus Berlin-Weißensee, Freie Universität Berlin 2013, Diplomarbeit.

Ramsch, Christina: „Unser Dentist ist auch hier." – Kassiber als Medien der geheimen Kommunikation. Die Kassiber-Sammlung zum sowjetischen Speziallager Nr. 2 im Spiegel von Authentizitätsfragen. Universität Erfurt 2021, Masterarbeit.

Reich, Ines/Schultz, Maria (Hg.): Sowjetisches Untersuchungsgefängnis Leistikowstraße Potsdam, Berlin 2012 (= Schriftenreihe der Stiftung Brandenburgische Gedenkstätten 33).

Reif-Spirek, Peter/Ritscher, Bodo (Hg.): Speziallager in der SBZ. Gedenkstätten mit „doppelter Vergangenheit", Berlin 1999.

Rennert, Melanie: Gemeinsame Erinnerung oder geteilte Vergangenheit? Die Kontroversen um die „richtige" Erinnerung nach 1990 am Beispiel der Neukonzeption der Gedenkstätte Buchenwald, Universität Leipzig 2011, Bachelorarbeit.

Ritscher, Bodo u. a. (Hg.): Das sowjetische Speziallager Nr. 2 1945–1950. Katalog zur ständigen historischen Ausstellung, Göttingen ³2020.

Weigelt, Andreas: „Umschulungslager existieren nicht". Zur Geschichte des sowjetischen Speziallagers Nr. 6 in Jamlitz 1945–1947, Potsdam 2001.

Ders.: Erhebe den Blick. Sowjetische Haftstätten in Deutschland 1945–1955 im Spiegel künstlerischer und literarischer Zeugnisse, Lieberose 2010.

Ders. (Hg.): „Ich wollte nicht sterben!" Erinnerungen an das sowjetische Speziallager Nr. 6 Jamlitz, 1945 bis 1947, Lieberose 2011.

ERINNERUNGSKULTURELLE PRAXIS UND BIOGRAFISCHE RECHERCHE

Assmann, Aleida: Formen des Vergessens, Göttingen 2016.

Dies.: Das neue Unbehagen an der Erinnerungskultur. Eine Intervention, München ³2020.

Dies.: Der lange Schatten der Vergangenheit. Erinnerungskultur und Geschichtspolitik, München ⁴2021.

Brunner, Detlef/Scherstjanoi, Elke (Hg.): Moskaus Spuren in Ostdeutschland 1945 bis 1949. Aktenerschließung und Forschungspläne, Berlin/Boston 2015 (=Zeitgeschichte im Gespräch 22).

Ens, Lena/Gleinig, Ruth/Kaminsky, Anna: Orte des Erinnerns an die Sowjetischen Speziallager und Gefängnisse in der SBZ/DDR, Berlin 2020.

Heusterberg, Babette: Bundesarchiv Berlin. Personenbezogene Unterlagen aus der Zeit des Nationalsozialismus, in: Herold Jahrbuch NF 5 (2000), S. 147–186.

Holch, Christine: Was machte Großvater in der Nazizeit? Eine Anleitung zur Recherche, in: Chrismon (2012) 10; https://chrismon.de/artikel/15479/was-machte-opa-der-ns-zeit-eine-anleitung-zur-recherche, letzter Zugriff 11.12.2023.

Kaminsky, Anna (Hg.): Orte des Erinnerns. Gedenkzeichen, Gedenkstätten und Museen zur Diktatur in SBZ und DDR, Berlin ³2016.

KZ-Gedenkstätte Neuengamme (Hg.): Ein Täter, Mitläufer, Zuschauer, Opfer in der Familie? Materialien zu biografischen Familienrecherchen, Hamburg 2010 (= Neuengammer Studienhefte 1).

Puvogel, Ulrike (u. a.): Gedenkstätten für die Opfer des Nationalsozialismus. Eine Dokumentation. Bd. I: Alte Bundesländer, Bd. II: Neue Bundesländer, Bonn 1995/1999.

Wrochem, Oliver von (Hg.): Nationalsozialistische Täterschaften. Nachwirkungen in Gesellschaft und Familie, Berlin 2016 (= Reihe Neuengammer Kolloquien 6).

AUTOR:INNENVERZEICHNIS

Prof. Dr. Jörg Ganzenmüller: Geboren 1969, Studium der Neueren und Neuesten Geschichte, Osteuropäischen Geschichte und Wissenschaftlichen Politik in Freiburg/Br., 2003 Promotion an der Albert-Ludwigs-Universität in Freiburg/Br. mit einer Studie zur Belagerung Leningrads, 2004–2010 Wissenschaftlicher Mitarbeiter am Lehrstuhl für Osteuropäische Geschichte der Friedrich-Schiller-Universität Jena, 2008–2009 Förderstipendiat am Historischen Kolleg zu München, 2010 Habilitation an der Friedrich-Schiller-Universität Jena mit einer Studie zur Eliteintegration und zum Staatsausbau im Westen des Russischen Zarenreiches, seit 2014 Vorstandsvorsitzender der Stiftung Ettersberg in Weimar, seit 2017 Inhaber der Professur für Europäischen Diktaturenvergleich an der Friedrich-Schiller-Universität Jena, seit 2019 Sprecher des BMBF-geförderten Forschungsverbundes „Diktaturerfahrung und Transformation. Biographische Verarbeitungen und gesellschaftliche Repräsentationen in Ostdeutschland seit den 1970er Jahren".

Dr. Enrico Heitzer: Geboren 1977, Studium der Geschichte und Politikwissenschaft in Potsdam und Halle, 2012 Promotion am Zentrum für Zeithistorische Forschung und an der Martin-Luther-Universität Halle-Wittenberg mit einer Studie zur „Kampfgruppe gegen Unmenschlichkeit", Wissenschaftlicher Mitarbeiter am Lehrstuhl für Neuere Geschichte an der Martin-Luther-Universität Halle sowie an der Erinnerungsstätte Notaufnahmelager Marienfelde/Stiftung Berliner Mauer, seit 2012 Wissenschaftlicher Mitarbeiter für die Geschichte des Sowjetischen Speziallagers Nr. 7/1 in Sachsenhausen in der Gedenkstätte und Museum Sachsenhausen/Stiftung Brandenburgische Gedenkstätten.

Dr. Julia Landau: Geboren 1971, Studium der Neueren und Neuesten sowie Osteuropäischen Geschichte, Slawistik und des Öffentlichen Rechts in Freiburg/Br., Basel und Odessa, 2008 Promotion an der Ruhr-Universität Bochum mit einer Studie zum Bergarbeiteralltag im Stalinismus in Westsibirien (Kuzbass), Wissenschaftliche Mitarbeiterin am Lehrstuhl für Osteuropäische Geschichte der Ruhr-Universität Bochum und am Lehrstuhl für Zeitgeschichte im Projekt „Geschichte der Auszahlungsprogramme der Bundesstiftung ‚Erinnerung, Verantwortung, Zukunft' (EVZ) und ihrer Partnerorganisationen", seit 2012 Kustodin für den Bereich Sowjetisches Speziallager Nr. 2 an der Gedenkstätte Buchenwald, seit 2019 Leiterin des BMBF-geförderten Forschungsprojekts „Gedenken ohne Wissen? Die sowjetischen Speziallager in der postsozialistischen Erinnerungskultur".

Franziska Mendler: Geboren 1997, 2017–2018 Freiwilliges

Autor:innenverzeichnis

Soziales Jahr an der Gedenkstätte Buchenwald, anschließend Freie Mitarbeiterin, Lehramtsstudium (Geschichte/Anglistik) in Jena, seit 2021 Wissenschaftliche Assistenz im BMBF-geförderten Forschungsprojekt „Gedenken ohne Wissen? Die sowjetischen Speziallager in der postsozialistischen Erinnerungskultur".

Christina Ramsch: Geboren 1995, Studium der Kulturwissenschaften und der Sammlungsbezogenen Wissens- und Kulturgeschichte in Lüneburg und Erfurt, 2020–2021 Wissenschaftliche Assistenz im BMBF-geförderten Forschungsprojekt „Gedenken ohne Wissen? Die sowjetischen Speziallager in der postsozialistischen Erinnerungskultur", 2021–2023 Wissenschaftliche Volontärin am Historischen Museum Frankfurt, seit 2023 freie wissenschaftliche Kuratorin.

Dorothee Riese: Geboren 1989, Studium der Internationalen Literaturen und Slavistik sowie der Kultur und Geschichte Mittel- und Osteuropas in Tübingen, Moskau, Frankfurt / Oder, Barnaul und St. Petersburg, Studium des Literarischen Schreibens am Deutschen Literaturinstitut Leipzig, 2018–2020 Wissenschaftliche Volontärin an der Gedenkstätte Buchenwald, seit 2022 Direktionsreferentin am Leibniz-Institut für Geschichte und Kultur des östlichen Europa (GWZO) in Leipzig. 2024 erscheint ihr Debütroman „Wir sind hier für die Stille".

Prof. Dr. Jens-Christian Wagner: Geboren 1966, Studium der Mittleren und Neueren Geschichte, Geografie und Romanistik in Göttingen und Santiago de Chile, 1999 Promotion an der Universität Göttingen mit einer Studie zur Geschichte des KZ Mittelbau-Dora, 2001–2014 Leiter der KZ-Gedenkstätte Mittelbau-Dora, 2014–2020 Geschäftsführer der Stiftung niedersächsische Gedenkstätten und Leiter der Gedenkstätte Bergen-Belsen, seit 2020 Direktor der Stiftung Gedenkstätten Buchenwald und Mittelbau-Dora und Professor für Geschichte in Medien und Öffentlichkeit an der Friedrich-Schiller-Universität Jena.

Franz Waurig: Geboren 1989, Studium der Geschichte und Bohemistik in Leipzig, 2016–2018 Wissenschaftlicher Volontär an der Gedenkstätte Buchenwald, seit 2019 Bearbeiter des BMBF-geförderten Forschungsprojekts „Gedenken ohne Wissen? Die sowjetischen Speziallager in der postsozialistischen Erinnerungskultur".

Prof. Dr. Annette Weinke: Geboren 1963, Studium der Geschichte, Publizistik und Kunstgeschichte in Göttingen und Berlin (West), 2001 Promotion an der Universität Potsdam mit einer Studie zur NS-Strafverfolgung und Vergangenheitspolitik, 2002–2006 Forschungsaufenthalte und Lehrtätigkeiten an den Universitäten Amherst/Massachusetts, North Carolina, Washington D.C. und Berlin, 2006–2010 Wissenschaftliche Mitarbeiterin der Unabhängigen Historikerkommission zur Geschichte des Auswärtigen Amtes in der Zeit des Nationalsozialismus und der Bundesrepublik, seit Oktober 2010 Wissenschaftliche Assistentin am Lehrstuhl für Neuere und Neueste Geschichte der Friedrich-Schiller-Universität Jena, 2014 Habilitation an der Friedrich-Schiller-Universität Jena mit einer Studie zu transnationalen Debatten über deutsche Staatsverbrechen im 20. Jahrhundert, seit 2014 Stellvertretende Leiterin des Jena Center Geschichte des 20. Jahrhunderts.